U0534841

国家社科青年基金项目资助成果
浙江外国语学院中文学院学科建设出版资助

文化霸权论的变异学研究

刘亚斌 ◎ 著

中国社会科学出版社

图书在版编目(CIP)数据

文化霸权论的变异学研究/刘亚斌著. —北京：中国社会科学出版社，2016.6
ISBN 978 - 7 - 5161 - 7568 - 2

Ⅰ.①文… Ⅱ.①刘… Ⅲ.①文化侵略—霸权主义—研究 Ⅳ.①G0

中国版本图书馆 CIP 数据核字(2016)第 022523 号

出 版 人	赵剑英	
责任编辑	郭晓鸿	
特约编辑	席建海	
责任校对	刘　娟	
责任印制	戴　宽	

出　　版	中国社会科学出版社	
社　　址	北京鼓楼西大街甲 158 号	
邮　　编	100720	
网　　址	http://www.csspw.cn	
发 行 部	010 - 84083685	
门 市 部	010 - 84029450	
经　　销	新华书店及其他书店	
印　　刷	北京君升印刷有限公司	
装　　订	廊坊市广阳区广增装订厂	
版　　次	2016 年 6 月第 1 版	
印　　次	2016 年 6 月第 1 次印刷	
开　　本	710×1000　1/16	
印　　张	17.25	
插　　页	2	
字　　数	263 千字	
定　　价	66.00 元	

凡购买中国社会科学出版社图书，如有质量问题请与本社营销中心联系调换
电话：010 - 84083683
版权所有　侵权必究

目　录

绪论 …………………………………………………………（1）
第一章　文化霸权的提出 ……………………………………（1）
第二章　"变异学"方法论 …………………………………（14）
　　第一节　比较文学的危机与变异学的提出 ……………（14）
　　第二节　变异学的特征及其问题 ………………………（22）
　　第三节　文化霸权、理论旅行与变异学 ………………（30）

第三章　文化霸权论变异的"四个阶段" …………………（40）
　　第一节　起始阶段：葛兰西的文化霸权理论 …………（41）
　　第二节　升华阶段：福柯的知识权力观 ………………（51）
　　第三节　完成阶段：萨义德的东方主义 ………………（60）
　　第四节　固化阶段：亨廷顿的文明冲突论 ……………（72）

第四章　文化霸权论的理论变异 ……………………………（83）
　　第一节　文化霸权理论与马克思主义的变异关系 ……（83）
　　第二节　东方主义与马克思主义的变异关系 …………（106）
　　第三节　文化霸权理论与东方主义的变异关系 ………（137）
　　第四节　东方主义与知识权力观、文明冲突论的变异关系 ……（174）

第五章　文化霸权论的实践变异 ……………………………（202）
　　第一节　文化霸权与文化批评 …………………………（202）

第二节　文化霸权与文化书写 …………………………………（224）
第三节　文化霸权与文化研究 …………………………………（235）
第四节　"文化霸权"话语的本土实践与反思 …………………（241）

参考文献 ……………………………………………………………（254）
后记 ………………………………………………………………（260）

绪　论

　　文化霸权论引起国内学界的广泛关注，与中西方文化交流和碰撞的背景密切相关。随着20世纪80年代改革开放的实行，西方文化再次全面东传。西方文化在中国历史上有三次较大规模的传入，分别是明清之际、"五四"时期和改革开放时期，后者延续至今。与前两次传入不同，后者越来越与全球化背景结合在一起，文化也成为当今世界关注的焦点，加上华夏中心意识的消解，中国急于赶超西方的心态，使得文化霸权不仅成为一种因全球化的加快而凸显出来的文化现象，同时成为一种观察、思考和分析全球文化关系的有力武器，再者，随着国内学界对西方文化霸权论的有力汲取，它还逐渐发展为一种具有深远影响的理论思潮。总之，文化霸权既是现实世界的文化现象，又是理论话语的学术现象。因此，文化霸权的研究具有现实意义，也颇有学术价值，本书就以此为研究对象，下面就此研究做几点说明。

一　写作的缘起

　　初次接触文化霸权论跟国内文艺学界译介后殖民理论有关，萨义德作为后殖民主义的主将，必须对其著作进行阅读并深入理解。换言之，本书研究的开始是围绕着萨义德的文化霸权论而进行的，在梳理整个文化霸权论的变异史时便将其作为完成阶段。随着对萨义德理论了解的逐渐深入，"文化霸权"这个关键词越来越成为挥之不去的阴影，便有意去查看国内外的研究资料，试图廓清其内在含义。就国内研究资料而言，逐步查阅了刘伟胜《文化霸权概论》（2002）、孙晶《文化霸权理论研究》(2004)、张跣《赛义德后殖民理论研究》(2009)、赵稀方《后殖民理论》(2009)、和磊《葛兰西与文化研究》(2011)、周兴杰《批判的位移——葛兰西与文化研究转向》(2011)、潘西华《葛兰西文化领导权思想研究》(2012)以及相关文献等。综合来看，文化霸权概念在国内学界有三种较为经典的理解：

（1）刘锡诚先生（2002）将其与毛泽东提出的"百家争鸣"的方针相连，理解为艺术上的是与非、正确与错误，要通过争鸣来解决，不能诉诸政治手段和行政手段。

（2）将文化霸权理论与"文革"中"文化大批判"相连，其中刘康先生（1995）与李泽厚先生（1988）就认为文化霸权理论未能在西方实施成功，却以"东方式的形态"被广泛实践过，即在"文化大革命"时期得到了具体的、较为成功的实践运用。

（3）文化霸权被看作西方文化霸权。刘伟胜先生的著作《文化霸权概论》认为文化霸权就是"文化殖民主义"，"指国与国、民族与民族之间的文化价值观的强加行为"，其实就是西方文化霸权，并详细考察了西方文化霸权的四种形态：意识形态的宣传、文化产品的倾销、话语霸权与信息霸权。在此基础上重点分析了我们的应对之策。

以上三种理解颇有学术价值，对廓清其含义大有帮助。但存在两个缺点：一是三者的理解各不相同，甚至完全相反，让人困惑不解；二是其理解都有自己时代的印记，随着国内现实文化环境的变化而变化。如何准确地理解文化霸权，其真正含义是什么，便成为当时课题研究的主要任务，这就需要将概念的理解摆脱过去本土化的误读，专注于其真实含义及发展脉络。首先，便将萨义德的著作重新阅读，查看其提到的文化霸权论所受到的影响，加上此前国内研究资料的分析，便确定葛兰西的文化领导权理论是文化霸权论的源头。其次，萨义德还受到了福柯的深刻影响，福柯的知识权力理论被列为文化霸权论的第二个变异阶段。最后，萨义德的理论还有个强劲的对手，即亨廷顿于20世纪90年代初提出的"文明冲突论"，两者的观点相反相成，因此便将亨廷顿的理论列为文化霸权论变异史的固化阶段。

为了彻底地理解文化霸权这个关键词，试图获取其真正的含义，笔者广泛阅读了波寇克（Robert Bocock）、拉克劳（Ernesto Laclau）、墨菲（Chantal Mouffe）、本内特（Tony Bennett）、德里克（Arif Dirlik）、吉尔伯特（Bart Moore-Gilbert）、米勒（James Miller）、博埃默（Elleke Boehmer）、贝斯特（Steven Best）、凯尔纳（Douglas Kellner）、斯道雷（John Storey）、费斯克（John Fiske）、霍尔（Stuart Hall）和威廉斯（Raymond Williams）等人的著作，这些理论家的观点在接下来的分析中都或多或少地有所反映。文化霸权论在国外研究界处于显学地位，涉及多种语言的资料，卷帙浩繁。对这些研究资料和理论观点，本书采取的应对策略是"六经注我"式的做法，主要汲取其有用的观点，对其相左的、相互之间矛盾的观点未进行辩驳，希望今后能有机会完成这一任务。

随着研究的深入，寻找文化霸权的真正含义的任务变得越来越难以完成，因为每个理论家对此都有自己的看法。按照波寇克的观点，他们会因其问题的设定而有不同的看法，这一方面使人因最初任务的破灭而有着心情的沮丧，但另一方面却因不同观点的精彩纷呈而带来知识的愉悦。为了满足两方面的要求，本书试着从变异史的角度来进行研究，一方面希望还文化霸权论的本来面目，于是将葛兰西、福柯、萨义德和亨廷顿四位理论家的文化霸权观作主要线索来探讨，力求将其观点公正客观地呈现出来；另一方面又企图在其线索中发现文化霸权论的变异关系，对此，本书小心翼翼地借鉴了美国科学史家托马斯·库恩的"范式"学说，指望在理论的思路、结构和因素等方面的变异研究上能有所突破。总之，本书的研究只是一种"范式还原论"的研究，希望能为以后的深入研究打下一定的基础。

二　方法论的说明

本书将具体的变异研究放置在最后两章上，第四章侧重理论变异的研究，第五章侧重实践变异的研究。在将葛兰西的文化霸权理论、福柯的知识权力观、萨义德的东方主义与亨廷顿的文明冲突论列为文化霸权论变异的四个阶段后，又发现他们与马克思主义有着某种联系，特别是本书侧重研究的两个阶段，葛兰西的起始阶段和萨义德的完成阶段更是深受其影响，马克思主义与后殖民理论搅和在一起，而后马克思主义与葛兰西的文化霸权理论有着直接的承继关系。回顾本书的研究历程，既恼怒于研究过程中所出现的岔路，又舍不得放弃它，想做一番奇异的探险之旅，以至各章节之间可能存在着并不严谨的逻辑联系，或许在所采用的方法论上能多少弥补这种过失。

变异学方法论源自比较文学研究界对文学传播和接受的思考分析，本书将此方法论加以运用来剖析文化霸权论的发展史。变异学方法论对于某种理论或观念的旅行分析是有巨大帮助的，理论或观念也存在着传播和接受的问题。采用变异学方法论，具体原因如下：

（1）异质性原则。变异学方法论首先关注"异"的研究，分析文化霸权的观念在不同国家地区、文化背景、理论家以及学科领域的传布，"异"应该成为最为重要的分析对象。但这种"异"并非简单的理论不同，这涉及社会时代、文化背景、学科领域以及理论家自身所接受的影响等，本书侧重于两方面的"异"研究，一方面是理论的变异；另一方面是学科领域的变异影响，就理论变异而言，也非简单的观点不同，里面涉及范式的不同。托马斯·库恩说道，在初次接触亚里士多德有关物理学的个别观点时，觉得他完全不懂物理学，这些观点存在严重错误，而这些错误对于现在的普通民众都能看出来，何以亚氏还会犯这种错误呢？库恩通读完亚氏的著作后才发现，亚里士多德的物理学观点完全是由其特有的理论范式决定的，而库恩之所以觉得有问题，那是因为他用现代物理学的普遍范式去观照古希腊的物理学。文化霸权论也是如此，必须理解其范式，而这些范式的转换才导致了文化霸权论的变异。文化霸权论就有着明显的范式转换，葛兰西将文化权力化后，福柯主张话语权力化，萨义德结合两者使东西方文化表述权力化，而亨廷顿则认为文化认同的权力化导致文明的冲突。因此，简要地说，即从文化实践论、话语实践论和表述实践论，最后到认同实践论的范式转换。

（2）冲突性原则。理论家有其结构化的理论体系，其观点建基于上，只有理解其结构体系才能做出正确的阐释，而要发端出自己的理论体系，又必须建立自己的理论范式，这就导致了理论家在继承与发展问题上的矛盾与冲突。理论内在的冲突是范式的冲突，而非表面上的某个观点冲突。只有意识到范式冲突时，才能真正去评断此前所接受的理论。如萨义德批评福柯的范式局限于话语实践，在权力的普泛化后走入死胡同，但在自己的东西方文化关系的范式中获得了新生。亨廷顿与萨义德针锋相对，前者立足于西方白人立场，认同并高举西方文明的优越性，同时害怕其他文明对西方文明的掺杂而变质，从而失去其应有的优势。而萨义德则坚持东西方文化的平等与交流，拒斥亨廷顿对文明认同的局限性，主张文明的多元化，甚至像霍米·巴巴等后殖民理论家直接提出并赞扬文明的杂交性。对理论家而言，只有激起自己内心的冲突，方能更深入地理解对方，也才能实现范式的转换，展现自己独有的理论体系。变异学方法论不仅不避开冲突，反而将其作为对象加以深入分析，以便呈现理论的内在性转变。

（3）历史性原则。比较文学界的变异学研究侧重于文学的传播与接受，这就涉及其历史性的变迁，以及这种变迁所隐含的各种问题，包括问题针对性的设定与社会文化背景的影响等，也就是说，历史性原则其实包括两个方面：一方面是理论自身变异史的论述；另一方面就是每个理论所面对的社会历史与文化背景。本书在方法论上参考了萨义德"理论旅行"的观点，尽量做到历史性原则在两方面上的结合，当然作为文化霸权论的理论基础研究，本书更侧重于理论自身的变异史。

（4）批评性原则。批评表示一种距离，是作为旁观者对某个对象的透视与剖析，而不能与分析对象混合起来，以便确保变异学方法论作为科学方法论的客观与公正。这种批评的距离主要体现在两个方面：第一，要将理论本身与社会现实区分开来，任何理论如果没有保持一种批评的距离，很容易成为僵化的意识形态，而忽略了社会现实中某些重要的部分，理论因其范式的决定性作用，其理论体系不可能涵盖整个社会现实，因此对于任意一种理论，既要知晓其涵盖社会现实的部分，也要了解其偷偷溜走的重要现实，即对理论要保持清醒的头脑和科学的态度。同时，理论与现实的裂缝恰恰是新理论的生命力所在。在萨义德对威廉斯、福柯等人的批判中,就清醒地认识到其理论所存在的欧洲中心主义的弊端,尽管他们的理论针对欧洲的社会现实,但仅局限于欧洲内部,而忽略了欧洲早已与东方世界相互联系的更为广阔的社会现实。第二,要将理论本身与社会实践区分开来,而不能将两者混为一谈。理论强调的是其独创性与说服力,至于社会实践的可行性等则是另一方面的问题。本书将文化霸权论的理论变异和实践变异区分开来,意图就在此。也就是说,当文化霸权论被运用于社会实践或其他学科领域时,就会碰到不同的问题,让文化霸权论再次发生变异。

总之,变异学方法论有上述四项原则,本书试图将其运用于文化霸权论的变异研究中,这种方法对于比较文学界而言,尚还处于摸索阶段,作为变异学方法论的案例,本书希望对其科学定位和最终确立有所帮助,当然不尽人意之处肯定在所难免,只能寄望于读者的谅解与包容。

三 本书的内容

本书站在全球化的文化视野,坚持本土立场,立足于中国文化的全球定位与发展,在跨语际间文化霸权观念对比研究的基础上,提出面对全球化浪潮21世纪中国文化的选择、建设与发展道路,具有宏观的理论价值与文化意义。并立足于文学文化的真理性知识立场,对文化霸权观念的内涵进行深入分析,认为文化霸权观念过于考虑宰制与被宰制的权力问题,导致激进主义立场,将东西方文化艺术的交流一概视为文化霸权的争夺,尽管不乏合理之处,但忽略其中的真理性内容,将会在探索真理的道路上走向歧途甚至是谬误。

当然本书的重点将放在对文化霸权论在东西方世界的理论旅行所造成的理论变异与实践变异做全面深入的梳理分析,描绘出葛兰西文化霸权理论、福柯知识权力理论、萨义德东方主义和亨廷顿的文明冲突论等文化霸权论变异史四个阶段上的不同范式引导下的冲突与矛盾,还这些理论以本来面目,最后将考察文学研究中的文化批评模式,进一步沟通文学与文化之间的联系,为国内文学与文化研究模式提供理论方法的参照体系。

具体地说,本书研究的主要内容包括:

第一章:文化霸权的提出。文化霸权论是由意大利革命家和理论家葛兰西对当时欧洲与俄罗斯革命进行对比思考与分析后总结出来的,文化霸权理论继承与发展了马克思主义与列宁的思想,本章试图抓住其颇具特征性的社会语境描述,其中隐含着马克思主义理论范式的葛兰西转向,从唯物主义转向历史主义,从经济基础转向文化权力,从客观的物质科学性转向主观的精神意志性,以及阶级论转向历史集团论,等等,并在此基础上考察了国内学者对文化霸权论三种符码化的误解。

第二章:"变异学"方法论。"变异学"是当今比较文学界新近提出的理论方法,本章探讨了变异学在比较文学界提出的背景及其所针对的问题,指出变异学作为方法论必须坚持的四项原则,并希望这种方法论及其原则能运用到本书的研究中去。

第三章:文化霸权论变异的"四个阶段"。运用国内比较文学界最新提出的"变异学"方法论,从文化权力化、话语权力化、东西方文化表述的权力化与文明认同的权力化等四种范式的角度,在总体概貌上描述文化霸权观念在东西方世界的理论旅行,提出其在西方世界变异的四个阶段:起始阶段与葛兰西的文化霸权理论、升华阶段与福柯知识权力观、完成阶段与萨义德的东方主义以及固化阶段与亨廷顿的文明冲突论。

第四章:文化霸权论的理论变异。本章较为详细地叙述文化霸权论发展的"四个阶段",即葛兰西文化霸权理论、萨义德东方主义、福柯的权力知识论与亨廷顿"文明冲突论"在理论观点上的变异情况。因笔者从事文学与文化研究工作,该章重点放在葛兰西与萨义德的理论上,葛兰西对文学与文化有系统的看法,而萨义德则是公认的文学和文化批评家。其具体章节设置如下:

前两节探讨葛兰西与萨义德两位理论家与马克思主义的变异关系,葛兰西对马克思主义意识形态论的批判与建构,实际上就是文化权力化的文化霸权论建构，而萨义德在《东方学》中对马克思主义所进行的直接批评是后殖民理论对西方表述东方世界的科学知识的批判性清理，以此质疑西方世界所提出的具有普适性的现代性观念。对于萨义德的批评，新马克思主义者表达了不同的看法，马克思主义与后殖民主义进行了较为激烈的交锋，而后马克思主义者对葛兰西的文化霸权理论又做出了变异性的回应，呈现两个阶段上的文化霸权论，既脱胎于马克思主义又与之发生多种变异的情况。

第三节主要讨论葛兰西与萨义德在文化霸权论的变异情况，比较两者的理论观点就会发现，萨义德受到葛兰西的影响，但又与之保持一定的距离，尽管他在不少著作中盛赞葛兰西文化霸权理论的巨大意义。这种距离建基在理论体系的地理范式的差别上，葛兰西考虑的是欧洲的革命事务，而萨义德则分析东西方之间的文化关系。葛兰西理论中的文化权力的生产性与再生产性让萨义德着迷，但萨义德亦保持其特有的文化权力上的对位性，因此两者体现出三点文化霸权论的变异：弱势方争夺文化霸权与强势方维持文化霸权、区域内的文化霸权与区域间的文化霸权、具体社会实践的文化霸权与文化表述和话语运作的文化霸权。

第四节为剩余部分，着重探讨了作为文化霸权论完成阶段的东方主义与其他阶段的文化霸权论的变异关系，剖析了萨义德对福柯话语权力上的接受及其存在的问题，萨义德与亨廷顿在文明冲突论的较量及其所体现出来的文化权力问题，以上所论均重在分析文化霸权论的变异状况。

第五章：文化霸权论的实践变异。本章侧重文化霸权在两个领域的实践变异：学科领域和社会实践领域。在学科领域，详细分析文化霸权观念在文学批评、文化批评、小说创作与文化研究等学科领域中的实践变异状况。最后将文化霸权的实践变异落脚到国内的社会实践上，希望在理论和知识创新上赋予更多的关注，这才是知识分子的本职工作，而如果只局限于立场的较量和文化权力之争，则会在远离真理的道路上越走越远。

本书自立项起，就得到本书组成员及广大参与者的大力支持，他们认真地完成了自己的任务，使得本书按照预期计划而顺利完成，最终以研究专著的形式出现，但本书的完成也只是学术研究过程暂时的标志而已，将来还需继续下去，进一步完善文化霸权论的研究，当然本书研究所出现的各种问题，皆因自己水平有限所致，亦恳请各位专家和读者批评指正。

第一章　文化霸权的提出

20世纪70年代以来，随着后殖民理论的兴起，东西方之间的"文化霸权"（又译"文化领导权"）引起学界的广泛关注，成为讨论殖民时代与后殖民时代全球文化状况的关键词。流风所及，20世纪90年代，后殖民理论登陆中国，东西方之间的文化霸权问题也成为我国学界关注的焦点，这股讨论热潮余波未平，其影响持续至今。然而，检视20世纪90年代以来的相关论述，我们发现除了将"文化霸权"名称的首次使用权授予葛兰西，而且更多地还是从萨义德的《东方学》中得知这一点外，对葛兰西的文化霸权理论论述较少，没有系统性，也没有具体的分析思考，更不用说追溯葛兰西提出文化霸权理论的社会背景与理论来源，造成学界对其理论的一些误解。实际上，葛兰西的文化霸权理论有其前奏曲。当时以马克思主义为指导的无产阶级革命运动的现状提供了其理论产生的社会背景，欧洲革命的失败与"十月革命"的胜利直接成为葛兰西提出文化霸权理论的契机，马克思、列宁等早期马克思主义者对文化关系的分析与论述构成其理论来源。总之，文化霸权理论的产生既有无产阶级现实斗争需要的原因，也是经典马克思主义文化思想的逻辑发展，还包含了对无产阶级革命经验的总结。

据考证，葛兰西的"领导权"概念首次出现在《关于南方问题的笔记》这篇文章中，写作时间是1926年。他写道："都灵的共产主义者十分具体地给自己提出了'无产阶级领导权'问题，那正是无产阶级专政和工人国家的社会基础。"① 葛兰西的"领导权"概念是在对南方问题深入思考的基础上提出来的。在意大利，北方工业发达，南方是落后的农业区，南方农民普遍认为他们的贫穷是北方人造成的。南北方的关系往往表现为南方农民与北方工人的隔阂和对立。葛兰西对南方问题特别重视，他认为南方社会由一盘散沙的人民群众、小资产阶级知识分子和大地主以及大知识分子三个阶层组成。思想文化领域由大知识分子牢牢控制，其代表人物就是时任意大利内阁成员、文艺思想界的泰斗贝奈德托·克罗齐。显然这些情况对无产阶级革命非常不利。有鉴于此，葛兰西认为要改变局势，无产阶级革命组织应该首先建立一个向工农进行教育的"党校"，并创办一份面向农民的刊物，宣传统一战线和阶级革命的思想，以取代大知识分子对农民思想文化上的控制。② 其实，早在1917年12月葛兰西就倡议建立"道德生活俱乐部"；1919年，他又与陶里亚蒂、塔斯卡和特拉西尼等人一起创办了《新秩序》周刊，形成被后人称为的"新秩序集团"，其意图就在于引导工人阅读文化知识，宣扬革命思想，形成革命意识，开展各种形式的民主活动，夺取文化和意识形态的领导权。

葛兰西提出夺取文化领导权不仅有其国内背景，也是他从更为广阔的社会现实情况出发，经过自己的一番思考的结果。20世纪初期，以马克思主义为指导的俄国"十月革命"取得成功，标志着第一个社会主义国家的诞生，成为世界无产阶级运动和民族解放运动的光辉榜样，也激励着全世界无产阶级为建立一个新型的、真正为自己服务的国家制度而奋斗。然而，欧洲其他一些国家如芬兰、匈牙利、德国、法国、保加利亚和波兰等国相继发生的工人运动却以失败而告终，统治阶级借机进一步加强了它的专制力量，疯狂地镇压工人运动、农民起义以及罢课、罢教和罢商等各种形式的革命活动。欧洲工人运动由此转入低潮，法西斯主义甚嚣尘上。严酷的社会现实催逼着葛兰西等无产阶级理论家与领导者转换革命思想，迅速制订出切实可行的计划措施，使无产阶级革命走

---

① 王昭锋：《如何理解葛兰西的"领导权"理论》，《教学与研究》1998年第12期。
② 毛韵泽：《葛兰西——政治家囚徒和理论家》，求实出版社1987年版，第107—109页。

出低谷。

经过对俄国革命的成功与欧洲革命的失败的一番苦苦思索,葛兰西最终认识到市民社会才是统治阶级最后的,也是最为顽固的、持续有效的坚固堡垒。他注意到,在这些革命事件当中,"作为破坏行为的革命之后,用共产主义模式重建社会的革命过程没有接踵而来"①。他认为这是统治阶级通过文化霸权将市民社会打造成又一个"防御工事":"政治艺术和科学也遵守同样的变化(指机动战的战略功能渐变为战术功能——引者注),至少在最先进的国家如此,因为这些国家的'市民社会'已经演变为更加复杂的结构,可以抵制直接经济因素(如危机、萧条等)'入侵'的灾难性后果。市民社会的上层建筑就像现代战争的堑壕配系。在战争中,猛烈的炮火有时看似可以破坏敌人的全部防御体系,其实不过损坏了他们的外部掩蔽工事;而到进军和出击的时刻,才发觉自己面临仍然有效的防御工事。"② 其中"堑壕配系"指的是由统治阶级文化将原本松散的市民社会凝聚起来,加以定型、稳固与系统化,成为一个力量统一的整体。

既然市民社会的"防御工事"如此强大,为何俄国取得了革命的胜利呢?葛兰西比较了西方与俄国无产阶级革命的现实条件,考察其区别之处后发现,"在俄国,国家就是一切,市民社会处于原始状态,尚未开化;在西方,国家和市民社会关系得当,国家一旦动摇,稳定的市民社会结构立即就会显露"③。欧洲革命的失败就是由于市民社会这个统治阶级的顽固堡垒未被攻破,这个顽固的堡垒最终葬送了当时欧洲的无产阶级革命。

在经过上述深入的考察后,葛兰西逐渐抛弃了当时马克思主义传播中的经济决定论,强调文化与意识形态的重要性,并在此基础上提出了西方无产阶级革命在战略上应该采取与俄国"运动战"不同的"阵地战"。与"运动战"正面攻击国家,即葛兰西所说的政治社会不同,"阵

---

① 毛韵泽:《葛兰西——政治家囚徒和理论家》,求实出版社1987年版,第183页。
② [意]葛兰西:《狱中札记》,曹雷雨等译,中国社会科学出版社2000年版,第191页。
③ 同上书,第194页。

地战"主张正面攻击的应该是市民社会,也就是对维护资产阶级政权的意识形态支柱做长期文化上的进攻与瓦解,彻底全面地颠覆统治阶级的文化霸权,夺取市民社会的文化领导权。

1924年列宁逝世后,共产国际逐渐把苏联的社会主义道路和社会主义模式神圣化、绝对化和普遍化,以这种统一的模式去指导各国的革命运动,而忽视了每个国家不同的革命现状与革命特点。葛兰西正是看到俄国与欧洲国家市民社会的巨大差异,则主张要"把共产国际的学说和策略要求翻译成意大利的历史语言"①,与本土的现实状况结合起来,不能实行本本主义。在《狱中札记》中,葛兰西详细地论述了两者之间的关系:"'民族的'这个概念是一种'独创的'、唯一的(在某种意义上)结合的结果;假使想要掌握和领会这种结合,那就应该从它的全部独创性和不可重复性来理解它和领会它。当然,发展的趋向是国际主义的,但出发点却是'民族的',而且也应该从这个出发点出发。但是前途是国际的而且也不能不是这样。因此必须确切地研究民族力量的配合,因为国际阶级必须领导这些民族力量而且应该依照国际的前途和国际发展的要求来发展这些民族力量。"② 马克思主义革命理论不能僵化使用,革命不能只依苏联模式,只走苏联道路,应该充分考虑到本国的实际情况,将二者灵活地、创造性地结合起来。在1924年、1925年共产国际第五次代表大会和国际执委会第五次扩大会议期间,葛兰西以书信和报告等各种形式向共产国际提出批评,他强调革命的独立自主,其出发点必须认真研究自己民族的问题,即使接受共产国际总的战略指导也必须符合民族情况。③ 在他看来,欧洲国家中由统治阶级文化联结起来的市民社会的稳定统一,是其主要的民族特色。欧洲无产阶级革命应该采取符合

---

① 倪力亚、李景治:《意大利共产党人对社会主义道路的探索》,学林出版社1990年版,第24页。

② [意]葛兰西:《狱中札记》,葆煦译,人民出版社1983年版,第212页。曹雷雨等人的译本参见第196页。目前葛兰西《狱中札记》有曹雷雨等人和葆煦的译本,本书的注释采用作为最新译本的前者,如后者更适合,就引用后者,同时标注前者。

③ 倪力亚、李景治:《意大利共产党人对社会主义道路的探索》,学林出版社1990年版,第24—25页。

自身现状的斗争方式，不能一味地照搬苏联模式，也不能只依照共产国际的指示办事。正如历史后来所展现出来的那样，共产国际并没有接受他的理论主张。

在吸取经验教训、从事理论斗争与革命实践活动中，葛兰西逐渐形成了自己的文化霸权理论。他意识到仅仅依靠工人阶级自发的革命是不够的，必须建立一个强有力的无产阶级政党，向工人传播自觉的革命意识和无产阶级的文化思想，要想夺取政治领导权，首先要取得工人阶级的文化领导权，使工人在革命意识和指导思想上紧跟在党的周围。要革命首先就要在思想和文化上进行一场真正的革命，将工人阶级自发的革命意识转为自觉的革命意识，在市民社会中夺取文化领导权，以配合无产阶级革命，而每个国家、每个民族的文化都有自身的特点，其文化传统是各不相同的。这就要求欧洲革命战略应该针对不同国家的文化思想状况，采取被葛兰西称为的"阵地战"，而不是全盘采取俄罗斯式的"运动战"，这一战略思想可能要持续很长一段时间，因为欧洲市民社会这一堡垒才是真正的"防御工事"。

我们知道，理论并不是天外来物。一种崭新理论的诞生，不仅有其产生的社会背景，而且也需要对理论传统的承接与创新，葛兰西的文化霸权理论也不例外。葛兰西吸收了拉布里奥拉、克罗齐等人的文化哲学思想。然而更为重要的是，其文化霸权理论是他在继承经典马克思主义理论的基础上所开拓出的一片具有自身特点的理论新天地。具体地说，包含价值观与世界观等观念的文化成为市民社会的连接纽带，也使市民社会成为统治阶级最为坚固的堡垒。为此，葛兰西提出西方无产阶级革命应该采取与俄国"运动战"不同的"阵地战"。"阵地战"的主要攻击对象是市民社会，其目标也就是夺取文化领导权。然而，市民社会的文化价值观念从何而来呢？在此，葛兰西接受了马克思的观点，认为它是由统治阶级灌输的。

马克思在《德意志意识形态》中认为："统治阶级的思想在每一时代都是占统治地位的思想。这就是说，一个阶级是社会上占统治地位的物质力量，同时也是社会上占统治地位的精神力量。支配着物质生产资料的阶级,同时也支配着精神生产资料,因此,那些没有精神生产资料的人的思想,一般是隶属于这个阶级的。"① 应该看到,"那些没有精神生产资料"的人们总体上说不会主动地接受文化与思想的熏陶,而且也不会轻而易举地"上当受骗"。那么,统治阶级如何才能让市民社会信服自己,认同自己的统治地位呢?马克思回答道:"每一个企图取代旧统治阶级的新阶级,为了达到自己的目的不得不把自己的利益说成是社会全体成员的共同利益,就是说,这在观念上的表达就是赋予自己的思想以普遍性的形式,把它们描绘成唯一合乎理性的、有普遍意义的思想。"② 在马克思的论述中就包含葛兰西文化霸权理论的萌芽。葛兰西文化霸权概念的独创性并不仅是马克思的"统治阶级的思想就是占统治地位的思想"的著名论断的延伸与具体化,而是统治阶级把自己的思想描绘成"唯一合乎理性的、有普遍意义的思想"以获取被统治阶级的"同意"。市民社会认同统治阶级的文化思想与价值观念,以之作为自己生活的原则指导。

在马克思的论述中,还有一个关注之点。他从是否拥有精神生产资料的角度将社会全体成员分成"支配"与"没有"两类人。实际上,这是从阶级角度来观照是否占有精神生产资料,即统治阶级占有精神生产资料,而被统治阶级没有精神生产资料。列宁继承并发展了马克思的这个论点,明确提出"两种民族文化"的理论:除了统治阶级的文化外,"每个民族文化,都有一些民主主义的和社会主义的即使是不发达的文化成分,因为每个民族里面都有被剥削劳动群众,他们的生活条件必然会产生民主主义的和社会主义的意识形态。"列宁承认统治阶级文化的存在和两种文化的地位和作用的不均衡性。"每个民族里面也都有资产阶级的文化(大多数还是黑帮的和教权派的),而且这不仅表现为一些'成分',而表现为占统治地位的文化。"③ 占统治地位的文化总是对被统治阶级的文化进行压制和禁锢,限制它的自由发展和公开传播。

---

① 《马克思恩格斯选集》(第1卷),人民出版社1995年版,第98页。
② 同上书,第100页。
③ 列宁:《列宁选集》(第2卷),人民出版社1995年版,第336页。

葛兰西的文化霸权理论一方面关注统治阶级对从属阶级的文化灌输与市民社会对政治社会的文化认同；另一方面则强调无产阶级革命首先要开展文化斗争与文化革命，夺取市民社会的文化领导权，作为解决统治阶级文化霸权与当时无产阶级革命困境的良方药剂。就后者而言，文化霸权理论受到列宁的文化革命功能论的影响。因为与马克思不同的是，列宁论述了被统治阶级文化的巨大作用。他说："我们提出'民主主义的和全世界工人运动的各民族共同的文化'这个口号，只是为了从每一个民族的文化中取出民主主义和社会主义的成分，而我们抽取这些成分只是并且绝对是为了对抗每个民族的资产阶级文化、资产阶级民族主义。"①从文化功能论的角度来阐述其文化观念，列宁将它作为对抗资本主义，进行无产阶级革命的一种方式和手段，已经不同于马克思将文化的真理性内涵予以揭示的目的。

葛兰西像列宁一样承认基于资产阶级和工人阶级对抗基础上的"两种民族文化"的存在，反对纯粹的统一的民族文化观。同时也承认这两种文化之间地位的不均衡性，部分地继承了马克思关于"统治阶级的思想在每一时代都是占统治地位的思想"的著名论断。这是一个基准。只有承认这一基准，才能进行争夺文化领导权的实践，才有夺取文化领导权的可能性。托尼·本内特表达过类似的观点："当然，在葛兰西看来，文化和意识形态实践，同样应当根据它们在资产阶级和工人阶级这两个资本主义社会根本阶级的对抗关系内部的功能，来做理解和估价。的确，葛兰西坚持这些对抗的阶级关系形成了最终决定基准，文化和意识形态分析必位居其中，他对古典马克思主义意识形态理论的理论修正工程，其外部边界就是这一基准。"②

葛兰西对马克思主义的理论修正与创新首先表现在对文化概念与文化地位持有不同的观点上。葛兰西将文化概念扩大到指与物质世界相对的整个精神世界，涵盖人类一切精神活动及其成果，是一种世界观。20

---

① 列宁：《列宁选集》（第2卷），人民出版社1995年版，第337页。
② 陆扬、王毅选编：《大众文化研究》，上海三联书店2001年版，第64页。

世纪20年代，意大利文艺界有人提出"回到桑克蒂斯"的口号，葛兰西立即做出积极的响应。弗朗西斯科·德·桑克蒂斯是19世纪意大利文化批评家，他坚决反对学院主义与形式主义等文艺批评观，主张文化批评。"回到桑克蒂斯"的口号就意味着从"文化学的角度对文学艺术进行分析评论"。这种对文学艺术"进行文化性质、功能的分析"①，也就是说在文学批评中，从文化的角度批判地分析作品中的世界观、人生观与价值观，倡导一种无产阶级的生活方式，用无产阶级的文化思想来领导市民社会。桑克蒂斯曾说："缺乏力量，因为缺乏信仰。缺乏信仰，因为缺乏文化。"葛兰西继承和发展了桑克蒂斯的文化思想和文艺批评观。在葛兰西看来，文学批评不仅是一种纯粹的美学批评，而更重要的是一种意识形态的斗争，一种新兴阶级与旧有阶级世界观的斗争，于是作为一种世界观的文化被摆到了突出的位置上。

按照马克思对社会结构的分析，文化、思想和价值等意识形态最终受制于经济基础，直接受到政治、法律等上层建筑的影响。葛兰西则认为，文化、思想和价值等意识形态要先于政治、法律等上层建筑的考虑，因为市民社会是政治社会的基础。列宁在社会结构分析上受制于马克思，认为要先进行政治革命，文化建设是革命成功后的事。葛兰西反对这种观点，主张要先争夺文化领导权，甚至认为争夺整个社会道德的、文化的和知识的领导权，也就是政治的领导权。"这就把马克思主义哲学的研究由对经济运动的关注转向了政治、文化的关注，从而改变了马克思主义哲学的话语系统，冲破了马克思主义哲学单一化的格局，使马克思主义哲学走向了开放。"② 针对当时不同的革命形势，葛兰西创造性地发展了马克思主义，提出文化霸权理论以解决迫切的现实问题。

另外，葛兰西把文化作为一个对立阶级相互斗争的场所，而不是仅仅把它看作统治的一种工具。葛兰西与列宁一样强调文化的反抗存在，但并不把这种统治与反抗的斗争看成简单的、"你来我往"式的斗争，而

---

① 冯宪光：《"西方马克思主义"美学研究》，重庆出版社1997年版，第426页。
② 何萍：《2000年美国马克思主义大会纪要》，《国外理论动态》2001年第1期。

是有着更为错综复杂、变化无定的斗争方式，甚至包括双方谈判的妥协与暂时的屈从。葛兰西抛弃了列宁的文化阶级本质主义，将文化作为阶级斗争的场所，对立阶级可能包含着对方阶级的文化形式与价值观念。"霸权概念指出，统治集团的支配权并不是通过操纵群众来取得的；为了取得支配权，统治阶级必须与对立的社会集团、阶级以及他们的价值观念进行谈判（negotiation），这种谈判的结果是一种真正的调停。换言之，霸权并不是通过剪除其对立面，而是通过将对立一方的利益接纳到自身来维系的。为了说服一些甘心情愿接受其领导的人，统治阶级的政治取向必须有所修正，这使得意识形态中任何简单的对立，都被这一过程消解了。"① 当然，从文化的整个趋势而言，统治阶级必须确保，所有的文化在总体上应服务于统治阶级的文化价值、目标和兴趣，不对其统治地位构成颠覆性威胁。

在无产阶级革命的过程中，葛兰西不仅担心统治阶级对从属阶级文化的压制和禁锢，而且更担心从属阶级对统治阶级文化的认同。因为市民社会一旦认同统治阶级的文化价值观念，就会成为一个坚固的堡垒，而这个堡垒曾经导致了欧洲无产阶级革命的失败。所幸，人民群众的这些"同意"在很大程度上是消极的。"当一个具有自己世界观（哪怕是刚刚萌芽，哪怕是仅仅表现在它的行动中，因而不是不间断的，而是时有时无的）的社会集团，作为一个有机的整体去进行活动的时候，由于它在智力上依赖另外一个社会集团并服从这个集团，因而它就不能以自己的世界观为指南，而是以它从另外那个社会集团借用过来的世界观为指南。"② 市民社会"同意"的消极性为夺取文化领导权提供了最大可能性，也提供了一种革命成功的最低保证。

市民社会对统治阶级文化价值、思想观念的"同意"具有最大的危害性，曾经使欧洲无产阶级革命到手的胜利果实付之东流。另外，市民社会的"同意"所具有的消极性却为无产阶级夺取文化领导权提供了较

---

① 罗钢、刘象愚主编：《文化研究读本》，中国社会科学出版社2000年版，第17页。
② ［意］葛兰西：《狱中札记》，保煦译，人民出版社1983年版，第9页。曹雷雨等人的译本参见第237页。

为有利的因素。为了防止市民社会对革命再次造成巨大的灾难,利用市民社会的消极"同意",展开文化斗争,将夺取文化领导权作为无产阶级革命的首要任务,甚至是最终任务的完成。葛兰西认为,"争夺整个社会道德的、文化的、知识的",也是"政治的领导权"。①

理论的产生需要理论家证明其合理性,要解决社会实践当中的问题,在理论上要证明其可能性,在实践中要有其现实针对性。从理论上来说,不同文化形式（主要是统治阶级与从属阶级）之间存在着价值观念、思想特性等方面的龃龉与冲突、占有与反抗以及断裂与联结,证明了文化霸权理论的可能性；从社会实践来说,市民社会消极性"同意"的事实、从属阶级与统治阶级文化斗争,以及俄国革命成功、欧洲革命失败的现实,证明了其理论的现实针对性。因此,葛兰西的文化霸权理论有其自身的语境化特征和实践性品格。正是在此基础上,文化霸权理论既展示了与马克思主义内在逻辑一致性的一面,又批判地发展了马克思主义中的文化思想,抛弃了当时马克思主义传播中的经济决定论与列宁文化思想中的阶级本质主义,将文化作为一个对抗性力量,诸如性别、种族、阶级与年龄等的"角力场",从而为文化批判理论开辟了广阔的道路。

自20世纪70年代以来,葛兰西文化霸权理论的语境化特征、实践性品格、批判性取向与开放性旨趣为英国的文化研究拓宽了研究范围,打破旧有的研究范式,延伸到阶级以外的种族、性别与年龄压迫等领域,使之更切近现实生活。"从某种意义上说,阶级只能是脑海中的一个概念而已,其适用于理论层面,然而在我们身边的政治,更切近的是戏剧化的种族政治、青年政治与性别政治。"② 青年亚文化的政治学旨趣一直是早期文化研究所关注的话题。后殖民理论则将权力观念运用到东西方之间的文化表述与形象塑造上,反而将切近实践与语境特征的文化霸权理论进行"抽空",在自恰的东方主义话语内"循环运作",在欲望化的表述与情绪性的发泄中再也回不了学术史实与历史语境。后殖民批评成为

---

① 陆扬、王毅选编：《大众文化研究》,上海三联书店2001年版,第64页。
② Angela McRobbie, *Feminism and Youth Culture*, Basingstoke, Hampshire: Macmillan Press, 2000, p. 3.

1960年民族解放运动后所释放出来的"激愤与悲怆的文化"的一种表现。另外，文化霸权理论的实践性品格与开放性旨趣，也为文化研究的学科定位带来了困难。文化研究并不被认为是一门学科，因为没有一种界定明确的方法论，没有一块界线清晰的研究领地，文化研究只是对文化的研究，或者更为具体地说是对当代文化的研究。文化并不认为是具有跨时空永恒价值所在的高级文化的缩写。① 当然，将文化研究的发展贡献完全归功于葛兰西的文化霸权理论，无疑失之偏颇。问题还在于，如前所述，其文化霸权理论最终还有一个阶级的边界，其目的乃是取得无产阶级革命的成功，实现共产主义社会。这是我们对文化霸权理论采取"历史化"的评析所应该注意到的。

新时期尤其是近年来，葛兰西的文化霸权理论越来越引起了一些国内学者的兴趣与关注。这与学界兴起全球化时代的后殖民思潮和文化研究密切相关。然而不少批评家在阐述文化研究与后殖民理论及其相关问题时，又包含了对文化霸权理论进行重新编码与阐释的可能。理论的"符码化"与阐释的"幻象性"又一次要求将理论重新历史化与语境化，重新面对事物本身与对象世界，即清除文化霸权理论在"理论旅行"中一次又一次的幻化与编码。检视国内学者对文化霸权理论的理解与阐释，其幻象性与符码化主要表现在三个方面：

第一，将文化霸权理论理解为"百家争鸣"。1956年，毛泽东提出"百家争鸣"的方针，与文化霸权理论基本相同，"艺术上的是与非、正确与错误，要通过争鸣来解决，不能诉诸政治和行政手段"②。在此，文化霸权理论被当作一项党和国家的文艺政策以及一种文艺批评所应该具有的态度。确实，人们感于十年"文革"浩劫，对用政治和行政手段解决文艺问题，"扣帽子""搞批判""揭老底"等弥漫着浓郁敌情气氛的文艺论争方式以及文艺战线内的批斗仍心有余悸。但应该看到葛兰西"骨子里仍是列宁主义政党学说的信徒"③，主张一种文化的革命功能论，

---

① Simon During ed., *Cultural Studies Reader*, London and New York: Rouledge, 1993, pp. 1-2.
② 刘锡诚：《全球化与文化研究》，《理论与创作》2002年第4期。
③ 刘康：《瞿秋白与葛兰西——未相会的战友》，《读书》1995年第10期。

以实现文艺的政治目的。文学批评是"战斗的批评；它不是'冷若冰霜'的美学批评，而是一个各种文化相互斗争的时代的批评，是截然对立的世界观相互冲突的时代的批评"，是对立阶级集团政治上殊死搏斗在文艺上的具体体现。而纯文艺批评只会"阻碍了文化斗争固有的目的付诸实现"①。对这样的文艺批评，我们恰恰再熟悉不过了。

第二，把文化霸权理论与"文革"中"文化大批判"相连。葛兰西的文化霸权理论不仅在理论上有其合理性，夺取文化领导权也有其理论的可能性。那么其理论的实践运用如何呢？墙内开花墙外香，葛兰西的文化革命与批判理论在无产阶级"文化大革命"中以"东方式的形态"，被"广泛实践过"②。李泽厚从自己的现实体验出发，看到文化霸权理论的危险处。刘康则联系瞿秋白的文艺思想来观照葛兰西的文化霸权思想，他批判性地论述了当年葛兰西在阴暗牢房中、昏黄灯光下所苦思冥索与梦寐以求的一切在毛泽东手里得到了具体的、较为成功的实践运用。"文化大革命"就是由文化批判开始的，批判得最凶的是文艺"黑八论"，之后成为一场声势浩大的政治革命运动。联系前面的论述来看，同样出于对"文革"的反思，却在对待文化霸权理论上有着截然不同的看法，这清楚地展示出文化霸权理论在中国语境下不同的"符码形态"。实际上，葛兰西强调文化与意识形态的重要性，倡导文化的革命功能论与夺取文化领导权，是他从革命的现实语境出发，对市民社会较为成熟的欧洲国家中无产阶级革命失败的经验教训的理论总结。欧洲国家成熟的市民社会是葛兰西提出文化霸权理论的现实根基。尽管对市民社会的含义内容存在着很大的争议，但显而易见的事实是，当时中国的市民社会与欧洲国家的市民社会差距甚大。

上述对文化霸权理论的批评，显然是将文化霸权理论做了中国视角与语境化的处理，忽视了其中市民社会的巨大差异，没有击中文化霸权理论的要害之处。换言之，退一步讲，如果同意李、刘两人的说法，葛

---

① [意] 葛兰西：《论文学》，吕同六译，人民文学出版社1983年版，第5页。
② 李泽厚：《马克思主义在中国》，生活·读书·新知三联书店1988年版。

兰西的文化霸权理论为中国社会所接受，在"文革"中被广泛实践过，那么不假反思地接受文化霸权理论，其内在的危险性是巨大的。这对于我们今天看待西方的文化研究与后殖民理论不无启示意义。时下，大众文化蓬勃兴起于中国社会。不少批评家迅速地借用西方文化研究的理论成果，将其反思精神、批判意识移置过来，却忽视了西方文化研究所面对的特有的时空语境，也遮蔽了中国大众文化由之而生的结构性整体变迁的社会语境。

第三，文化霸权被看作西方文化霸权。随着20世纪90年代初后殖民理论进入中国理论市场，逐渐形成一股强大的批评思潮。然而在众多批评家看来，"后殖民非他，就是文化霸权，文化霸权非他，就是西方文化霸权，也就是西方文化对包括中国在内的第三世界国家的殖民化"[①]，且不说葛兰西的文化霸权理论根本没有涉及国家之间的文化关系，就说那源自于西方的现代性话语或启蒙理念以及它所拥有的一整套价值观念的文化体系，是否真的应该不加选择地批判与挞伐呢？换言之，西方文化研究与后殖民理论所批判的现代性文化是否应该成为中国文化批判的首要任务呢？中国的社会与现实水平与西方毫无差别吗？如果西方文化批判的对象就是中国文化批判的对象，这可能又是一场"追西逐新"的游戏。而游戏的背后却忽视与遮蔽自身的种种问题，甚至与本土语境中的支配性宰制力量、权益既得者同谋共犯。理论批评需要"永远历史化"（詹姆逊语），它既要对西方理论做出历史与语境的还原，消除西方理论的"镜像迷误"，防止对其进行"普遍性处置"，又要明确自己所处的时空语境，防止对自身界线范围的"想象性僭越"，在不断地反思对象与反观自身中，促进理论体系的进一步发展，切实地解决各种社会与实践问题。我以为，这恰恰是葛兰西文化霸权理论思考与阐述的问题所在。

---

① 代迅：《跨语际旅行："文化霸权"的话语实践》，《学习与探讨》2005年第5期。

第二章 "变异学"方法论

变异学研究是中国比较文学界最近的提法，源自于比较文学作为一门学科所面临的各种危机。作为比较文学的研究领域，这种提法显得新颖，但其对象性的内容尚未明确，理论方法与原则目的等方面尚待进一步的建构。本章在梳理目前国内有关变异学的理论观点的基础上，指出其中的问题并试图加以解决，希望为变异研究的建构抛砖引玉，并将其作为本书研究的理论方法。

第一节 比较文学的危机与变异学的提出

自比较文学作为一门学科始，其研究就分为诸多领域。形象学一直是比较文学的重要领域，尤其是近年来受到后殖民主义的影响，以及不同民族、国家和地区之间文化研究的热潮，从法国人创建比较文学学科开始就作为其组成部分的形象学不仅取得了又一个研究高潮，而且还对之前的研究做出了某种必要的反思。这种反思与比较文学学科的危机联系在一起，使其得以在学科基础上进行。根据国内比较文学研究者，主要指以曹顺庆先生为代表的学者率先提出变异学的学科理由，就是从形象学、译介学及接受研究等领域反思开始的。①

---

① 变异学研究是以曹顺庆先生为代表的比较文学研究者提出来并加以建构的，其著作和文章主要包括，曹顺庆主编：《比较文学学》，四川大学出版社2005年版；张雨：《"不可通约性"与"和而不同"——论比较文学变异学的可比性基础》，《中外文化与文论》2008年第1期；吴兴明：《"理论旅行"与"变异学"——对一个研究领域之立场或视角的考察》，《中外文（转下页）

在比较文学创立之初，形象学的研究建立在作为法国学派总体研究方法的影响研究上。法国学派受当时占据主流的自然科学和实证主义的影响，强调在学科建制和方法上的实证性与科学性，在研究中主张事实的联系，因此形象学也是从实证性的事实关系入手的，研究某国文学作品中所表述出来的他国形象。但问题在于，根据后殖民主义的观点，对他国形象的表述往往取决于社会集体的想象，并且在这种想象的背后隐藏着权力关系。西方对东方人的形象表述是在帝国主义话语和殖民扩张的行径下建构起来的，形象并非真实的表述，亦非事实的联系，这样形象学出现了非实证性的研究趋向，成为一种文化和权力话语下的形象表述，使得形象学的学科归属出现了问题，需要重新加以思考和调整。因其涉及变异因素，变异学的提倡者便认为应该将其归入变异学的研究范畴里。

如果变异因素是建立在非真实的想象表述与真实的对比上，而依据后殖民理论，这种真实是很难确定下来的。在后现代主义看来，真实是不存在的，只有一系列的表征。萨义德在说到关于真实东方时，自认为并不清楚。实际上所谓真实的东方是他无法了解的，有谁能自夸到了解真实的东方呢？萨义德质疑西方文化对东方的表述是建立在其背后的权力逻辑和殖民话语上，而不是真实的东方，尽管有个潜在的真实东方来进行对比，这属于西方学术内部的自我批评，以此来达到学术刺痛和知

（接上页）化与文论》2006年第1期；王蕾：《比较文学、中国学派和文学变异学——佛克马教授访谈录》，《世界文学评论》2008年第1期；曹顺庆、张雨：《比较文学变异学的学术背景与理论构想》，《外国文学研究》2008年第3期；曹顺庆主讲、罗良功整理：《比较文学变异学研究》，《世界文学评论》2006年第1期；马淞、陈彦希、程丽蓉：《比较文学变异学研究探析》，《西南科技大学（学报）》（哲学社会科学版）2009年第4期；曹顺庆：《比较文学学科理论的"跨越性"特征与"变异学"的提出》，《中外文化与文论》2006年第1期；曹顺庆、李卫涛：《比较文学学科中的文学变异学研究》，《复旦（学报）》（社会科学版）2006年第1期；孔许友：《比较文学中平行研究的得失与变异学维度的提出》，《山西师范大学（学报）》（社会科学版）2010年第5期；曹顺庆：《变异学：比较文学学科理论的重大突破》，《中山大学（学报）》（社会科学版）2008年第4期；李艳、曹顺庆：《从变异学的角度重新审视比较文学的影响研究》，《中国比较文学》2006年第4期；靳义增：《从变异学视角看文学理论"中国化"的基本路径》，《文艺理论研究》2006年第5期；吴琳：《从文学变异学角度重新审视翻译中的变异》，《宁夏大学（学报）》（人文社会科学版）2007年第5期；任小娟：《后现代语境中的比较文学变异学》，《中外文化与文论》2008年第1期；等等。

识警醒的作用。所以形象学的变异研究不能建立在与真实形象的差异对比上，而只能根据针对他国的形象表述的历史变异来思考其背后的目的与用意，这其中包括各种文化利用和权力逻辑。

在早期比较文学研究者看来，翻译属于媒介学或媒介研究，是法国学派影响研究的三个组成部分之重要分支。一方面，翻译涉及语言这个手段；另一方面，翻译还要关涉译者的情况。这两者都是发挥中介作用，使得某国的文学作品能胜利地转换成他国语言。对前者而言，这种转换当然是等值的为最优，译本"等同"原著，也就是达到我国翻译学界熟悉的"雅"的最高境界。就后者来说，才是法国学派的一个创建。梵·第根认为，研究者要重视翻译者的价值，其生平事迹、文学生涯及社会生活等方面均需进行实证研究，以达到对译本的科学性研究，把握翻译者的媒介作用及其影响。为此梵·第根非常强调翻译者"序文"的研究价值。无论如何，早期的翻译研究重视原著的中心性和等值的传达，以此来评断翻译的优劣，通过对语言和翻译者实证的剖析，指出其问题所在。

如果我们深究在翻译过程中所出现的歪曲与误读，很多问题就会暴露出来。这种暴露分两个方面。近年来，国内学者谢天振先生出版专著《译介学》，书中提出翻译文学是对原著"创造性叛逆"的观点，相对早期翻译研究的作者与原著中心论，它无疑抬高了译者和译本的地位，都是创造性的，并非等值的转换。同时译介学也就"不再以建立翻译规范、指导翻译实践为最终的归旨"。而是形成了一种翻译与文化的双向阐发路向，寻找这种"创造性叛逆"的各种制造因素，其中尤其是深藏其中的文化阐释，即"进一步结识其背后的文化渊源"[①]，这是其中一个方面。另外，这种由误读、误释及误译所引发的歪曲与变异，更可能是受制于权力话语的操控，甚至调转过来有意为之，参与权力运作，建构权力话语，并非译者不经意或不愿看到的错误，比如，在翻译过程中积极采取区域性语言与文化阐释，挽救当地语言，利用文化的凝聚力，甚至不惜

---

① 曹顺庆主编：《比较文学学》，四川大学出版社 2005 年版，第 194 页。

删减与篡改，以达到揭露和反抗外来的霸权、争取权力斗争胜利的政治目的。因此，译介学出现的新变化需要将其纳入强调异质性文化的变异学的研究范畴内，它已经不再适用于传统比较文学的研究领域。

接受美学与读者反应理论对比较文学的研究产生的强烈冲击，在20世纪中后期引起了比较文学界的争议，甚至有专门会议来讨论这种理论的影响。接受美学从读者的角度来考察文学，读者如何接受文学，完成作品的认知体悟和价值重构，这涉及读者的文化背景、人生经历、知识体系与价值观念等，它将读者和作者并列，冲破以前的作者和作品中心论，强调读者的阅读才真正完成了文学作品的存在，否则都不能称为文学作品。与作者作品中心论的文学批评追求客观、真实甚至唯一的意义不同，接受研究彰显了意义的多样性，关注接受者的主观结构的影响，为此，文学研究中的"异"因素变得更加重要。

变异学的提倡者正是在此基础上批评接受研究与影响研究之间难以区分，造成研究领域的混淆，其实两者之间的不同在某种程度上不过是思考角度的区别。不同国家、民族与地区之间的文学碰撞与交流，如果从施予者的角度而言是影响研究，但从接受者的角度来说则是接受研究。这种归置不当与划分混淆的问题也存在于主题学、文类学以及上面提到的译介学和形象学等其他研究领域中，主题学、文类学主要归置于平行研究，但其实影响研究也有。这些研究领域因其研究范式发生了转变，或其本身的划分不合理，作为一门学科的比较文学，确实需要重新廓清这些问题，虽然这种廓清面临着一定的困难。

无论是影响研究，还是接受研究，走向极端都是不利于比较文学的发展，要么陷入一种僵化的客观主义，要么成为一种绝对的主观主义。要防止流于肤浅的比较文学研究，让比较文学走向深入，确实必须考虑到"异"因素，在不同处才能比较，也才能使研究走向更深的文化思想层面，才对比较文学的发展有意义，否则去除"异"因素，只剩下相同或相似，比较文学也没有存在的必要，变异学的提出就是试图去解决这些问题。

中国的比较文学研究者认为，从比较文学发展史来看经过了三个阶段：法国学派阶段、美国学派阶段和中国学派阶段，目前最后一阶段还处于发展和争议中。作为一个学派或主要阶段，它要有自己的理论体系、研究对象和方法论等相区别其他学派或阶段的独特东西。在19世纪末20世纪初比较文学兴起后，法国学派率先形成。西方近代产生了很多学科，这其中包括很多新兴学科，也包括不少早已在发展的旧有学科，这些旧有学科正式得到确认。换句话说，那个时代形成了影响至今的各门学科的知识体系，分别在各个大学里得到教学、研究、传播与发展。检视其中的原因，最主要就在于自然科学及其实证精神的影响。任何一门学科，必须要有自己独立的研究对象、领域、方法、原则和目的等，也就是说，必须具有科学性，能形成一套完整的客观知识体系。从这一角度而言，比较文学创建之初，实际上就跟法国学派紧密地联系在一起，因为法国学派的影响研究就是建立在科学性与实证主义的基础上。

当然仅仅具有科学精神与实证基础还远远不够。如果没有自己的研究对象、领域、方法、原则和目的等，那作为一门学科是不可能建立起来的。比较文学定义之初，学界就提出不少反对意见，意大利学者克罗齐就是其中的代表人物，他坚决反对比较文学作为一门学科，其根据在于"比较"是任何学科的基本方法，文学也不例外，实在没有成立学科的必要。但是，经过比较文学研究者尤其是法国学者的理论努力与实践研究的成果，终于使其成为一门学科。他们提出，文学比较不是比较文学，比较文学有确定的研究对象，那就是"国际文学的关系史"①，其一它是国际的文学研究，不同于一般的国别文学研究；其二它是一种关系史，即它们之间的影响关系，不同于其他文学研究。同时它有自己的三大研究领域：流传学、媒介学和渊源学。在方法上力主科学性，讲究事实联系和实证性的影响。

由于克罗齐等人的发难，比较文学能否作为一门学科，其立身之则就在于"可比性"。可比性原则的寻求一直是比较文学研究的关键所在。

---

① [法] 马里奥斯·法朗索瓦·基亚：《比较文学》，颜保译，北京大学出版社1983年版，第4页。

法国学派深知这点，它将可比性原则建立在国际文学影响有事实联系、可实证的同源性，即一种求同思维，"一个典型并不是一个题材，应该通过各种人物，比较相似的人物去研究一种思想，一种感觉形式，一种生活方式"①，其目的就在于寻找这种同源性，以及在此基础上的事实联系和影响关系。法国学派的理论和方法为比较文学奠定了学科基础，但同时也遭到了不少学者的批评。

法国学派局限于文学渊源和影响关系，变成文学外贸史，属于文学的外部研究，放逐了文学性的本位考量，即不关心文学自身的审美和价值，如果只研究文学的外部事实和影响关系，根本无法捕捉文学的内在规律，文学存在的意义也就无法获得。另外，影响研究只注重科学实证性与事实联系，过分沉溺于烦琐的材料收集，堆砌历史资料，使其看上去已经不再属于文学研究了，文学本身关乎人类的精神和价值意义，让其像科学研究和计算公式那样实证、简化与唯一的确定，实在是有些南辕北辙；法国学派的"影响"，"像难以捉摸而又神秘的机理一样的东西，通过这种机理，一部作品对产生出另一部作品而做出贡献"②，真正做到让人信服的实证研究是非常困难的，而这些事实联系经常是表面的、靠不住的。法国学派的同源性的可比原则，也遭到了以韦勒克为代表的美国学派的批评，它被定位为文学的民族沙文主义，如极力证明本国文学对他国文学源头性的事实影响，以及本国学者或作家对他国文学的理解更正确、更科学等。

对法国学派的上述批评，变异学的提倡者都予以接受。此外，他们还从"异"的角度对法国学派进行了批评。法国学派重在同源性的"求同思维"，就会缺失在文学碰撞和交流过程中所产生的忽视与凸显、误读与创造及变形与新生，也就无法做到真正的影响研究，而成为一种伪实证的、不可靠的研究。另外，法国文学局限在欧洲国家的文学影响内，缺乏一种跨文化、跨文明的异质性比较，从而导致文学的欧洲中心主义

---

① [法]马·法·基亚：《比较文学》，颜保译，北京大学出版社1983年版，第46页。
② [法]布吕奈尔等：《什么是比较文学》，葛雷等译，北京大学出版社1989年版，第74页。

倾向，当然这有些受限于当时的社会并不像现今那样国际文化交流迅速与频繁，换句话说，现在的时代要求我们将比较文学扩展到这种不同文化与文明的异质比较。也正是在这种"异"的强调上，看到各国不同文化文明之间的差异，才能寻求文学碰撞和交流过程中的平等对话，彻底地打破法国影响研究同源性基础上的民族沙文主义。

在对法国学派的批评里，美国学派就是其中的主要力量之一。美国学派的登台亮相是在1958年国际比较文学年会上，当时新批评的主将韦勒克宣读了一篇《比较文学的危机》的报告，该报告直击影响研究的要害。它首先认为法国学派失去了文学本位，将比较文学局限于渊源和影响的研究，并非真正的文学研究，而是文化史和社会心理学方面的研究，主张回到文学性的研究上，其次影响研究表现出民族沙文主义的倾向，最后韦勒克归结到了比较文学在研究内容和方法上的危机症候，表现出学科基础上的不成熟和不明确，也不完善。该报告直接为美国学派的兴起开辟了道路。

在比较文学变异学的提倡者看来，平行研究在某种程度上与影响研究具有相同的弊端。这表现在三个方面：第一，平行研究同样注重"同"的寻求，从共同的"文学性"层面上进行研究，寻找相同或类似的规律。虽然没有影响研究的事实联系，但它一样要求某种关联性，它体现为美国学者韦斯坦因所说的类同性或亲和性。第二，这种亲和性主要表现为同一文化或文明体系，并非真正意义上的文化或文明异质性的比较。第三，为此，与影响研究一样，都是站在欧洲中心主义的立场上，以其文化或文明体系为研究依据去"凝视"他国文化文学，这种比较算不得"文化间的对话，而是以西方'诗学'的眼光对各种文学经验及其理论表述的发掘"。要消除这些弊端，必须引入"异"的研究，承认差异的存在，才能站在平等对话的基础上进行深入研究，也才能在变异研究的基础上实现文化或文明间的共存互通与参照互补，真正实现世界文学的和谐构想。

相比于得到普遍认同的法国学派和美国学派，比较文学的中国学派却处于争议当中。因其理论建树和实践成果都难有说服力，尚不成体系，未来依然是任重道远。但中国比较文学的研究者却热衷于学派的提倡，多少有些一厢情愿。在这些怀疑与激辩当中，阐发法一直是不可忽视的理论与方法问题。阐发法是根据现代学者的研究路向，由台湾学者总结出来的。一方面阐发法取得过成就，这些成就有目共睹，也就是说该理论的总结不全是凭空想象出来的；但另一方面也遭人诟病，阐发法很容易造成研究立场上的西化观，用西方的文化文学理论体系去附会、切割、曲解和套用中国古典文论文学，导致对中国古典传统文化的遮蔽和扭曲。实际上，阐发法是在饱受战乱与殖民屈辱的近现代中国发展起来的，学习西方、赶超西方是当时文化思想界的主流方向之一，但其间也隐含着一种企望繁荣复兴的民族主义思潮，两者的结合便成为阐发法出现的社会语境。平心而论，现代知识分子对中国古典传统文化的相对熟悉和西方文化的孜孜以求，使得经过阐发法所做出的比较文学研究确实有创建性的成果。可是如果对两种异质文化不熟悉，或者只是熟悉其中一种，就很可能导致对文化文学的解读随意化和肤浅化。阐发法毕竟是在接受西方文化的影响下发展起来的，大体上属于影响研究一类，可以说是影响研究的中国化。除了法国学派的影响外，登陆中国的平行研究也引起过不良反应，它就是学界所熟知并尖锐批评的、随意拿来比附的"X + Y"模式，本来比较文学的深层危机就体现在可比性原则上，这种模式与做法对比较文学学科基础的质疑无疑是雪上加霜。

全盘西化的思想对传统文化视若敝屣，导致一种"失语症"的出现，阐发法在某种程度上也是其症候之一。"失语症"是中国学界20世纪90年代的热点问题。这种失语症表现在学术研究的内容上就是站在西方文化的立场上将古典文化边缘化，造成对其不熟悉的误用及其精神内蕴的缺失，而在形式上则采用西式逻辑和理论方法，整体上接受西方文化与文论的言说方式，逐渐淡忘或否定了传统文化的话语范式和意义建构模式。在变异学的提倡者看来，阐发法的西化观、随意比附的"X + Y"模式以及"失语症"的出现，均源自于比较文学研究中对"异"的忽视，即不去辨析不同文化文明间文学现象的异质性因素。比较文学研究出现的遭人诟病的"变异"，可以通过真正变异学的研究得到有力的矫正与阐明。在西方文论的冲击下，古典文论所出现的现代转换、失语症、全面西化及随意比附的问题都被纳入变异学的研究范畴。总之，变异学既是阐释批评的有力武器，又是客观研究的有效方法，值得深入探讨和广泛运用。

　　将比较文学作为三个学派的更替发展史来研究，就可以看出其中的相同之处，即都是求"同"的思维和趋向。法国学派主要是同源性的考虑，美国学派则是类同性的研究，而中国学派表现出赞同西方的理论与话语方式，它们以共同性为研究的基础，或寻找共同性作为目标。它们都有意无意忽视"异"的研究，尤其是对文化或文明的异质性因素研究，"法国学派的求同忘异，美国学派的求同拒异，中国学者的求同不知异"。此外，从学科原则而言，可比性都是建立在"同"的基础上，其实变异学的提倡者在某种程度上也包括对"同"的追求，即研究变异或变化的共同规律，但他们同时提出，可比性原则应该建立在"异"的基础上，为比较文学的学科基础与研究趋向带来新的转变，彻底地解决三个学派出现的各种问题，使其成为跨文明、跨文化时代比较文学中国学派的真正基础。

第二节　变异学的特征及其问题

　　在比较文学界一直存在有无边界的争论。当初克罗齐批评比较文学不能作为一门学科，因为比较是任何学科的基本方法，实质上其观点隐含着一种比较文学无边界的担忧，它跟文学研究毫无区别，正是这种担忧，让他拒绝了比较文学的建立。韦勒克曾批评法国学派的同源性和影响研究，限制了比较文学的研究，他主张"将全世界文学看作一个整体，并且不考虑语言上的区别，去探索文学的发生和发展"[①]，研究世界各国的文学及其共同性倾向，其世界性的口气让人不得不联想到一种无边的比较文学研究，当然这种研究是在求同的目标下对世界所有文学的研究，

---

① 干永昌等编选：《比较文学研究译文集》，上海译文出版社1985年版，第134页。

韦斯坦因直言不讳地批评这种无边界论,"我以为把研究领域扩展到那么大的程度,无异于耗散掉需要巩固现在领域的力量。因为作为比较学者,我们现有的领域不是不够,而是太大了"①,其类同性的研究只能在同一文化或文明体系内,不同文化或文明体系相去甚远,研究范围过大,其研究必然是不可靠的。这在某种程度上也限制了比较文学的研究。也就是说,无论是比较文学的影响研究还是平行研究,都存在对比较文学研究的限制。韦勒克虽然主张一种无边的比较文学研究,具有异质文化文明研究的世界眼光,但其观点又局限在共同规律的"求同"思维上,变异学的提倡者并不认同上述的观点,他们提出变异学正是要克服这些问题,为比较文学的研究打开一个新的异质性和变异性的方向,那么这种变异学的理论到底具有什么特征,它是否存在某些问题呢?

在探讨变异学具有什么特质之前,我们必须首先了解比较文学所具备的特性,作为一门学科的存在,它需要有自己的学科特色。毫无疑问,比较文学的特色在于"比较"二字,但"比较"又是诸多学科的基本方法,比较文学不是文学比较,所以它必须寻找更有力的学科基础,早年法国学派创建时,便将其定位为国际文学关系史研究,强调实证性与事实联系,而实证主义与科学精神是当时普遍的思想主流,也是认定学科能否成立的关节点。因此,比较文学真正的特色在于其国际文学现象的关系,换言之,具有跨国性。当然,法国学派受时代限制,其跨国性被后世学者批评为只局限于欧洲国家内。平行研究继承比较文学的这一特色,并且将跨越性向两方面扩展,一是从国际的事实联系与实证主义的文学关系研究转向强调国际文学自身内部因素的平行比较研究;二是将跨学科引入比较文学研究中,利用不同的学科理论与方法来研究文学性。至于后来学界讨论的跨民族、跨语言与跨文化,甚至跨文明等均是这种跨越性的具体体现。总之,跨越性应该是比较文学研究的首要特色,尽管这些跨越性的具体方式存在着相互混淆和矛盾之处,至今仍在相互批

---

① [美]韦斯坦因:《比较文学与文学理论》,刘象愚译,辽宁人民出版社1987年版,第25页。

评与指责的争议当中。

平行研究之所以兴起，文学性的重视是其中的主要原因，它建构了自己的研究领域而与法国学派相区别。法国学派以流传学、媒介学、渊源学及异域星相学等构成比较文学的研究领域，而美国学派则以主题学、文类学、比较诗学和跨学科研究等领域研究相抗衡。比较文学在美国学派眼里，是真正回归到立足于文学本位的研究，而不是法国学派所倡导的文学社会历史与心理关系的外部研究。概括地说，法国学派过于强调事实关系的比较，而在某种程度又将文学忽视了，很容易使比较文学研究陷入一种边界过小、偏离文学研究的困境，而美国学派则回归较少甚至没有事实联系的文学性研究，却可能导致在文学性因素的研究下各国各学科随意比附的现象，使得比较文学变成一种毫无边界与缺乏可比性的研究。当然，影响研究与平行研究都得到了欧美学界一定程度上的反思，但变异学的提倡者认为这种反思还远远不够，需要从变异学的角度才能彻底解决这些问题。

变异学的提倡者认为，应该破除从历时性的角度来反思比较文学的研究，因为比较文学发展的三个阶段各自为政，只从自身角度来考虑问题，使得学科领域的划分模糊不清，各研究领域相互交叉重叠，以及分支领域归属不当，再加上各自学科基础的原则差异，形成了整个比较文学史剪不断、理还乱的复杂局面。比较文学研究的反思必须立足于共时性的角度，将其从结构体系上廓清问题。这些问题需要在比较文学的两大特性，即跨越性与文学性上融通起来，跨越性着力于跨国家、跨学科、跨民族、跨语言、跨文化与跨文明的文学研究，而文学性重在文学，不能脱离文学进行研究，当然这种文学性是包括文学的外部研究与内部研究的，不能局限于以新批评为主的美国学派的做法。新批评要切断作家、读者、世界与作品的联系，只研究作品本身，虽然这有利于回归文学本位的研究，但却是矫枉过正的做法。变异学研究强调跨越性与文学性的融合，换言之，要将文学研究的实证性与审美性结合起来，事实上，这两者本身就存在着诸多的变异，不同文学体系的交流与碰撞，肯定会发生变异，产生结合双方文学特性的新质，它是一个复杂的动态过程，需要加以深入的研究；另外，即使文学体系没有发生事实的交流与碰撞，也有面对同一文学现象不同的表达方式与理论观点，这些现象或多或少、或隐或显地存在着变异问题，只是这两个学派将这个问题忽略了，或者说没有立足于这个角度来进行研究，来解决比较文学出现的各种危机。

从上所知，变异学的提出可谓全方位反思以前比较文学研究的结果，这其中包括从学科目的与原则、学科领域的划分以及研究方法的缺陷等方面的一系列思考。但是这些思考同样存在着巨大的问题，下面略举数例加以说明，并试图探索变异学提出的真正作用。

变异学批评影响研究和平行研究是因为缺乏"异"的研究，问题在于对于"异"的看法。如果将"异"仅仅看成不同，那么无论是影响研究还是平行研究，都有对"异"的研究，否则比较文学根本没有必要成为一门学科，比较文学重在"比较"，没有异同又何来比较。即便是影响研究只停留在国际文学关系史的研究，注重实证性与事实联系，但肯定会碰到影响者与被影响者的变化与差异问题，包括同源性影响下的差异问题。平行研究更不用说，其研究原本就是在同一文学现象下不同表达方式与理论观点的差异比较。换言之，变异学认为比较文学的学科基础应该建立在"异"的基础上，而非影响研究与平行研究所依赖的同源性和类同性上，但"异"的看法如果只是停留在不同或差别上，那变异学并没有提出什么新东西，而且对法国学派和美国学派的批评也是一种极大误解和歪曲。尽管有些变异学的提出者也一直强调文学现象中的影响关系和平行对比实际上存在着"异"的问题，他们将矛头对准法国学派和美国学派的研究没有注意到，或有意忽略了其间的变异，我们认为，任何学者都不可能忽视那些事实存在的问题，这多少是为了变异学的出炉而故意夸大其词。

对"异"的理解还存在另外一个方面，就是承认影响关系和平行对比中"异"的事实存在，并加以研究，但其目的却是寻找其共同性，比如，法国学派中不同影响下的同源性目的，或者是以共同性为基础，如美国学派就是对同一文学现象下的差异研究，并在这种差异中试图寻找其中的相同点和共同规律。换言之，"异"的事实存在及其研究，目的在于寻找共同性。如果从这种"异"之作为达到"同"之手段的角度来进行研究，那么变异学较之以前的比较文学研究就没有表现出自己的特色，因为它也主张在研究文学变异的过程中发现共同规律。"比较不是理由，只是研究手段。比较的最终目的是应当探索相同或相异现象之中的深层意蕴，发现人类共同的'诗心'，寻找各民族对世界文论的独特贡献，更重要的是从这种共同的'诗心'和'独特的贡献'中去发现文学艺术的本质特征和基本规律，以建立一种更新、更科学与更完善的文艺理论体系。"① 在这里，出现了一种"最终"的说法，即以共同规律和相同性为基础，建立一种适合世界范围的文学规律体系。我们认为，这才有可能成为变异学的价值所在。

歌德率先提出"世界文学"的概念，马克思等人也进行过理论阐述。但到底什么是世界文学，即其精确的含义仍然没有明晰。如果说世界文学只是世界所有文学作品的总和，那这个概念并没有多大的意义；但如果是指世界所有优秀文学的总和，那么优秀的标准和裁定者又是个难以解决的问题。所有这些都迫使我们变换思考的角度，能否通过对世界范围内不同文学的比较研究，来寻找世界文学的普遍规律，建立一套适合世界范围的文学体系。当然这种世界文学体系不过是个终极目标，尽管在很多学者看来，这一终极目标具有难以实现的乌托邦色彩，但毕竟是世界文学研究的努力方向。

在此终极目标背景下来考察"异"的含义，才能看出变异学的研究意义。受时代限制和民族文学沙文主义，法国影响研究局限在欧洲各国的文学，美国学派尽管一定程度上弥补了法国学派的缺陷与不良影响，表现出对世界文学的平行研究，但欧洲中心主义话语的影响使得平行研究对非西方文学持一种贬低的态度，其评判的标准与对比的立场有意无意之中都以西方文学为主。如何避免并解决比较文学研究中的欧洲中心主义和权力话语，这就需要对"异"的含义重新加以审视，研究者必须承认作为他者的"异"之存在，而承认其作为一种异质性文化文明的存

---

① 曹顺庆：《中西比较诗学》，北京出版社1988年版，第270—271页。

在，赋予其平等对话的地位，那么就需要对他者之"异"加以切实深入的研究，真正做到设身处地的理解才能尊重他者之"异"，才有平等对话的可能，这种设身处地的理解就包括对其历史文化切实深入地把握，因此变异学研究要求立足于历史与文化的基础上来达到对文学变异的真正把握，实则是一种"以文学审美为中心，文化探源的批评路径"①。唯有如此，才能使比较文学研究避免一种表面的异同比较而走向探源究底式的研究，在此基础上互为贯通、嫁接补充以及生发新质，从而创造新型的文化文学，推动文学文化知识的更新与发展。

变异学研究利用跨文化、跨文明的异质性打破法国学派的研究局限，使其扩展到具有不同文化与文明类型的国家之间的文学研究，实际上已经被平行研究所尖锐批评。平行研究主张一种世界范围内同一文学现象下的比较研究，形成一种无边界的比较文学研究；韦斯坦因曾经批评过这种研究现象，其实他真正担心的不是范围的问题，而恰恰是不同文化文明类型中的文学研究容易流于表面化的处理，所以他主张同一文化文明体系内的比较，形成一种有边界的比较文学研究。换言之，变异学的真正贡献应该不在于突破已有的研究范围，而是将世界范围内的比较文学研究深入背后起作用的不同的文化文明与历史事实，使其研究能够避免只是徒具形式的简单比较，因此变异学研究要做到的应该是"深度"，而不是"广度"，以消除韦斯坦因等人的担忧。从这个角度而言，中国比较文学研究界出现的"X+Y"模式，其真正错误不在于比附的随意，而在于这种比较缺乏深入，通过对异同的探究得不出有价值的结论，反而流于表面简单的论断，使比较文学研究出现不应有的学科危机。

跨越性被变异学研究提出来作为比较文学学科的两大特征之一。法国学派在比较文学建立之初就形成，其跨越性的具体形式指的是不同国家之间，即"国际"，且其主要范围还局限在欧洲国家内部。也就是说，比较文学学科创建之初，其特性在于跨国性，这点被变异学的提倡者所

---

① 李艳、曹顺庆：《从变异学的角度重新审视比较文学的影响研究》，《中国比较文学》2006年第4期。

接受，同时也承认了平行研究中的跨学科做法，但否弃了跨民族和跨语言的说法，却增添了跨文化与跨文明的性质。虽然法国学派主张跨民族的说法，但那时欧洲各国与民族基本重合；在跨语言问题上，不同国家之间有使用同一种语言的，比如，英、美两国的文学比较应该是比较文学，所以跨民族、跨语言的说法都是不妥当的，更重要的是一个国家内有多民族和多语言的问题，这种跨民族与跨语言的说法无疑就"有悖于比较文学的宽广的世界性胸怀，是不恰当的"①。但是我们以此来思考变异学研究中的跨文化、跨文明的说法，一个国家内部同样存在着多种文化，甚至是多种文明。再者在跨文化、跨文明的使用上，变异学研究更倾向于跨文明，其理由在于文明对文化差异的包容性，以及更彰显中西文化体系之间的异质性差别，如此比较文学研究局限于中西文化文学体系的比较上，又何来"宽广的世界性胸怀"呢！变异学研究在理论建构方面存在着诸多矛盾之处，这些矛盾的解决，还有待于进一步的思考和探索。我们认为，跨国家、跨民族、跨学科、跨文化及所谓的跨文明都是跨越性的具体表现形式，比较文学研究需要进一步给予廓清与梳理，为其发展奠定学科的理论基础。

如前所述，在影响研究与平行研究中存在着变异的事实及其研究。从趋势来看，影响研究也越来越不局限于事实联系和实证主义，即外部的传播与接受考证，而是引入平行研究中的审美性与文学性因素，更多地从文学的内容与形式及各种思潮的影响等方面着手进行，也就是说影响研究早已扩大了自身的范围。更何况文学的影响即便有事实的证据，也难以肯定这种影响就一定会发生，因为接受者在心理上并非就认同它且加以转换，即没有实质性的接触与转换。换言之，影响研究要考虑因果关系，发生了事实并不意味着结果的出现，有了因果关系我们才能说彼此有影响，而这种因果关系的寻找则不可忽视文学内部因素的考量，比如，作品的观念、技巧与精神等方面的必然联系。反观平行研究，即

---

① 曹顺庆：《比较文学学科理论的"跨越性"特征与"变异学"的提出》，《中外文化与文论》2006年第1期。

便是文学内部因素的比较,也必须要有说服力,而这种说服力就需要事实的证据,这就包括历史发展、文化事实与文学性的确定与比较。总之,任何比较文学的研究都需要考虑到事实证据和变化比较,只不过立足的角度不同而已。因此,对影响研究与平行研究简单化地批评并不利于考量变异学研究的定位,否则即便能够定位,那也是靠不住的。

比较文学变异学的首次提出是2005年在四川大学出版社出版的教材著作《比较文学学》中。该著作对变异学进行较为系统的介绍。变异学成为比较文学研究的四大板块之一,其他三个包括文学跨越学、文学关系学与总体文学学,试图对比较文学学科进行重新构建。在文学变异学的目录下,其分支领域包括译介学、形象学、接受学、主题学、文类学、文化过滤与文学误读等。如前所述,前三者问题最大,也是变异学提出的主要原因所在,在此后的变异学建构研究中甚至直接提出变异学的分支主要就包括这三个。其实这些分支领域除了文化过滤与文学误读外,基本上都分属于影响研究或平行研究领域。换句话说,无论是法国学派还是美国学派,都有自己擅长的研究领域。可能是考虑这个问题,在之后的阐述中,变异学研究又被分为四个部分:语言层面变异学、民族国家形象变异学研究(形象学)、文学文本变异学研究和文化变异学研究。①到底该怎么划分领域,变异学并没有提出统一的看法。另外,这种没有取得一致的看法还包括变异学是作为继影响研究、平行研究的第三大研究派别,还是排在阐发研究后的第四大研究派别;而如果变异学是重新构建的比较文学研究的分支,那么它又如何处理与美国学派、法国学派研究领域的关系;等等。这些复杂的问题到底该如何解决,变异学的提倡者缺乏应有的思索与论证。

让我们回到中国学派的问题上来,它的定位应该在哪里,是变异学研究,还是阐发研究;从比较文学史看,影响研究是法国学派的理论架构,美国学派的标志是平行研究,如果变异学要成为中国学派的标志,

---

① 曹顺庆、李卫涛:《比较文学学科中的文学变异学研究》,《复旦大学(学报)》(社会科学版)2006年第1期。

那它与阐发研究的关系如何，自己有哪些分支的研究领域呢？这些问题的复杂性，以及缺乏真正的研究成果做理论支撑，让变异学的定位变得模糊不清。变异学研究一方面赞扬阐发法，认为是经典的话语变异的个案，是变异学研究的第一个突破，言下之意变异学才是中国学派的标志；另外一方面又批评阐发法，认为运用西方文学文化随意比附、切割甚至歪曲中国古典文学，并且从话语方式完全改变传统做法，全面西化使得现在的学术研究陷入一种"失语症"状态，而变异学研究强调对"异"的尊重和理解，在双方异质文化的基础上进行平等对话，共创互补、和谐的多元局面，因此它能对阐发研究的极端做法起到校正作用，变异学又成为阐发法之后的正确研究之法。

第三节　文化霸权、理论旅行与变异学

克罗齐当初反对比较文学作为学科的建立，认为比较是任何学科都采用的普遍方法。抛开他的否定立场外，我们还必须承认，克罗齐在某种程度上有一定的道理，事实上任何学术研究都要考虑异同因素与变化情况，从而做出更有力的阐明，克罗齐对比较文学的反对影响之所以深远与致命，其理由在此。换句话说，影响研究和平行研究都会考虑到变异情况，并通过比较做出有说服力的证明。如果变异研究要成为比较文学的研究领域，甚至要成为中国学派的标志，那么其着力点不是批评之前研究的"求同"目的，而应该去寻找对变化与异因素研究的差别，以便凸显自己的研究特色，并作为新型研究领域的必要性。

在变异研究对影响研究与平行研究的批评当中，有些细微差别是这些提倡者所忽略的。综上所知，影响研究建立在事实联系的基础上，当然这种联系必须是实质性的接触，所谓实质性的接触就是发生了因果关系，也就是说己方对他者的影响发生了结果，否则没有结果的影响是令人怀疑的，或者是毫无意义的。事实要建立在因果关系的基础上。虽然平行研究也是建立在文学内部因素的确定性事实根据上，但却没有法国学派的影响关系。如果平行研究不深入历史与文化甚至文明体系的阐明

中，那它很容易流于随意比附的"X + Y"模式，得出表面简单的结论而草草了事。影响研究注重因果关系，这就包括文学创作的影响，作家与作品之间复杂的传播关系，文学现象和文学概念的各种影响；而平行研究则难以考虑到作家与作品之间的比较，它必须放置在主题学与文类学等类同性要求下进行研究，因此平行研究的出发点其实着眼于文学理论与概念的比较。美国学派才发端出比较诗学的研究领域，甚至用比较诗学代替比较文学。这跟美国学派所处的理论大潮的时代语境有密切关系，作家作品已经不是简单的文学体系所能阐明的，必须联系文化与理论，方能得到深入研究。文学作品成为复杂的、纠结于各种深层理论的文学体系最直接的表征。

任何新型研究领域的诞生必须考虑到时代的要求，或者说它是由于社会语境所催生的。在今天国际文化交流越来越频繁、形成地球村的时代。文化体系与理论观点的碰撞与矛盾更引人关注，这些深层次的问题逐渐在文化或文明冲突中彰显出来。因此变异研究强调跨异质文化与文明的比较，是有其针对性的。尽管早在平行研究批评影响研究时就已经内含了这种要求，影响研究的国家间的限制被平行研究的世界性眼光所冲破，并将文学层面深入文化理论层面，但美国学派并没有意识到这种冲突的重要性，反而希望通过世界范围内的文学文化对比研究，构建一个世界性的文论体系，而这个体系更多依赖于西方文论立场的普世性。正如佛克马所说，"美国学者对所谓的'影响研究'不感兴趣，他们对文学的普遍特征更感兴趣"①，从法国学派局限于欧洲的民族沙文主义转移到追求普遍特征的普世主义，平行研究立足于美国作为一个超级大国的位置。我们认为，变异研究应该具有世界性的胸怀，这既是时代的要求，又是比较文学这门学科所决定的，尽管看上去可谓对美国学派的继承，但我们必须防止一种文化霸权的建立以代替法国学派的民族沙文主义与美国学派的大国普世主义，将研究立足于文学知识与文化理论的创新上，

---

① 王蕾：《比较文学、中国学派和文学变异学——佛克马教授访谈录》，《世界文学评论》2008年第1期。

只有真正取得公认的知识创新成果，我们才能获得尊重，真正的学术研究是由创新性学术成果建立起来的，从而立足于世界各民族的文学文化知识体系而贡献自己的力量。

为了防止平行研究的简单化接受而导致"X + Y"模式的研究流弊，变异研究必须立足于建立因果关系的实质性影响事实上。现在社会资讯发达、信息畅通的条件下，影响一方面很容易发生，这为不同文学文化知识的贯通与创新提供了便利；但另一方面知识的大爆炸和资信的繁多快捷，也会给影响带来混淆不清的状况，在此更要坚持一种因果关系的实质性根基。在变异学的提倡者看来，变异研究包括"变学"研究与"异学"研究。前者指的是国家文学在接触过程中所发生的各种变化，这些变化源自于接受者不同的文化背景，在翻译、转述过程所发生的增删、误读与创造的研究，回答受体文学在接触源体文学产生了何种变化、为何会发生这种变化、经过何种文化思潮的过滤以及变化产生什么结果等方面问题，总之，"变学"乃"变化之学"，即对变化过程的历时研究。后者则是指没有影响事实关系的不同文学在表达同一文学现象或概念范畴的差别及其所深藏的文化历史的差异，论者强调"异学"之"异"不同于"变学"之"异"①。也就是说，强调两者的分开，而非融合，即变异学可以划分为这两个研究领域，试图将影响研究与平行研究简单地相加，这种观点局限于之前的研究领域，而没有考虑到随时代变化要求所出现的新情况、新问题，同时也没有立足于自己的本土研究成果。

自近代国门被西方的船舰炮弹洞开以来，中国被迫沦为半殖民地半封建社会，许多有识之士开始积极寻求民族自立、国家富强的道路。他们开办学堂、置办实业与出国留学，向欧、美、日等走在前列的国家和地区学习。自那时起，全盘西化与民族传统的矛盾冲突一直是国内学界的主要问题。在文学创作上，近现代作家远取西方文学的表达方法、模式类型和写作精神，近取本土传统资源与社会现实，创造出一批优秀的文学作品，实现文学创作的全面转移。另外，文艺理论家借鉴西方文学

---

① 任小娟：《后现代语境中的比较文学变异学》，《中外文化与文论》2008年第1期。

文化理论，对中国古典作品重新阐释，或者对创作现实进行解读。总之，近现代的作家、学者立足于西方文学文化的理论观点来创造、批评与研究文艺作品和现象，比较文学的阐发研究正是基于此而从理论方法上加以概括出来的。换句话说，阐发法无论是否成为中国学派的标志，它都是从中国近现代文学创作与文艺阐释的实际成果的基础上构建起来的。因此，立足于本土文学创作实践与文艺阐释的成果，才是变异研究提出的可靠基础。变异学的提倡者对阐发法的批评，有意无意忽略了这一事实。而说起阐发法导致"失语症"，或者准确地说，一定程度上促进了"失语症"状况的发生，这样的批评实际上忘却了阐发法只是一种相对客观性的总结而已。我们认为，相对而言，研究与阐释是有区别的，王国维可以借用康德、叔本华的思想观点来研究古典名著《红楼梦》，这是一种阐释，近现代学者常用的治学方法，如美学家朱光潜也运用西方美学理论中的审美距离说和移情说来阐释中国古典诗歌，相对于这种带有主观阐释性的研究，阐发法的提出更带有客观性，因为它对这种阐释或研究状况的再研究，使用"阐发"这个词就足以表明提出者试图走向一种相对公允的评价立场，这是一种研究。研究者强调事实根据与客观性的公允立场，就是作为一门现代兴起的学科，阐释学也非随意的阐释，而是要寻求客观性的基础。任何学科要成为一门学科，就要求具有客观性、事实性与公正性。因此，阐发研究实际上是对王国维、朱光潜等人这种用西方文论观点来研究中国传统作品或时下文学现象的方法的描述、廓清与总结。尽管研究者也存在立场问题，但显然相对于王国维、朱光潜等人的阐释行为，阐发研究更具有客观性，而不是像变异学的提出者那样将两者混为一谈。因此，变异学首先是一种客观科学的研究，立足于我们已有的阐释实践与研究成果，我们运用变异研究，其目的不在于立场的表达，而在于实质性影响事实的描述与廓清，以此作为达到文学文化的新型创造与实现知识增长的目的。换句话说，变异研究是对阐发研究的一次延续与改造，将其纳入变异研究内，在其基础上结合时代语境与理论成果加以构建，使变异研究的体系完备化。

　　阐发研究是建立在国内已有的研究方法及其成果上，这种阐释方法就是运用西方的文化文学理论来阐释中国古典文学作品或者当下的文学文化现象,也就是说,这是一种影响关系,是一种实质性的接触事实,发生了因果联系。同时,这些已有的阐释性研究并非法国学派的文学关系的外贸史,而是建立在文学思想与文化精神的融会贯通上,是一种关于文学表达、话语方式以及各种概念范畴、主题类型的接受以及改造与转换的研究,背后是中国与其他国家,当然主要是与欧、美、日等发达国家的文化思想的内在关系,即异质文化或文明间的宽广世界胸怀的比较研究,这又与平行研究取得某些一致。总之,变异研究立足于现当代中国已有的比较文学关系的研究成果,兼顾影响研究与平行研究的长处,防止其出现的弊端,同时也是对阐发研究的进一步深入概括与提升,重新构建一套理论与方法论体系,作为中国学派崛起的标志,为比较文学这门学科的研究体系做出自己的贡献,推动文学文化知识体系的创新与发展。

在变异研究的理论与方法的构建当中,我们认为萨义德(又译"赛义德")的"理论旅行"的观点有着重要的启示意义。作为一个具有第三世界他国身份的美国学者,其学术经历、理论方法与观念精神等方面都值得国内学术的借鉴与利用,如何在全球化时代与文化权力话语的背景下处理本土文学与民族文化,保持自身应该具有的学术能力、学术领域及学术创新等,这不仅是萨义德的问题,也是我们要面临的问题。萨义德"理论旅行"的看法主要体现在两篇以此为题的文章中,即早期的《理论旅行》(1982)与12年后撰写的《理论旅行再思考》(1994)。毫无疑问,"旅行"是发现自我、更新自我的重要途径,因为它能让自我获得不同的养料。萨义德在文章的开端就说:"相似的人和批评流派、观念和理论从这个人向那个人,从一情境向另一情境,从此时向彼时旅行。文化和智识生活经常从这种观念流通中得到养分,而且往往因此得以维系。"① 在这句不甚清晰的话中包含着两种观念。一种就是批评流派、观

---

① [美]赛义德:《赛义德自选集》,谢少波等译,中国社会科学出版社1999年版,第138页。

念和理论在自己的旅行过程中获得维系,得以改造更新,从而更适应于旅行地的本土状况;另一种则是这些批评流派、观念和理论所经过的旅行之地,当地的文化和智识得到新的养分,使自身的文化与智识能够维系并更新发展。就如流浪世界各地的犹太民族,一方面在全世界的流亡中却能汲取当地文化的养分,不但没有让自身被同化丧失,反而使其文化发扬光大;另一方面这些犹太文化的到来又促使当地文化的繁荣发展;文化与文学在交流与碰撞中才获得生机与活力,保持自己鲜活的生命力,创造新质不断发展。因此,文化文学的交流与碰撞根本不在于最终的各有自己的地盘、和谐共存、互为补充的"和而不同"的境地,而恰恰只有文学文化之间永不停息的矛盾与冲突中,才能激发自身的生命力而得以维系,并创造新的自我,促进文化文学的新发展。变异研究强调"异",不仅是深入异质文化或文明之间的比较研究,更重要的是在这些不同文化或文明的斗争中,创造出新质之"异",只有这个"异"才是变异研究的目的,也是变异研究更应该关注的对象。

让我们从这个角度来考察一下萨义德对"理论旅行"四个阶段的描述。"首先,有一个起点,或类似起点的一个发轫环境,使观念得以生发或进入话语。第二,有一段得以穿行的距离,一个穿越各种文本压力的通道,使观念从前面的时空点向后面的时空点,重新凸显出来。第三,有一些条件,不妨称之为接纳条件或作为接纳所不可避免之一部分的抵制条件。正是这些条件才使被移植的理论或观念无论显得多么异样,也能得到引进或容忍。第四,完全(或部分)地被容纳(或吸收)的观念因其在新时空中的新位置和新用法而受到一定程度的改造。"① 从萨义德的表述,尽管前三个阶段存在着各种"异"的成分,比如,进入"发轫环境"就可能要变异;穿行通道和距离不是旧有的时空,而是不同的时空,显然会碰上"异"的因素;接纳条件和文化背景,这是异质文化或文明;但真正重要的还是第四个阶段,受到一定程度的改造而创造出新

---

① [美]赛义德:《赛义德自选集》,谢少波、韩刚等译,中国社会科学出版社1999年版,第138—139页。

的东西，这才是变异研究的归宿。换言之，前三阶段可以称为发生学阶段、媒介学阶段与接受学阶段，而最后这个阶段才是变异学阶段。但是要弄清作为"异"之新质的产生显然离不开前三阶段"异"因素的考量。因此，萨义德的"理论旅行"虽然不是真正的变异研究，但它却为变异研究提供了一条具体的操作路向。我们根据萨义德"理论旅行"的观念和方法，来具体探讨变异研究应该具有的理论原则与操作方法。

第一，冲突性原则。这条原则不应该从政治学的角度去考虑，特别是由于近年来权力话语和文化霸权等观念的兴起，导致文学文化都当作政治斗争的场所，出现了一切文学批评均是政治批评，以及文明冲突论等学术与研究政治化的倾向。换言之，学术研究是以创造性成果为评价标准，而非话语权的争夺与文化霸权的建构。事实上，无论是作家创作、文学批评，还是学术研究，都存在观念与思想等方面的冲突，真正的创新恰恰是在冲突矛盾中思量所结出的硕果。在使用变异法进行比较文学研究时，就要特别关注作家和理论家在面对异质文化或文明的冲突状况，这其中包括冲突的根源、类型、内容、语境及冲突的最终解决等诸多方面。只有"异"才构成冲突，也只有冲突才会有解决之道，才有新质的产生，实现文学文化的创造性发展。

不少变异学的提倡者在说起中西文化交流时，总是有意去遮蔽这种冲突性，或者用和而不同的原则去化解彼此的冲突，建构一个多元共存、和谐互补的理想状态。我们认为，遮蔽或化解文化冲突的观点隐藏着两种意图，其一是似乎提倡矛盾与冲突就会犯上政治斗争的弊端，使文艺政治化的思潮重新抬头从而再次引发灾难性后果；其二是提倡多元存在、和谐共荣是放低姿态地希望处于文化霸权的发达国家能够尊重第三世界的文化文学，实现两者的平等对话。这其实都是时代所造成的误区。学术研究强调科学性，实现心智的创新和知识的增长，又何来文化霸权与话语权的争夺，就算有文化霸权的存在，也是建立在此的基础上。换言之，要实现平等对话，就需要创造性的成果让对方尊重，迫使其了解自己。而只有真正意识到双方文化或文明异质性的冲突，且这种冲突越厉害，才能说明对方越重视他者的存在。就变异研究而言，无论是发生学阶段、媒介学阶段、接受学阶段还是最后的变异学阶段，都存在着种种差异，有差异就有各种冲突，而这种差异与冲突的比较研究，才能真正说明观念、理论与批评流派和概念范畴等变异的详细情况，分析其中的原因与文化历史背景，最终才能充分考量其创造的新质的价值与意义。

第二，异质性原则。根据萨义德"理论旅行"的观点，批评流派、理论观念与概念范畴等在各国的旅行，显然这是一种具有实质性接触的影响关系，产生了因果联系。这就是异质性中"质"的含义。另外，这种"质"的含义还包括在具体表面的差异背后要寻找深层的文化上的差异，使比较文学研究走向深入，只有在此基础上确保创新的更大价值。在变异研究的四个阶段上，都必须在文化阐释的基础上做出深入的比较研究。

第三，历史性原则。萨义德的理论非常强调将事物放置在历史语境中予以阐释说明。在理论旅行的四个阶段中，他同样提到了很多关于"历史语境"的关键词，如"发轫环境""穿行的距离""时空点""接纳条件""抵制条件"与"新时空"等。在具体解读卢卡奇、戈德曼与威廉斯之间的影响关系时始终坚持一种历史主义的批评。从历史语境中考察他们的接受与改造，并对此加以有效地阐明。如上所述，实现不同文化文学之间的平等对话，必须要尊重他者之"异"，这种尊重源于自身内部不同文化的冲突的思考，而文化冲突的思考又必须对文化异质性知晓，我们如何知晓与掌握他者文化呢？这就要回到历史主义的研究方法，即回到原初的事件当中，我们认为，对这些历史事件的思考导致文化的创建，因此要理解他者文化，莫过于回到他者的原初历史当中，设身处地的重走一遍这些历史事件对当初那些思想者所造成的心路历程，彻底理解当初文化创建者的所思所想，领会这些结论产生的种种原因。这样才能真正做到互相理解文化或文明的异质性，直面这种异质性所带来的冲突，给予他者文化的尊重，展开真正的平等对话与交流，在这些冲突和碰撞中产生新型的文化思想与理论观念。

第四，批评性原则。理论是灰色的，生活之树长青，萨义德深知这句话的意义所在。在他的理论观点中，任何批评流派、理论观点都很容易成为僵化的意识形态，从而脱离实际的社会生活，正因为如此，萨义德才着力强调理论旅行对任何理论观点的生命维系与改造的意义。在人们观察与思考社会生活时，运用理论观点确实能看到某种深刻之处，以便更好地理解社会，安排人们的生活，而事实上这种观察与思考也总是在某种理论观点下进行的。但是人们要防止在理论观点观察与思考社会生活时，社会生活的某些部分便会偷偷地溜走，现实是复杂的，理论则是僵化的。因此在理论与现实的缝隙中，批评意识发挥其巨大的作用，这种批评意识就是确保不停地反思理论与现实的关系，让理论不再僵化，并在这种反思中获得生命力。卢卡奇的理论，到了戈德曼手里发生了变异，再到威廉斯等人又体现出不同，正是由此他们才建构出既继承又不同于卢卡奇的理论体系。这可谓变异研究的典型范例。

在变异研究中，我们一直在思考科学性和客观性的原则问题，否则它难以成为一种学术研究，更遑论成为比较文学研究中国学派的标志。法国学派的科学性建立在事实联系和实证关系的基础上，而平行研究则保持一种类同性的研究以及文学内部依据的确定性，还有世界文学的共同性寻求。变异研究一方面保持异质性文化或文明的确定性；另一方面建立在一种实质性的接触关系，即因果关系的影响上，再者就是批评意识的确立，批评意识意味着理论与现实的间隙及其反思。无论是卢卡奇理论观点的建立，还是戈德曼、威廉斯等人的理论变异，变异研究的批评性原则，都强调要回到当时的历史语境与原初事件加以阐释说明，反思理论与现实的关系，让理论不停地回到客观的现实以防止其僵化，在两者的间隙创造出新质，既继承又改造前人的理论观点，如此才能真正理解与廓清理论观点、批评流派与概念范畴等的旅行变异状况，才成为真正的变异研究。

毫无疑问，变异研究的四条操作原则并非独创的理论方法，而只是根据其特有的研究对象才设置起来的。变异学需要研究的是那些批评流派、创作观念、艺术技巧、文化思想以及概念范畴与理论观点等方面的"旅行"状况，它是立足于国内现当代已有的研究实践及其成果，结合影响研究的实质性接触，即因果关系，以及平行研究中的异质性文化或文明的比较等方面的理论观点，同时防止其弊端而建构起来的。当然变异研究存在着许多问题还有待廓清，但是它对于比较文学学科的明确与发展，以及中国学派的建构等做出了有价值的启示，不过这种启示还有待于具体的研究实践的检验，本书就是试图以变异学的研究方法做出的一次尝试。

第三章 文化霸权论变异的"四个阶段"

文化霸权理论在其发展中有四个阶段的变异，它首先滥觞于葛兰西的理论，葛兰西是西方马克思主义的鼻祖之一，在探索欧洲革命的成败基础上，继承并发展了马克思主义的理论，他将马克思主义以经济物质性为基础的理论转变为以文化精神为核心的理论，试图以文化或意识形态来统摄物质性社会存在，构成其特有的实践观，以期在欧洲地区开辟别具特色的革命理论，来获取无产阶级运动的最终胜利。在将文化纳入政治考量，成为革命的主要力量时，文化与权力的联系再也无法分开，夺取文化领导权也就成为革命最为关键的任务。葛兰西的文化领导权理论将文化霸权理论的内核，即文化权力化的观点做了系统的表述，从而成为文化霸权理论变异的第一阶段。权力在法国思想家福柯那里取得了本体性的地位，不仅文化被权力化，而且语言表述也被权力化，形成其特有的话语理论体系。在其知识考古学和权力系谱学的方法论支撑下，福柯详细地考察了社会历史的边缘领域所形成的知识体系，如疯癫、医院、监狱和性等文化表述中所蕴藏的权力关系，从而成为文化霸权理论变异的升华阶段。美国批评家萨义德将葛兰西和福柯的理论综合起来，创立了以东方主义为代表的后殖民理论。一方面，他继承了葛兰西的文化权力化理论，重视文化权力的生长性和同意性；另一方面又接受了福柯的知识权力观，赋予文化表述以话语的本体性地位，将文化权力化与话语理论体系放置到东西方文化及其表述上，形成其知识暴力和表述压抑，并纳入权力逻辑而难以自拔，使得东方世界不仅遭到不应有的贬低，而且很难通过言语表述来再现自己。这是文化霸权理论的第三阶段。与美籍阿拉伯裔的萨义德不同，纯粹白人出身的美国政治家亨廷顿则坚持不同文化文明之间的矛盾是不可调和的，提出文明冲突论，以文化身份的诉求来替代各种政治经济利益的追求，来解释当代世界各种冲突的背后根源，预示着一种新的冲突范式将主导未来的全球趋势。文化权力化早已不是葛兰西的国内斗争和福柯的话语逻辑，而是真正现实的全球范围内的不同冲突，甚至会成为战争的导火索，文化或文明成为不同区域或不同民族的立身之本，谁也不会轻易地放弃自己的精神支撑和灵魂归宿。如果说萨义德揭穿西方科学知识背后的权力因素是为了引起人们的警惕，使东西方文化关系能够在相互尊重、平等与积极对话的基础上进行的话，那么亨廷顿则看到文化或文明的认同性和持久性必然会导致世界各大文明地区之间的冲突加剧，如果要保持西方文化的优势地位，就必须强化冲突的必要性和现实性，增强自身的文化实力，同化或消除其他文化的影响，固守自己的文化传统，纯化其立场归宿，成为不同文明在全球化趋势下的必然之举。这种反其道而行之的文明冲突论构成了文化霸权理论的最后阶段，即固化阶段。

总之，文化霸权理论发展至今，共存在四个阶段的变异：起始阶段——葛兰西的文化霸权理论；升华阶段——福柯的知识权力观；完成阶段——萨义德的东方主义，以及最后的固化阶段——亨廷顿的文明冲突论。这四个阶段都存在着将文化作为重中之重来给予考察和思考，将文化权力化，成为斗争的场所或追逐的对象，但因其不同的社会历史环境和理论家对问题的分析考量，文化霸权理论的四个阶段又存在着巨大的差异，下面将分而概述之。

第一节 起始阶段：葛兰西的文化霸权理论

1978年，美籍阿拉伯裔学者爱德华·萨义德发表名著《东方学》，集中阐述了西方文化霸权对东方世界的想象和扭曲，抨击了殖民主义者的文化暴力，引起各国学界广泛关注。20世纪90年代以来，冷战结束，全球化进程加快，信息技术高速发展，各国各民族之间的文化交流日益扩大和加深，相互间的龃龉与磨合也日趋突出。1993年，美国哈佛大学政治学教授亨廷顿在美国《外交事务》夏季号上发表的"文明冲突论"，在全球范围内引起了关于文明之间的冲突和共存的剧烈争论。

这些显示了文化冲突与文化霸权（又译"文化领导权"）研究在当今的重大学术意义。它也成为国内学界的热门话题。然而我国学者在文化霸权理论研究中过多地局限于上述萨义德的"东方主义"与亨廷顿的"文明冲突论"，甚至将文化霸权理论仅仅当作"工具论"来抨击西方的"文化殖民"，阐明东西方文化关系的不均衡性。实际上，意大利马克思主义者安东尼奥·葛兰西（Antonio Gramsci）才是"文化霸权"这一概念的始作俑者之一。他的理论观点对现代风行的后殖民主义理论和文化冲突的学说有着直接的影响。海德格尔曾经说过，追溯事物的源头乃是理解事物的本质。刘勰在《文心雕龙》中也说："观澜而索源"，"原始以表末"。因此，本节将对葛兰西的"文化霸权"概念做出其含义构成的分析，并对它进行较为系统的理论阐述，相信这将有助于深化今天我们学界的相关争论，弄清一些重大的理论是非。

（一）实践哲学是文化霸权的理论基础

一般而言，一个理论家提出一套较为系统的理论主张，其背后都可以找到其哲学根基。甚至从某种意义上说，其理论主张是从他的哲学根基发展延伸出来的。因此，我们在深入分析其理论主张时，首先，就要找到其哲学根基，并通过对哲学根基与理论主张关系的梳理，发现它们之间的内在逻辑。其次，就葛兰西的文化霸权理论而言，实践哲学是其理论基础与哲学根基，当然也成为其理论系统不可分割的一部分。最后，下面我们就葛兰西的实践哲学做些理论透视，以求发现实践哲学与文化霸权理论的内在逻辑。

在哲学领域中，国内20世纪80年代对葛兰西的研究与讨论的一个重要话题就是他的实践哲学与马克思主义的异同之处。经过一番争论后，大致形成了两派观点：（1）有些学者继承了苏联理论家的看法，认为实践哲学在葛兰西的理论中是指马克思主义。① 其根据在于《狱中札记》写于监禁期间，为了避开敌人的耳目，使用一些意义含混的自造术语来代替通用词语；（2）另一种观点认为实践哲学是葛兰西在吸收马克思主义的基础上，形成的具有自身特色的一套新理论，并且认为它是"西方马克思主义"的一种新形态。冯宪光先生认为将实践哲学与马克思主义联系起来"有一定的道理，但葛兰西用实践哲学来指代马克思主义，实际上是他用来区别正统马克思主义的一种表述方式。他所阐述的实践哲学本身应该说是'西方马克思主义'的一种形态"②。既然这种新的理论形态是对马克思主义的继承与发展，那么自己的发展与创见体现在哪里呢？

对哲学基本问题的回答就表现出葛兰西理论的不同之处。根据国内通用的马克思主义哲学教科书的说法，哲学基本问题简单地说就是哲学本体论问题，即探讨世界的本原是什么。在本体论问题上，马克思主义首先是一种唯物主义，社会存在决定社会意识；物质第一性，精神第二性；世界最终统一于物质。葛兰西避开了谁起决定性作用的回答，而是主张以一种人类主体及其实践活动为其本体的"实践一元论"来取而代之。葛兰西写道："在这种情况下，'一元论'这个词是什么意思呢？它肯定既不是唯心主义的一元论，也不是唯物主义的一元论，而是具体历史行为中对立面的同一性，也就是与某种组织化（历史化）的'物质'，以及与被改造过的人的本性具体地、不可分割地联系起来的人的活动（历史—精神）中的对立面的同一性。"③ 他将"一元"定为实践，成为其特有的"实践一元论"："在哲学中，统一的中心是实践，也就是说，是人的意志（上层建筑）和经济基础之间的关系。"④ 把实践理解为物质与精神、社会存在与社会意识、唯物论与唯心论以及人与自然的"对立同一性"，是一种"上层建筑与经济基础之间的关系"。实践是世界的唯

---

① ［意］葛兰西：《狱中札记·俄文版出版者的话》，葆煦译，人民出版社1983年版，第2页。
② 冯宪光：《"西方马克思主义"美学研究》，重庆出版社1997年版，第423页。
③ ［意］葛兰西：《狱中札记》，曹雷雨等译，中国社会科学出版社2000年版，第287页。
④ 同上书，第316页。

一本体。"物质本身并不是我们的主题,成为主题的是如何为了生产而把物质社会的历史的组织起来,而自然科学则应相应地被看作本质上是一个历史范畴,一种人类关系。"① 也就是实践与物质世界是同一的。

葛兰西在世界的本体问题上,用"实践"代替"物质",将"实践"作为唯一本体,避免重蹈庸俗唯物主义的覆辙,其"物质"含义已不同于国内通用教科书的看法。从这个意义上说,葛兰西的实践哲学实质上是一种历史主义哲学。他认为,要避免物质世界与主体功能的分离,"就必须用一种'历史主义'方式提出问题,同时又把'意志'(归根结底等于实践活动或政治活动)作为哲学的基础。但是这种意志必须是合理的意志,而不是任意的意志;只有在这种意志符合于客观的历史必然性,或只有在它是正在逐步实现中的普遍历史本身的时候,它才能够得到实现"②。在葛兰西看来,历史主义能够成功地避免庸俗唯物主义与唯意志论哲学的分割与它们各自的片面性,从而形成将历史精神与物质世界结合在一起的实践哲学。

历史主义哲学有两个特点。第一,是把人的"意志"作为哲学的基础;第二,这个意志必须是"合理"的,即符合"客观的历史必然性"。葛兰西能为共产主义事业奋斗终生,献出自己的生命,就在于他相信自己所从事的事业是符合客观的历史必然性的。人类历史必然朝着共产主义社会前进。因此,人类应该发挥自己的主体功能与意志精神,在无产阶级世界观的指导下,与资产阶级展开意识形态的斗争,促成人类伟大目标的早日实现。在此,包含着价值观念、意识形态与世界观的文化被提升到一个重要的位置上。

葛兰西的"实践哲学"通过对历史主义的强调,逐渐落实到生活方式及价值观念、世界观等文化的斗争上。他在论述实践哲学与文化的关系时认为,实践哲学的突出之处就在于对文化的关注:"主张实践哲学是一种新的、独立的与独创的理论,同时也是全世界历史发展的因素之一,

---

① [意]葛兰西:《狱中札记》,曹雷雨等译,中国社会科学出版社 2000 年版,第 384 页。
② 同上书,第 257 页。

也就是主张一种新的、正在成熟的文化的独立性和独创性，这种文化将随着社会关系的发展而发展起来。"① 在回答"什么是哲学"时，葛兰西甚至说："哲学是一种世界观，哲学活动也不要看成只是'个人'对于系统的、融贯一致的概念研究，而且也要并首先把它看成改变群众的'心态'，传播哲学新事物的一场文化上的战斗。"②

实践哲学关注一种作为新型的精神意识和世界观的文化，它的工作就是要战胜统治阶级的意识形态；教育人民群众，提高劳动人民的文化水平。从这个意义上说，实践哲学也是一种新型的大众文化形式，其中"教导的"工作乃是基本的工作。"实践哲学有两项工作要做：战胜形式精致的现代意识形态，以便组成自己独立的知识分子集团；教育在文化上还处于中世纪的人民大众。这第二项工作，是基本的工作，它规定着新哲学的性质，并不仅在数量上而且在质量上吸收它的全部力量。出于'教导的'理由，新哲学结合成一种略高于人民大众的平均水平（这是非常低的）的文化形式。"③ 葛兰西的实践哲学非常注重意识观念与价值意志在人类历史中的作用，实际上是一种历史主义哲学。葛兰西将这种历史主义哲学运用到无产阶级革命斗争中，倡导革命首先要用新型的文化思想意识来教育人民大众，组成自己的知识分子集团，颠覆统治阶级的文化霸权，夺取思想精神领域中的领导权，并最终获取政治领导权。

（二）国家构成理论是文化霸权理论的逻辑前提

葛兰西的实践哲学强调人的主体意志在人类历史活动中的作用，人的主体意志并不是指人类的本能与潜意识活动，而是由人的思想意识形态、文化价值观念沿着客观历史必然性所表现出来的主体能动性。它是一种历史主义哲学，构成了葛兰西文化霸权理论的哲学根基。由于人类的文化观念与价值理念的不同，有些符合客观历史必然性，有些抱残守缺，阻碍甚至违背历史发展的客观必然性，于是存在着文化上新、旧价

---

① ［意］葛兰西：《狱中札记》，葆煦译，人民出版社1983年版，第80页。曹雷雨等人的译本参见第310页。
② ［意］葛兰西：《狱中札记》，曹雷雨等译，中国社会科学出版社2000年版，第260页。
③ 同上书，第305页。

值观念的各种斗争，这些斗争可以大致归结为统治阶级与新兴的无产阶级的文化斗争。无产阶级要夺取革命的胜利，在文化上需要与人民群众团结一致，与统治阶级进行文化上的斗争。但是文化斗争从哪里开始呢？怎样与人民群众团结起来呢？葛兰西认为，政治社会不太可能首先成为文化斗争的场所，它是带有强制性、暴力性的国家结构以及所属这些结构的人员团体，如政府机关、议会党团、司法机关、军队和监狱等。文化斗争只有首先从市民社会开始，夺取市民社会的文化领导权。因为市民社会包括意识形态的上层建筑、建构和传播文化思想的社会机构和技术手段以及各种各样的社会团体与宗教组织与社区家庭等，也就是与大众有着密切联系的报纸、通信设备、学校、教会、工会以及民间社团，还包括家庭等。葛兰西将国家划分为政治社会与市民社会两个层面，无产阶级革命首先要夺取市民社会的文化领导权，这两个层面的划分构成了葛兰西文化霸权理论的逻辑前提。

通常而言，国家乃是专政与镇压的工具，是为统治阶级服务的。葛兰西则认为："国家是统治阶级宣扬和维护统治，借以获得被统治者认可的所有复杂的实践及理论活动的总和。"① 这个观点可以归纳为："国家 = 政治社会 + 市民社会，即强制力量保障的霸权。"② 这里的"霸权"明显不是带有强制镇压的霸权而是指一种同意式的霸权。

国家并不仅仅是专制镇压的工具，其主要是确保统治阶级的统治地位获得市民社会的认同。随着市民社会"同意"的逐步增强，国家的强制暴力逐渐减少，领导权领域扩大到一定程度和范围，国家失去其独裁专制的职能，无存在的必要，也就消失了。在这个意义上，葛兰西认为，现代"国家"等于"市民社会"，"私人力量、市民社会等掌握了历史发展的霸权，但是它们也属于'国家'，其实也正是国家本身"③。

市民社会与国家之间的关系密切，甚至在一定程度上可以"融为一体"，市民社会成为国家本身，而国家又首先是从市民社会中建立其最初

---

① ［意］葛兰西：《狱中札记》，曹雷雨等译，中国社会科学出版社 2000 年版，第 200 页。
② 同上书，第 218 页。
③ 同上书，第 217 页。

形式的。国家是在市民社会中诞生的。在许多民间团体中,一个或几个团体脱颖而出,成为领导集团,逐步在市民社会中建立部分领导结构,这就是最初的国家,也是政府的同义语,因为这构成了强制暴力的结构基础。因此无产阶级革命组织需要从市民社会开始它的革命工作——夺取文化领导权与建立最初的国家。

虽然在葛兰西的国家思想中,他将国家分为市民社会和政治社会两个层面,市民社会达到一定程度就是国家本身,但是并不意味着它们只是一种臣服的关系,市民社会对政治社会的完全认同;而是这两个领域既相互联系、相互渗透,又存在相互对抗。市民社会成为从属社会集团、阶层组织与统治阶级的"角斗场",两种文化观念、价值形态在此或隐或显地呈现龃龉、冲突与磨合。它们不仅存在着"强制"的关系,也存在"同意"的关系;把它们僵硬地理解为统治与反抗的关系是不正确的,或者说是不够全面的。尽管它们之间斗争不断,但两个对立阶级的文化斗争是一个互动、包容和消解的过程,不是铁板一块。在统治阶级文化中,有时为了自身文化的主导地位,适当的时候会妥协地为从属阶级的文化和价值观念提供空间,留有一席之地。同样,从属阶级也可采取灵活的文化策略,表现一定的妥协和暂时的屈从。

市民社会成为两种文化的斗争场所,在斗争过程中,也夹杂着双方策略上的妥协与让步。但从文化的整个趋势而言,统治阶级必须确保,所有的文化在总体上应服役于统治阶级的文化价值、目标和兴趣,不能颠覆其应有的统治地位。但是霸权并不意味着统治阶级一味地强制与压迫,也可能存在和其他阶级之间进行谈判、协商甚至妥协,任何简单的对立,剪除对立面的做法,都被霸权的这一过程所消解,它可以通过退让,使对方获得一定的利益来纳入自己的统治体系,形成一种"双赢"的局面,打破权力只存在一方赢利对方失益的二元对立观念。葛兰西认为,统治阶级对从属阶级文化的压制和禁锢,会更加激起从属阶级的对抗与斗争,但是从属阶级对统治阶级文化的认同,导致市民社会的结构稳固,成为统治阶级的顽固堡垒,使无产阶级夺取文化领导权的任务更加难以实现。正是市民社会对统治阶级文化观念的"同意",使葛兰西把夺取文化领导权作为无产阶级革命的首要任务,甚至是最终任务的完成。因为在他看来,道德知识的领导,就是政治的领导,两者是衔接在一起的。

(三)政治权力理论是文化霸权理论的核心内容

葛兰西提出无产阶级革命首先要从市民社会开始,夺取市民社会的文化领导权,于是,市民社会成为统治阶级与从属阶级的文化"角斗场"。文化霸权理论的产生,与葛兰西对当时欧洲革命失败原因的总结有一定的联系。虽然有些欧洲国家的革命推翻了统治阶级的政府机关,占领了议会,甚至控制大部分的军队,破坏监狱等统治阶级的暴力镇压工具,解放了政治犯,但革命最终还是失败了。葛兰西认为市民社会这座统治阶级的最后堡垒是其失败的主要原因。无产阶级革命原本是来解放人民群众,而今却遭到市民社会的强烈抵抗。市民社会为什么成为统治阶级的最后堡垒呢?市民社会如何与统治阶级达成一致,形成一个共同体呢?葛兰西发现除了"强制"这样一种权力形式外,还存在一种权力形式——"同意"。统治阶级通过包装、宣传和鼓动等方式将自己的价值观念"灌输"给市民社会,使市民社会认同甚至维护统治阶级的统治地位。市民社会"同意"了统治阶级的文化思想与价值理念,与统治阶级构成了一个统一体,行使着整体的力量,对抗无产阶级革命,使欧洲革命遭到最终的失败。

随着资本主义社会的出现与发展,交通与通信设备的日益进步,政治逐渐渗透到人们的日常生活中,形成所谓的"政治波普"化。葛兰西作为意大利共产党中的一员,甚至是总书记,他强调政治的重要性,也认识到政治正在逐步日常生活化。于是,他将文化包括通俗大众文化也作为政治斗争的场所,文化斗争实质是政治斗争,而政治上的斗争同样表现为文化上的斗争。葛兰西甚至认为它们在某种程度上是"合而为一"的,在这之中蕴藏着极其微妙的权力关系。这种权力关系构成了文化霸权理论的核心内容。

从现代权力学的角度看,大致有两种权力表现形式。一是"强制",它一般是由国家的暴力机关执行(行政机构、法院、军队、警察和监狱等)的。这种权力观是以权力主体的武力威胁与暴力镇压来维持现有的秩序和实现权力主体的要求。这种权力通常是用来针对反叛现有规章秩序的，违背甚至对抗权力主体要求的行为，当然它也具有对人们的思想进行禁锢以及对人们的行为进行恐吓的作用，所以人们称为"硬权力"。二是"同意"，这是一种对权力主体而言的消极方式，也可以称为"知识与道德的领导"，有人称为"软权力"。它是"一种通过吸引力、感召力和同化力而不是强力获得理想结果"①的权力形式。也就是说要取得人们内心的赞同，让广大人民群众自动地同意统治阶级对社会生活、生活方式所做的指导，赞同统治阶级的文化、价值意识和思想原则。"同意"这种权力的表现形式比"强制"要温和得多，它可以是无形的，甚至是低俗的与粗鄙的，但其所造成的影响却远比"强制"深厚、持久，甚至更为有效。

虽然"同意"这种权力形式所造成的影响更为深远，但是从总的方面来说，"同意"这种权力形式要以文化本身的共同要素为基础，否则，一方不能理解另一方的文化思想与价值观念，也就无法"同意"。在较为相同的文化背景下，具体地说，"同意"一般有下面几种原因：（1）人们在日常生活中，通常需要精神支柱，一旦出现精神真空，就可能导致人们对统治阶级文化精神与价值观念的认同和接受，使之成为精神上的慰藉；（2）有时，"同意"并不是人们在思想上进行思考的结果，也不是经过直接或仔细对统治阶级各方面的观察才得出，仅仅依靠某种以往的经验或因循守旧的自发意识，就认同了统治阶级的价值观念；（3）人们在日常生活中的从众心理也为"同意"得以产生提供了一种可能性，在人们看来，全体一致多少是一种正确的行为，具有"合法性"；（4）甚至，"同意"得以形成只是因为爱戴和追随统治阶级某个领导人物所致，尽管这"可能同看得见的利益"没有任何关系。② 在这些原因中，市民社会对统治阶级的"同意"在很大程度上是消极的。他们在智力与道德等方面依赖并服从统治阶级，以其价值观念和生活方式作为自己行动的指南，

---

① 李怀亮：《美国文化是不是"压路机"》，《文艺报》2002 年 5 月 11 日。
② 毛韵泽：《葛兰西：政治家、囚徒和理论家》，求实出版社 1987 年版，第 176 页。

因此无产阶级革命组织必须对群众进行文化教育,使他们掌握理论武器,看清资本主义的腐朽本质,认同自己的文化世界观。

"同意"这种权力表现形式的消极方面可能有利于无产阶级夺取文化领导权,但是他同时看到,市民社会对统治阶级意识形态的"同意"一旦与自身的语言习惯、生活原则内化成统一体时,无产阶级夺取文化领导权的任务将会增加一定的困难。语言最初是某些人的"设想"思维的,包含他们所属的特定集团的利益,体现了这些特定社会集团的文化精神和意识形态。这些语言所包含的含义由于年代久远而被人们广泛接受,并在深层的文化心理上认同它。葛兰西在谈到欧洲人称日本为"远东",埃及为"近东"时,认为这个词语完全是欧洲人称霸世界的心理折射,但这些词语已经被广大人民所接受认同。① 而且,每一种文化用它的语言揭示和支配它的价值体系和总的认识:"如果说每一种语言的确包括有世界观要素和文化要素的话,那么,也就确实能够从一个人的语言中估量他的世界观的或大或小的复杂性。"② 因此,每个人的智力思考活动都受制于语言的性质。当"民主""平等""博爱"和"自由"等词的意义与资本主义现存制度和文化体系结合,融为一体时,重新接受另一套社会思想将会变得困难重重。

葛兰西从精神、心理、经验、文化和语言等角度对"同意"这种权力形式的性质与原因做出了深刻的分析和阐述。归根结底,文化和语言是最终的决定因素。对文化和语言这种在"市民社会中起着堑壕和堡垒作用的"最为重要的"要素"必须予以推倒,③ 要用无产阶级的文化和它特有的语言去占领市民社会,夺取市民社会的文化领导权。

通过上述分析,我们知道,葛兰西文化霸权理论并没有将东西方之间的文化关系纳入其理论体系,作为理论预设,而是紧紧扣住国家内部统治阶级文化的存在以及这种由文化体现出来的价值观念、思想意识对

---

① 王雨辰:《葛兰西的实践哲学与实践唯物主义哲学研究》,《青海社会科学》2001年第4期。
② [意] 葛兰西:《狱中札记》,曹雷雨等译,中国社会科学出版社2000年版,第234页。
③ 同上书,第194页。

市民社会的统治。葛兰西的文化霸权理论的独创性就在于他非常强调统治阶级文化在从属阶级与市民社会中的接受与认同。在此，观念、价值、机构与统治者的影响不是通过控制而是通过葛兰西所称的"同意"来实现的。尽管这种"同意"可能是消极的，但是由统治阶级文化联结起来的市民社会却成为欧洲革命失败的主要原因之一。它成为革命成功道路上最顽固的"铜墙铁壁"与"防御工事"。因此，葛兰西认为无产阶级革命首先要夺取市民社会的文化领导权。以上这些，都是需要与后殖民理论中的话语霸权、亨廷顿的"文明冲突论"加以区别的地方。此外，葛兰西的文化霸权理论不是针对国家、民族与宗教种族之间的文化关系，而是集中于国家和民族的内部的阶级关系上，这无疑有其深刻的合理性。但是，"如果结果是一切文化都要以它们同阶级斗争的关系来理解这样一种阶级简化论的形式，那就有问题了"①。不仅"有问题了"，而且仅仅从文化霸权的角度来看文化文艺问题将会有巨大的潜在危险。十年"文革"给了我们深刻的经验教训。同样的道理，把东西方文化艺术的交流一概视为文化霸权的争夺，尽管不乏合理之处，但是如果我们仅仅停留于此，而忽略了其中的真理性内容，我们也会在探索真理的道路上走向歧途甚至是谬误。

第二节　升华阶段：福柯的知识权力观

福柯的思想体系集中体现在知识考古学、系谱学与话语分析的人文科学方法论以及对知识与权力之间复杂关系的透彻剖析。与许多思想家不同，福柯并不将自己的理论建立在历史上形形色色的、空洞的理论教条上，而是在疯癫、性、监狱、疯人院和精神病患者等生僻领域进行历史资料的知识考古与系谱梳理，对其使用的话语机制进行分析，加上自身对现实的极端真切体验，在此基础上构筑自己的理论体系。福柯思想

---

① ［英］多米尼克·斯特里纳：《通俗文化理论导论》，阎嘉译，商务印书馆 2001 年版，第 193 页。

体系的目的在于打破自古以来并在康德等哲学家那里已经形成的严格体系化的古典知识学与真理观，动摇与质疑整个人文科学知识体系，揭露出古典时期的知识真理观的真正面目，使人文科学知识向未来的敞开成为可能。

（一）知识的不公正性

按照古典知识学的观点，知识是否公正、客观，亦即是否具有科学性，乃在主体的理性限度内与客观事实的相符程度，当然这种客观事实既包括作为自然科学研究对象的自然世界，也包括社会科学与人文科学所研究的人类的社会实践行为、存在方式及人类主体的主观世界，它们都追求其描述与阐释的正确性与客观性。如果知识越接近客观事物的本质规律，那么它就越具有科学真理性。然而客观事物不是一成不变的、静止的，它是在运动当中发展的，相应的，知识也要随着客观事物的变迁而变迁，发展而发展，从而不断地更新换代。

知识体系的更新取决于两个方面：主体能力的增强与客观事物的变化。随着这两者以及它们之间角度关系的经常改变，知识的正确性一直是知识科学体系建构的首要问题，因为在古典知识观看来，与客观事物的符合才是知识真理性的唯一所在。主体与知识的创新是以对客观事物本质的发现与吻合程度而言的。换言之，古典的知识真理观是在主观与客观两者之间矛盾冲突的解决中诞生的，而以客观性作为这种二元对立的解决标准。主、客二元对立被认为是整个现代性话语的最为基本的知识范式与哲学本体论基础。表面上看来，现代性与前现代的区别似乎是主体性的确立与互为主体的建立，然而从其本质来看，现代性知识话语依然建立在客观性的基础之上，没有客观性作为衡量知识体系的根本标准，整个知识体系就会面临土崩瓦解的危险。

为了确保知识体系的真理性与科学性，围绕着知识体系的正确性与客观性问题，即知识主观、客观之间的关系问题，从古希腊至今，哲学界争论不休。对这个纠缠不清的问题，福柯另辟蹊径，跳出主、客二元对立的知识范式，从新的角度对知识的真理性予以毁灭性攻击。他对知识的质疑与批判，既不在于知识的主体方面，也不在于知识的客体方面，换言之，他不再纠缠于知识体系的正确性与客观性，而把批判的基点选在知识自身内部的公正性即合法性问题上。福柯通过对知识本身所体现出来的不平等关系的揭示，达到对知识合理的质疑，进而达到对知识本身质疑的目的。

福柯从有关性的知识领域开始理论的探索之旅。福柯在性问题上的有些观点，特别是有关性的犯罪行为即强奸的看法，为女性主义者所深恶痛绝并大加挞伐。他曾说，从原则上说强奸在任何情况下都不应受任何一种法律的制约，如果要惩罚强奸，那只是因为我们应该惩罚身体暴力。① 在福柯看来，强奸不过是一种肉体侵犯行为，与我们常见的用拳头击打别人并无任何差别。福柯把性器官等同于人体其他器官，没有给予性器官过多的特殊文化意义，因此，对性器官的侵犯与对人体其他部位的侵犯是一样的，并没有什么特别之处。既然如此，那么制定对强奸等犯罪行为的法律条款与知识体系就存在着不公正性。事实上，法律知识在对待有关性的犯罪行为时显然更加重视，因为性器官较之身体其他部位更具特殊性，这就使同为肉体的知识在关系上出现了不平等，惩罚其他肉体的犯罪行为比较有关性的犯罪行为的法律知识则处于一种不公正的地位，对性器官、有关性的犯罪行为给予了特殊的对待，而对其他器官及有关其他器官的犯罪行为则等而下之。

福柯放弃了从发生学的角度来探讨知识体系的建构，也就取消了从历史性角度来考察知识的问题，而选取知识发展的某个时段面，即现代知识体系基本完成其建构的近代时期。福柯在性问题的观点上，表面是为强奸者打抱不平，实质上他试图从知识内部的不公正对待、不平等关系的揭示，达到对知识真理性与科学性的挑战与质疑。福柯之所以将性器官等同于身体其他器官，把有关性的犯罪行为等同于有关身体其他部位的犯罪行为，乃在于他抛弃了主、客以及它们之间关系是否相互吻合的知识质疑框架，转向知识自身的内部关系来质疑知识的合法性与合理

---

① ［法］福柯：《权利的眼睛——福柯访谈录》，严锋译，上海人民出版社1997年版，第77页。

性。从客观上来说，性器官无论从形状、所处的身体部位，还是功用性质而言，确实与身体其他部位不同。既然福柯放逐了客观性，就是意味着他将客观事物原子同一化，看成没有差别的事物。从主观上来说，对性器官的重视以及对有关性的犯罪行为的法律知识体系的建立，是因为人类赋予了性以特殊的文化意义，对性的侵犯，也就损害了人类赋予的特殊意义，伤害了家属、亲人对贞洁珍视的人类情感。它并非一朝一夕形成的，而是随着人类历史的发展而逐渐沉淀下来。显然，福柯弃置了人类的主观情感与历史沉积的文化意义。在他看来，人类的历史性存在、主观性与文化意义已经变得不再重要了。因为整个知识体系的形成已经不再被看作主体与客体、主观与客观之间实践关系的结果，而是由话语构成的。

（二）知识的话语性

尽管福柯超越知识的主、客观之间关系来思考知识的真理性确实存在着一些问题，然而存在的这些问题恰恰又是从主、客体的角度观察与分析出来的。就福柯从知识自身的内部关系思考问题而言，其逻辑是相当完备的。李银河说："如果不是站在女性主义的立场上，我想不出反驳他的理由。"① 在此基础上，福柯进一步挖掘知识自身的问题，逐步建立他的话语理论。古典知识体系的建立来源于主、客二分的认识论基础，其科学性也建立在此基础上。许多实证性认识论、古典真理观及学科划分以及各类学科知识的形成都发生在文艺复兴到19世纪的近代时期。它也是福柯最关切的时期，是他创造自己的理论并建构体系所依赖的历史时期。显然，福柯在此接受了还原论的做法，追溯知识科学性建立的源头，在其源头处从另外的角度即话语的角度，采用知识考古、系谱分析的方法对古典知识体系进行透彻的剖析，批判了近代时期的真理观。

话语在西方文化词典中，其含义为演讲、讲话和论文等。后来作为一种与文学类别相联系的概念而出现，诸如小说、散文与诗歌等文类话语是不同的。由于现代哲学的语言本体论转向，福柯继承了这一话语含

---

① 李银河：《中国女性的感情与性》，中国友谊出版公司2002年版，第247页。

义,并加以扩展之,将其作为知识体系的建构根基与发生学的原始结构。确切地说,话语就是指各类文本中所形成的陈述系统与表述原则。显然,这个"话语"的含义类似于当时盛行于法国思想界的结构主义之"结构",从原则上说,话语的概念"不重视它与真实情况的关涉性"①。知识体系实际上是由各类文本作为物质载体的,其整个言语陈述所构成的就是知识体系,而关于知识所描绘的、古典知识观所认为的作为其来源的自然世界与人类社会行为并非起主导作用。

福柯认为,知识是由知识自身内部的"构成规则"与其他"可能性条件",即话语、话语实践及非话语实践构成的。知识自身内部的话语构成规则与可能性条件决定了知识所要阐述的对象客体、阐述方式、主体以及阐述的细节、组成与策略等,即不是主体与客体建构了知识,而是知识话语建构了主体与客体。在他看来,"人是其中的一个近期的构思","在影响物之知识及其秩序,影响有关同一性、差异性、特性、等值、词之知识的所有突变中",人的形象逐渐显露出来。换言之,知识话语的发展与内部原则及其系统的可能性变迁才使"人"作为知识的对象,形成了一整套有关人、确立主体地位的知识体系。福柯最后断言,正如已经经历与即将经历所展示的那样,知识最终如海潮一样将主体冲刷,"人将被抹去,如同大海边沙地的一张脸"②。

既然整个知识体系都是由话语规则所建构,是由适合、仿效、类推、交感这些相似性形式以及差别性、特殊性、等值和变异性等知识自身的话语规则所决定的,那么知识体系的真理性也就不在于由主、客体之间关系的符合所产生的能被客观证实的各种科学性知识。"'真理'被理解为陈述的生产、调节、分配、流通和运作的一个有序过程的系统。"③ 这个系统就是话语。整个知识体系的理解不在于对主、客体及其他们之间

---

① [荷]佛克马、蚁布思:《文化研究与文化参与》,俞国强译,北京大学出版社1996年版,第134页。
② [法]福柯:《词与物——人文学科考古学》,莫伟民译,上海三联书店2001年版,第505—506页。
③ [英]诺曼·费尔克拉夫:《话语与社会变迁》,殷晓蓉译,华夏出版社2003年版,第47页。

关系科学地、正确地观察以及考辨与描述，而在于理解话语规则，它拥有自身的独立性与有序的运作体系。

福柯并不满足于对知识做出科学的结构与规则分析，而致力于开创自己的理论体系，即话语理论，一种迥异于古典知识体系的新型知识学。他认为，人们平素所学知识的发展变化乃决定于"知识型"的更替，话语系统的整体性结构变迁决定了知识体系的断裂与延续，当整个结构性变迁完成后，历史就被断裂开来，出现新型的知识结构。

如果说知识自身内部的不公正性，是福柯从空间逻辑角度对知识真理性与科学性的一次有力批判，那么这套知识体系是如何形成与建构起来的，则需要采用话语分析，从时间历史的角度再来一次批判性的透析。既然话语与社会实践关系密切，互相影响，互相建构，那么非话语实践行为同样应该得到应有的重视与强调。在早期《疯癫与文明》《临床医学的诞生》等著作中，福柯就已经开始关注非话语行为，这些社会机制、政治事件、经济和社会过程等确实与话语实践存在着某种关系性的存在。但是福柯并不是关注历史，他感兴趣的是秩序、分类、符号、区别与关系，而不是发展、因果联系及实质性历史运动，要揭示的是话语实践行为与非话语实践行为这两种话语形式之间特定的关系。这种关系不是简单的因果性联系，也不是机械式的反映与被反映的关系，而是在共同建构知识体系中所形成的复杂动态关系。精神病院的诞生不能仅仅理解为政府的慈善行为，社会文明的进步标志，而是早期有关疯人、疯癫话语的结构性继续。精神病院建构并依赖的工作制度、医务人员以及对病人的照管方式、医疗设置及治疗技术强化了疯癫话语的累积性存在。对其加以陈述并逐步完善的精神病学知识体系则是诸多话语实践行为与非话语行为共同完成的。通过领导理念的实践行为、管理机构的发展与调整、知识与对象的分类综合、制度的建立与完善、治疗技术的进步以及种种符号化行为，获得了它作为科学知识与真理性的存在。

尽管福柯的还原方法论依赖于社会背景、历史事实等非话语实践行为的考察，但其中的历史事实只是他眼中、为其所用的历史事实，是话语结构中的历史事实，是关系、分类、原则、差异、突变与符号化等知识建构性条件和因素的历史事实。与其说历史建构了话语，不如说话语吞噬了历史，作为自己的营养要素，转而又塑造了历史，推动着历史学的发展。

（三）知识的权力性

早年福柯在对权力与知识的共谋，即话语关系的研究中，确实看到了它们之间互动与互促的关系。到了后期，福柯将研究逐渐转移到话语与制度及社会体系之关系上来，他认为这些制度和社会体系会维持并修正话语，对话语加以控制与限制，话语实践在社会意义上得到重新处置与对待。换言之，话语的非陈述行为得到了福柯更多的关注与研究。福柯的研究工作开始了由知识考古学向系谱学的转移，真理也由"一个陈述的有序系统"向"一个真理王国"挺进，真理开始以"一种循环的关系与产生它、维持它的权力体系连接在一起，与它所引导，又为之所扩充的权力效果连接在一起"①。权力代替话语成为福柯的主要研究对象。假如说知识自身内部的不公正、不平等关系，是福柯从空间逻辑上对旧有知识体系的批判，而知识自身内部的话语原则与可能性条件及逐渐成为一套制约性的话语体系，是福柯从历史时间的角度对古典知识的真理性与科学性的质疑，那么知识的权力性就成了它们之间的联结点。换言之，三者互动促进，混为一体，建构了整个古典知识体系，而权力成为建构知识体系的核心动力要素。

尽管福柯早期著作主要集中在话语实践内来分析其中的权力关系，但非话语实践行为的权力性依然得到了有效的展示。《疯癫与文明》探讨了理性是在压制非理性或疯癫的基础上建立起来的。精神病学的话语是所谓的精神健康者关于疯癫的理性话语，根本不是精神病者的话语陈述，从而达到通过禁锢邻人来证明自己是正常的。中世纪的疯人院隔开了正常人与疯人的交往，因而他们之间毫不相干，仿佛是两个世界的人，彼此之间并不存在漠视与拒斥，没有获取对方的知识，这种相安无事的关

---

① ［英］诺曼·费尔克拉夫：《话语与社会变迁》，殷晓蓉译，华夏出版社2003年版，第47页。

系到中世纪末期、文艺复兴初期被彻底打破。"愚人船"的出现，使疯人得以正常的共同生活，勉强交流沟通。随着文艺复兴时期疯人与常人之间关系的复杂展现，直到18世纪末，疯癫被定为精神疾病，围绕着疯癫这一话语实践行为，作为一整套非话语实践行为的集中的精神病院由此诞生，这些非话语实践行为包括医生的检查、病人的隔离、各种规章制度、治疗技术、日常生活的秩序化安排、政府的资金投入、计划政策和医院的运转等，此时与疯人交流沟通彻底破裂。

在有关疯癫的话语实践行为与非话语实践行为中，精神病院医生的话语权力发挥了很大的作用，对疯癫的知识只能来源于精神病医生对精神病话语的描述，这种话语被认为是单向度的、对象缺场的，是一种话语权力的输出。随着话语权力的加大与深化，普遍的知识体系得以建构，隐藏在知识下无形的话语权力使知识不再受到怀疑，对知识持有者的权力地位也不再质疑，知识获得了一种历史的永恒性。

无论是早期著作表现出对话语实践与非话语实践的特定关系，甚至更倾向于话语实践的关注，还是后期著作着力于非话语实践，特别是与当代非话语实践连在一起的分析，传统的因果分析都无法解释这些复杂的关系现象。也就是说，知识与权力的关系不是由时间线性因果关系所能阐释的。福柯更喜欢进行线性历史的截断面考察，将它们全部摊开在手术台上，从空间维度分析知识与权力之间的互动关系。福柯认为知识与权力的关系是直接连带与同时进行的，"不相应地建构一种知识领域就不可能有权力关系，不同时预设和建构权力关系就不会有任何知识。"①在此，福柯没有忘记消解认识主体的目的，"不是认识主体的活动产生某种有助于权力或反抗权力的知识体系，相反，权力—知识，贯穿权力—知识和构成权力—知识的发展变化和矛盾斗争，决定了知识的形式及其可能的领域"②。

福柯发现了知识体系内部的权力关系，即"所有门类的知识的发展

---

① [法]福柯：《规训与惩罚——监狱的诞生》，刘北成、杨远婴译，生活·读书·新知三联书店2003年版，第29页。

② 同上书，第30页。

都与权力的实施密不可分"①,从而动摇了古典知识的真理性与科学性。在对知识、话语的考察与分析中,福柯形成了自己特有的权力理论,改变了传统权力理论研究的路向。综观福柯以前的权力理论,主要有三种观点:(1)权力很容易被人理解为一方对另一方的命令、控制和占有;而另一方则只有服从、听命和丧失应有的权益来获取一致与平衡。这种权力观点强调控制方对反应方行动的能力,认为权力表现为对权力资源的占有。(2)权力被认为是权力双方之间相互影响、此消彼长与取得平衡。尽管这种权力观摆脱了将权力定为一方对另一方的控制和压服,而忽略了弱势方对强势方的质疑与反抗的单向性思维方式,但仍是一种较为古老的思维方式,未能改变权力分析中的两极思维方式。权力的分析局限在两极之间的场域内,将两者之间权力资源的转移来构架权力理论,陷入权力本身的困境,这就是典型的巴什拉所谓的"以对偶形式出现的认识论障碍"②。(3)权力是以与集体,而不是与个人建立联系为基础的。它是通过符号化、言说和利益的代表等运作而形成的一种媒介,也就是说,权力成为一种媒介手段,而不仅仅是目的,或者说维持权威才是目的。权力的运作必须建立在合法化的前提下,通过符号化、合法化而成为一种有效的权力,形成一种对集体的权威。

福柯对以往权力理论的改造,主要体现在三个方面:(1)从内在于关系网络中来考察权力:"权力关系并不外在其他形式的关系(经济过程、认识关系和性关系),相反,它们内在于其他形式的关系之中。"③(2)权力不是某个具有物质实体性的、静止的东西,而是在关系网络中运动着的。权力成为一种中介运动,它接受并生发着各种关系存在,促使各种可能性关系转化为实在性关系,而各种关系的存在与运动又进一步巩固了权力的关系性存在。(3)权力关系无处不在,是生产性的,潜移默化地在人们的日常生活中生发运作开来。只是由于日常生活中某些

---

① [法]福柯:《权利的眼睛——福柯访谈录》,严锋译,上海人民出版社1997年版,第31页。
② 李猛:《福柯与权力分析的新尝试》,《社会理论(学报)》(香港)1999年第2期。
③ [法]福柯:《性经验史》,佘碧平译,上海人民出版社2005年版,第61页。

习俗惯例、知识信念、从众心理和崇拜意识等，使得人们不去怀疑它们，不去拷问它们的形成机制及这种机制所蕴藏的权力关系。

　　随着福柯对知识学研究的进展，从知识考古学转向知识系谱学，从知识内在建构原则的、自洽运作的话语及话语实践转向非话语实践行为，从放弃历史性、发生学的角度转向历史性的话语还原，从知识内部的话语探索转向知识、话语与权力关系的追寻，其理论越来越放弃了因果性的线性决定模式，转而采用关系性的网络动态模式，深入透彻地揭示出古典知识体系中的不公正与不平等关系、知识的话语性与权力关系，批判了古典知识体系的真理观与科学性。在对古典知识体系主客模式的阐释和验证方法提出质疑与批判中，福柯形成了自己特有的考古学与系谱学的分析模式，建构了自己的话语和权力知识体系，为理论研究开辟了新的方向，即知识型的研究方向，为重新描述知识及其建构体系提供了可能性，预示着一条新的发展道路。

第三节　完成阶段：萨义德的东方主义

　　Orientalism（《东方学》，又译《东方主义》）是阿拉伯裔美籍学者萨义德的成名作，也是后殖民理论的经典著作之一，书中详细阐述了一套"Orientalism"话语及其对当今世界政治、经济、文化冲突和意识形态领域的重大影响，从而成为讨论殖民时代以后全球状况的关键词。萨义德在该书绪言中将"Orientalism"定义为三个方面的内容：（1）是指一门学科，对东方进行学术研究，名为"东方学"。萨义德对这一学科的历史、演变、特性和流布进行自己特有的思考与阐述。（2）是指一种思维方式，它建立在"东方"与"西方"二元对立基础之上关于东方的思维方式，并以此来"建构与东方、东方的人民、习性和命运等有关的理论、诗歌、小说、社会分析和政治论说的出发点"①。（3）是在前两种含义基础上所做的进一步限定，是"从历史的和物质的角度进行界定的"，时间上是18

---

① ［美］萨义德：《东方学》，王宇根译，生活·读书·新知三联书店1999年版，第4页。

世纪晚期以来，西方（主要是英法美的东方学界）怎样表述东方（主要是指中东伊斯兰世界），以及这种表述与帝国殖民扩张之间的关系。

西方的学科建制自近代始，受科学精神与实证主义的影响，这些学科的成立都以对对象领域的客观、公正及准确的研究为基础，进而形成该门学科完备的具有真理性与科学性的知识体系。"Orientalism"作为一门学科的知识体系，是关于东方世界的准确表述，即便存在错误之处，也能根据东方的现实进行修改，以符合客观对象的真实状况，确保其作为一门科学知识的真理有效性。但事实果真如此吗？对萨义德而言，答案是否定的。他创造性地将福柯的权力知识与葛兰西的文化霸权理论放置在西方对异文化的表述领域及其所形成的知识体系上，敏锐地察觉到这门学科所隐藏的东西方二元对立基础上的权力关系，以及背后的帝国运作机制，至此"Orientalism"的三种含义深深地纠结在一起而难以分开，形成了福柯意义上的作为一种话语的东方主义。然而真正的问题在于，作为一门学科知识的东方学又是如何成为一种东方主义话语的，表面现象的知识与内在本质的话语怎样纠缠在一起，抛开一种后者对前者的简单决定论，在两者之间的时空场域内，权力因素又是如何运作的。这些问题成为我们理解"Orientalism"的关键所在。

（一）他者化与文化利用

一般而言，在各国各族的文化交流、碰撞以及对对方的文化表述中，总是伴随着文化想象，建构异文化的他者形象。可以说，他者形象是对异文化进行书写的必然结果。作为民族文化建构的产物，他者形象也是对自身文化存在与特性的确证。因此，他者在民族文化自身建构过程中起着重要的作用。拉康曾说："幼儿在镜中看到了镜中的映像，开始促成'自我'的形成。'人是通过认同某个形象而产生自我的功能'①，他的精神分析学，把人的'自我'认识视为按他者的看法建构而成。各国各民族文化在与异文化的对比与认同中，折射与建构自身的文化品格。"

他者化属于文化表述中的问题，属于历史阐释的范畴。因此人们还

---

① ［法］拉康：《拉康选集·编者前言》，褚孝泉译，上海三联书店2001年版，第7页。

可以从阐释学的角度来看待文化塑形。我们在进行阐释时就有"前理解"或"前见"。它是由文化传统、历史与经验意识等所建构起来的，经过意识或无意识作用内化沉积为阐释者的文化心理机构，因此对异文化的阐释存在一定程度上的"误读"与"受限"，而阐释者当下的现实情境、情绪色彩与语言翻译中的偏离等都有可能导致对阐释对象的重新改写与主观塑形。

实际上，无论是自身文化的折射与建构，还是文化研究者的阐释局限，问题并不在于他者化能否加以避免，而是自身如何表述异文化，即自身在什么样的历史情境与运作程序中，采取什么方式和出于什么目的来建构他者形象。美国历史学家史景迁（Jonathan D. Spence）提出"文化利用"的观点。他认为，对异域文化的兴趣与表述是建立在文化类同基础上的文化利用，以此来达到对自身文化的批评、反省与改造的目的。即出于自身的需要，利用异域文化。对于西方而言，描绘一个原始社会，表述异域文化是由于自身的需要，解决自己面临的问题，不是为了异文化的现实，也不是为了不同文化在交流对话中相互促进。考察东方学的历史，这种出于自身需要，利用异域文化的事例随处可见，总括起来，它主要采用三种方式：

首先，赞美他者文化，批评自身的文化。西方出于自身目的，对他者形象有过诸多的赞美。如意大利旅行家马可·波罗所描绘的元代繁盛景象，就充分表达出对一个美好的社会乃至神话世界的赞美之情，这位商人描述了元代中国发达的工商业，包括繁华的闹市、华美的丝绸、宏伟的都城以及完善的交通等，其极尽欣赏的笔调与夸张的描述，使许多现代学者都质疑其旅行的真实性，何况其中根本没有叙述诸如汉字、茶叶、缠足、长城、筷子、中医和印刷等最基本的中国元素，但《马可·波罗游记》却对西方产生了重大的影响，全新的知识与广阔的视野促发了欧洲人文精神的启蒙与复兴，并使欧洲重新绘制地图，开辟新航路，而欧洲海外的殖民行径与帝国意识正是依赖于航海业的拓展。而在18世纪，法国传教士不远万里来到中国，既传播欧洲的宗教文明，也将中国文化带回欧洲，伏尔泰就盛赞中国儒家思想，以此来批评法国社会，宣扬其启蒙精神。他还将传入法国的古典戏剧《赵氏孤儿》改编成《中国孤儿》，并将其背景改放在成吉思汗时代的皇家宫廷内，元朝大军对欧洲国家的侵略与征服给他们留下了深刻的印记，以至于在文学创作中仍不忘其警示作用。

其次，贬低他者文化，彰显自身的优势。英国作家笛福《鲁宾逊漂流记》曾被后殖民理论家认为是表现西方殖民扩张意识的经典文本，而鲁宾逊也成为欧洲开拓海外事业的典型形象。小说中鲁宾逊渴望航海，一心想到海外建立功业，他曾在巴西做过庄园主，不甘心又去非洲贩卖黑奴，失事后漂流到一座荒岛上，数次目睹"食人生番"的场景，在经营荒岛时救出一个当地的土人，便给他取名"星期五"。鲁宾逊非常讨厌土人的说话方式，便开始教其说文明的西方语言。总之，西方认为自己有权控制并经营任何海外荒岛，尽管岛上还住着当地人，但这些土人野蛮低下，只配作为被统治者的奴隶，因此欧洲人也有权给土人命名，传讲所谓的西方文明与语言方式，全然不顾土人已有的风俗习惯。

最后，删改他者文化，以备自身的需要。需要注意的是，他者形象并不都是西方的发明创造，同时也有建立在东方文化与文本形象基础上的选择、剪裁、扩略与改造。如阿拉伯女作家汉娜·谢赫的处女作《宰哈拉的故事》，在翻译成英文，进入欧美文学界的时候，译者故意回避了作品中对西方妇女的批评与讽刺，而将它介绍成一部在"'封闭的中东社会'里否定阿拉伯妇女之人类天性的小说"[1]。萨义德在《东方学》中多次提到，西方作家经常直接或间接地从《古兰经》等阿拉伯文献中来定义东方人的形象。博埃默在《殖民与后殖民文学》中说，《天方夜谭》曾经引发西方作家对东方世界的想象，成为他们想象东方的重要资料来源，是个"转喻的宝藏"。西方作家，如华兹华斯、夏洛蒂·勃朗特、约翰·罗斯金、法·昆西、萨克雷，还有那个被萨义德称为"没有人比他更反动、更具有帝国主义思想"[2]的吉卜林等都在其中吸取了大量的东方标本与符码，成为其作品描述东方的重要资料来源，然而它们与东方世界存

---

[1] 林丰民：《东方文艺创作的他者化》，《国外文学》2002年第4期。
[2] ［美］萨义德：《文化与帝国主义》，李琨译，生活·读书·新知三联书店2003年版，第15页。

在着多层隔膜：古老的，缺乏当下的；文本的，不是现实的；异域的，缺少体验的；静止的，没有变化的；等等。而当时大量的探险寻宝等通俗小说更是受到《天方夜谭》的广泛而深刻的影响，其"添油加醋"的描绘叙说曾经激起了西方狂热的冒险热情和到东方世界去发财致富的梦想，这些欲望、热情与梦想逐渐形成自18世纪末期正式开始的轰轰烈烈的帝国扩张行为。

概括地说，西方是在地域区分、差异确定的基础上采用边沁主义的态度处置东方文化，进行文化塑形，创造出与自身对比的"镜像"——他者形象来代替真实的东方。真实的东方是复杂的，充满着历史变化的，而形象往往是固化的，具有意识形态色彩的。无论是对他者的贬低，还是对他者的赞赏，抑或是旧有形象的改造，都是西方自我权力在东方主义话语内的策略表现，一个叫"王"（Wang）的小说人物很能说明这点。他是英国现代文学开拓者康拉德在1914年出版的小说《胜利》（Victory）中所塑造出来的中国人。在西方人的眼里，王的行为古怪与不可理解，性格不慷慨，很自私。虽然话语不多，但充满谎言，还张口就来。然而康拉德摒除西方的偏见，又将王拿来与他的主人海斯特（Heyst）等人进行对比，王敏锐、果断、具有同情心；海斯特则迟钝、毫无作为，而里卡多（Ricardo）却是真正的冷酷无情。康拉德迎合西方人的他者化心理，一方面把王描述成带有劣等民族文化的印记；另一方面又借用王的一些优秀品质来批评西方的文化心理与民族品格。对于他者形象，无论是称赞还是否定，都是西方自身的需要，解决的是西方自身的问题，或者批评自己的社会与文化，或者是对自身文化的优越性确证，或者是勾起殖民侵略的欲望，或者是对殖民侵略行为的合法性认证。但是，这些他者化的形象不管好坏与否，都有可能充满了对中国历史现实的隔膜、误读与扭曲，但是欧洲需要这些他者形象，利用它们为自己服务。因此中国形象是欧洲人眼中的形象，文本中的形象，是可以随时加以利用的形象，不是中国的现实形象。

（二）本质化与思想套装

在萨义德看来，出于自身需求而利用他者文化，以及西方对东方世界敌意基础上的文化表述，基本上属于正常范围，因为东方世界也存在着各种对西方文化的利用与具有对抗意味的文化书写，这是历史事实。但萨义德发现东方学家有意识地建构伊斯兰世界负面、异端的形象，以至于西方世界长时间维持并加固一种刻板僵化的东方形象。从埃斯库罗斯《波斯人》、德尔贝洛《东方全书》与但丁《神曲》，一直到现代东方学以及美国区域研究，东方学保持自己的一贯特性，将东方世界进行文化编码，并逐步使之本质化与系统化，这些编码的言说被视为关于东方世界的真正知识，被当作科学的真理在西方世界蔓延开来，东方的存在完全依赖于这些东方学家的编码工作。与其说这是一种学科化的知识处理，还不如说是一套话语的建构，它并没有真正的科学性与真理追求，反而是加固了早已存在的东方主义观念，强化了旧有的东方形象，只是披上了科学知识的外衣，但这套外衣却有着非凡的作用，它让欧洲人具备了一套对付东方世界的有效方法，形成了一种意识与思想的言说套装，可以完全无视东方世界不断变化发展的历史与内部差异的现实，而使这套关于东方世界的话语不断地衍生，符合其自身权力生产与再生产的需要。

由此，西方对东方世界的文化表述所采用的思维与表述方式是永恒一致的：经验现实被文本意象完全替代，对东方世界的看法依赖于早已存在的东方主义观念及其文本言说，萨义德重点考察了英国曾经的首相、外交大臣贝尔福对埃及的演讲论述，在详尽的分析后他发现，对贝尔福来说，埃及本身是否存在无关紧要，英国对埃及的知识就是埃及，埃及只是按照英国人的认识方式而存在的。而在大量的东方学文本中，我们所看到的只是少量某某有名有姓的东方人，有的只有姓氏，如上述康拉德小说中的"王"；还有的将本国的姓氏与他者形象结合起来，如英国人笔下的"中国佬约翰"（John Chinaman）是一个呆头呆脑、行为古怪，只配嘲讽的人；有的甚至与动物联系起来，如《胜利》中琼斯（Jones）蔑称王为"支那狗"；更为常用的则是那些无名氏，没有个体，只有群体的名称，他们被冠之以"赶骆驼的人""支那人""近东人"或"黑鬼"等称呼，它们成为西方文化与知识体系中的通用术语。欧洲人对这些观念与术语代代相袭，互相征引，相互促进，形成了一股广阔深巨的言说东方的大潮，既席卷了欧洲的现实，也囊括了西方的历史。

对那些没有去过东方世界的西方人而言，沿袭旧有东方学文本，并以此文化表述来看待东方，在某种程度上说，这是情有可原的，毕竟很少有人怀着一种批评质疑的眼光去看待早已存在和熟悉的事物，就算有疑问，也没有足够的亲身体验加以证明，何况所有的东方学家对东方世界的描述基本上相差无几。但是对那些去过东方世界的人，尤其是那些具有敏锐观察力与思辨力的学者作家，还有那些以客观研究与事实分析为主的科学家，他们对东方世界应该有自己独特的看法，或者说其观点比较切合东方世界的真实状况，并极有可能挑战之前一以贯之的东方主义观念与言说模式，然而残酷并带点讽刺的事实让萨义德大失所望。法国著名作家福楼拜在东方之行中邂逅一个名叫库楚克·哈内姆的埃及舞女和交际花。库楚克的放荡与麻木给他以无尽的遐想。旅行结束后，他在写给朋友的信中说，"东方女人不过是一部机器，她可以跟一个又一个男人上床，不加选择"，成为一群只知肆无忌惮地展示"它们的性的动物"。① 不仅福楼拜如此，还有许多西方作家学者都"可以从一个具体的细节上升到普遍的概括，将一位10世纪的阿拉伯诗人的看法提升为埃及、伊拉克或阿拉伯这些东方人心性的普遍证据，古兰经中的一首诗就是足以证明穆斯林根深蒂固的纵欲本性"②。对东方学家而言，个体经验很容易就上升为普遍理论，单个印象被认为是整体形象，因为西方有权定义与塑形东方，给东方以某种身份，将它分门别类，并统一规划治理。

接下来萨义德还考察三位东方学家的文本，他们多少都有东方的经历与体验，但其著作却与东方的真实状况相去甚远，并且还是那套东方主义观念的变形版本。雷恩的《现代埃及风情录》只是为了验证早已形成的东方主义观念而去收集材料，毫无自己的个性体验，使自己全然屈服于东方主义的话语规范。而夏多布里昂根本不注意观察东方，只是按照东方主义的观念去任意想象东方，将自己的想象力发挥到至高处。与

---

① [美]萨义德：《东方学》，王宇根译，生活·读书·新知三联书店1999年版，第242页。
② 张兴成：《他者与文化身份书写：从东方主义到"东方人的东方主义"》，《东方丛刊》2001年第1期。

雷恩屈从东方主义观念不同,他让东方主义观念屈从于强大的自我,他有权以东方主义观念作基础,然后依照自己的性子去任意涂抹东方世界。当然在东方学的历史上,完全没有东方学家质疑,甚至批评过东方主义的观念与言说模式,肯定是不符合事实的。实际而言,在东方学的发展史上有不少东方学家都曾经试图改变东方主义的话语规范,伯顿就是其中一位,他熟悉东方世界,会说数种东方语言,对东方文化了解、倾慕而去东方朝圣过,但萨义德经过分析后发现,这样一位不可多得的、对东方世界颇多知晓的东方学家,依然有着强烈支配东方的意识,西方优于东方的观念,这种动机不自觉地契合那个时代兴盛起来的帝国主义话语,难逃东方主义的权力逻辑。

哲学家尼采曾经将真理的遮蔽或消解溯源并归罪于修辞话语长期灵活的运用所导致的僵化后果:"一组灵活变化的隐喻、转喻和拟人——简言之,一个人类关系的集合,这些关系以诗性的方式和修辞方式得到加强、转置和美饰;并且,在经过长期使用后,对某一民族而言似乎成了牢不可破的、经典的与不可或缺的东西:真理本质上只是幻象,不过人们经常忘记它的这一幻象本质。"①尼采用修辞学来质疑真理,说其不过是幻象,但人们却一直把它当作真理来看待,我们用他的观点来分析知识与话语之间的权力运作真是再合适不过了。东方就这样被一种"思想的现成套装"②,一种加工既定文化模型的"修辞方式"与"修辞策略"囚禁起来,从而在时间和空间上被双重压抑,简单地说就是没有自身的历史,真实的东方不存在,它只存在于由东方学话语掌控下的不断修辞化,人们以为随着东方世界的变化,东方学知识也会随着改变,从而显现出知识的历史真理性,实质上这不过是尼采意义上的修辞幻象。萨义德将这种行为集中概括为"东方化的东方",一种对东方的"彻底的皈化",它使东西方关系变成一种"看"与"被看"的关系;一种阐释与被阐释的关系;一种西方既能随心所欲地赋予东方定义、身份、形式与

---

① 转引自[美]萨义德《东方学》,王宇根译,生活·读书·新知三联书店1999年版,第259页。
② 胡经之主编:《西方文艺理论名著教程》,北京大学出版社2003年版,第624页。

地位的单向修辞过程，同时又将东方作为一种话语而不断加固的存在历程。更糟糕的是，它又与殖民贸易、军事侵略等霸权行为、殖民行径相辅相成、相互发明和共同促进，使得现代东方学逐渐积聚成一项"令人畏惧"的事业，文本化扩展到政治化，由对异域风情的描述表现合并到殖民化与帝国行径的政治军事活动之中。①

（三）政治化与帝国行径

如果仅是由于阐释的受限与自身文化确证的需要，文化书写采用一种边沁主义的态度来建构他者形象，那么这并不是后殖民的问题所在。因为这是人类本身以及探索真理时所具有的局限性。问题在于他者形象与西方的霸权意识、殖民行径结合在一起，乃至于他者形象的塑造就是出于政治与霸权的需要。在权力运作与科学理性的双重作用下，文化霸权超越了一种简单的、居高临下的压服与禁止，而是形成了一套无孔不入、无所不在的具有超强的消解功能的话语规范。当然，文化霸权走到如此地步，首先归结为文化与政治的合谋与共犯。换言之，西方出于文化利用而建构的东方形象、对东方世界进行研究的东方学以及各种公共政策以及权力机构在初始的时候并没有紧密相连，成为一个针对东方世界的庞大的规范系统。然而它们逐渐靠拢，零零碎碎、不成篇章的它们终于在某个历史时期熔于一炉，开始了自身秩序化、结构化与扩张化的征程，这个特殊的历史时期就是现代东方学的建立。

萨义德在《东方学》中讲述了现代东方学的创建状况。法国亚洲研究会于1822年成立，其目的已经在后来的历史进程中清晰地展现出来了。萨西担任了研究会的首任会长，开始对东方学进行有计划的现代建构。然而早在1799年，他发表第一部著作《一般语法原理》期间，就告诉他的学生，书是为你们而写的，因为它有用，你们需要它。这些话的用意在于即便是语言学这样跟政治实用不怎么沾边的学科，其研究也不在于它的创新程度，或者是否符合客观实际，而是应该采取一种实际功用的态度把已经获取的零散知识进行剪裁、整理与归类，对已经做过、说过

----

① 赵稀方：《后殖民理论》，北京大学出版社2009年版，第48页。

或写过的最有用的东西进行概括与修正，因此东方学的创建原则一开始便建立在实际功用之间的积极联系上，其力量支撑源自于西方的霸权意识与帝国行径，它与政府的政治行为密切相关，是在政治规范中构建出来的。萨西在1802年参与了拿破仑委托法兰西学院对1789年以来法国科学艺术的发展进行总体截面式描述的专门小组。随后按照当时政府的要求，萨西删繁就简，精心编选了一套三卷本《阿拉伯文选》、一本阿拉伯语语法与一本论述阿拉伯语韵律和德鲁兹教派的专题著作等有关东方世界的文本，成为创建现代东方学最有效的途径。

不过，作为文化表述与科学研究的东方学与现实世界的公共政策、制度机构的结合并非始于现代时期，其实早在现代世俗政府成立专门机构对有关东方知识的文本进行增删外，基督教会也组织教徒对传教士描绘东方世界的文本进行修改。利玛窦于1610年在北京逝世，其所著的关于他在中国的生活记录及其研究手稿被教友金尼阁（Tvigault）带到西方，辑成书出版时，金尼阁做了删改，去掉了利玛窦对中国的坦率批评，"利玛窦对晚明的某些阴暗面的揭露是十分坦率的，而对教会来讲这并不合时宜"①，当时的教会机构正在筹集更多的钱财以便把更多的使者送往中国，要想达到此目的，就得将中国描绘成一个美好的国度。传教士的活动记录及其著作可以按照利益要求进行任意的增删与篡改。

文化表述、权力运作与公共政策究竟围绕着一个什么规范性的东西，从而使西方的文化霸权如此长盛不衰呢？萨义德认为，文化、政治与权力的连接和共谋在话语中得到了具体的体现，话语在政治文化中的特殊含义是法国思想家福柯赋予的。福柯在对各种人文科学进行解构后指出，真理不是在客观世界与经验领域发现总结后传播开来，反而是由人类的压抑经验领域的行为即一整套的话语建构起来的。人类所谓的具有真理性的一切知识都是由话语产生出来的，所有的真实都是话语的真实，话语是权力运作的条件与结果，"权力不是获得的，取得的或分享的某个东

---

① ［美］史景迁：《文化类同与文化利用》，廖世奇、彭小樵译，北京大学出版社1990年版，第26—27页。

西，也不是我们保护或回避的某个东西，它从数不清的角度出发在各种不平等的和变动的关系相互作用中运作着。"① 也就是说，由话语构成的人文学科，成为一种对人与世界的规约，真理是话语的建构物，而且话语又生产出真理体制，为权力的运作提供必要的知识基础，形成知识管理技术，乃至知识政治。如果在福柯那里，权力与话语的关系存在历史的争议外，那么在萨义德看来，话语和权力的关系是很清晰的，在知识与话语之间的时空内，文化利用、修辞学的运用和思想套装，以及权力机构与公共政策等不断地加固了东方主义话语，并使东方学知识出现各种新变化，而这种变化不过是话语策略和修辞幻象而已。

在此，我们不应该忽略科学理性的规范作用。从萨西与拿破仑的关系就可以看出现代东方学创建的政治性，而东方学家所拥有的科学理性的武器，也是政客们最为看重的地方。东方学家将理性化原则强加在东方上，成为东方自身的原则。东方不再遥远，不需要经验，也不再陌生。它就在东方学家的手边，就在西方人的理性范围内，就在东方学的文本之中，就在关于东方的知识体系之中。要使东方学成为一门学科，就需要运用科学理性的原则将以往东方学的真知灼见系统化，加固东方学的既成话语。萨义德认为，作为现代东方学的第二代，赫南较为成功地完成了此项工作。在用科学方法的基础上产生的所谓真理，并不是来源于对社会现实与自然世界的考察，并不在于追求与客观事实的符合，它由话语建构起来，让关于东方的知识获得一种科学的、清晰的表达。科学理性的作用有二：一是通过科学理性将有关东方世界的材料文本进行整理规范，形成东方世界的"科学宝库"，从这个"宝库"中所提取的形象、观点等都是科学的、真实的与不容怀疑的；二是科学理性与权力机构结合起来，实现东方学话语对知识的生产与再生产，它奠定知识的稳定结构，消除过分暴露的权力意识，使之作为科学规范与真理内容内化于人们的心理，成为一种集体无意识，并保持话语的扩张性与伸缩性，使任何违背话语规范的差异现象经过科学理性的作用都能融入其中。科

---

① ［法］福柯：《性经验史》，佘碧平译，上海人民出版社2005年版，第61页。

学与政治的联姻,让话语有了更大的施展空间,更远离了真实的东方世界,从而更具有宰制性,拥有一种"微观物理学"的权力效果。

(四)结论:话语的本质——去中心的权力

不管是那些主张边沁主义的东方学家,还是认为必须依靠自身体验才能创作出优秀作品的作家,他们在对东方世界的表述与再现中,始终脱离东方的经验现实,独自一人坐在自己的书房在不违背东方话语理性原则的情况下,来凭空想象东方,任意处置东方,形成学术理论、沙龙讨论稿、会议发言稿、小说、戏剧和游记,以及表现异域风情的杂志与旅游指南等各色各样的文本。"文本不是对事物的再现,不是对外在于它们的超验所指的指涉,而是以一种完美的表征方式仅对它自身进行表征。"① 这些文本不是对东方的再现,不是对知识真理的指涉,它们只是在自洽的东方话语中指涉自身,是脱离了所指的能指滑动体系,构成了一个自我封闭的"完美圆圈"。于是,东方学家仅在类似实验室的封闭空间中就可以做出主观的专横判断:西方人有理性,爱好和平,文明,宽宏大量,合乎逻辑,有能力保持真正的价值、优越、进步等;东方人则专制,欲望好色,落后野蛮,生活无规律,整日脏兮兮的,甚至连语言都是无机的、没有生命力的、完全僵化的、没有再生能力的。文化、权力与话语构成一个整体的结构模式,乃至欧洲人的言谈表述中就包含一种权力意识,对东方的每句书面语词或口头表达都成为欧洲霸权意识的具体体现:种族主义、帝国主义与彻头彻尾的欧洲中心主义。只有在话语规范及其策略行为中,我们才能理解西方人心中时而赞美时而贬低的他者形象,才能理解福楼拜将一个埃及女人的放荡说成是所有的东方人都在展示"它们的性的动物",也才能理解奥斯汀这样的优秀作家为何不可避免地将庄园的稳定秩序建立在对异域时空领域不经意的处置上。

作为话语的东方主义将权力观念、公共政策、政治运作、军事行动、

---

① [美]赛义德:《赛义德自选集》,谢少波、韩刚等译,中国社会科学出版社1999年版,第110页。

文化机构、科学理性和形象表述等熔为一炉,成为其策略化的表现形式,使得19世纪晚期以来的东方学研究,包括美国的区域研究,依然没有得到应有的改变。西方霸权的全球逻辑已逐渐不再是以某个帝国为基础或中心的帝国主义,科学理性、政府行为、文化制度和公共政策与市场经济等相互促动,共同构成一个去中心的帝国,这恰恰是东方主义作为话语的本质所在,即没有中心的权力,却能不断地实现自身的生产与再生产。在没有中心与边缘、殖民者与被殖民者、第一世界与第三世界以及西方与其他地区之分的情况里,宰制者就是每个人,即有利于帝国霸权的文化习性,已经成为人们不可或缺的一部分,乃至每个人都可能成为帝国霸权的维护者。这就是欧洲中心主义与其他种族主义、地区主义,甚至最不显眼的部落或唯我主义不同的地方,它"能够界定现代全球历史,其本身还能够成为那段历史的普遍渴望和目的"①,其东方主义式的霸权逻辑非但没有消除,反而得到扩散与加强,面对这一权力话语的逻辑与现实的困境,东方世界该如何摆脱与消除,至今仍然没有找到有效的方法予以解决而显得任重道远。

第四节 固化阶段:亨廷顿的文明冲突论

20世纪90年代,美国政治理论家塞缪尔·亨廷顿在《外交事务》杂志上发表《文明的冲突?》(1993),同年又在该杂志上发表《如果不是文明,那又是什么?》,对世界文明的重要性及其冲突做了进一步的申说,以此为基础形成著作《文明的冲突与世界秩序的重建》(1996)。进入21世纪后,亨廷顿将世界格局内的文明冲突论与美国国家特性联系起来,出版著作《我们是谁?——美国国家特性面临的挑战》(2004),公开宣称其保守主义的立场,维护美国作为西方文明的利益。其文章著述表述了一种文化文明与权力的新型关系,成为文化霸权观念于世纪之交的再次表征,引发学界的广泛关注。

---

① [美]德里克:《后革命氛围》,王宁等译,中国社会科学出版社1999年版,第133页。

(一) 作为文化实体的文明

美国人本主义心理学家马斯洛曾经宏观地将人类的需求从低到高分为五个层次：生理的需求、安全的需求、归属与爱等社交需求、尊重的需求和自我实现的需求。人类在实现低层级的需求后逐渐向高层次的需求发展，但并非有了高级需求后低级需求就全然消失，而只是说此时低级需求对人类行为的影响变小了，实际上各种需求是相互依存、互相交织的。马斯洛认为，前三个层次属于低层次的需求，依靠外部条件就可以满足；而后两者才是高级需求，它们要通过内部因素才能达到，且往往是无止境的；但前两个层次的需求主要表现在动物本性上，而人类毕竟是一种社会动物，其社会性就表现在以社交需求为基础而建构出来的文明社会中，即其文明状态是从第三层次需求发端出来的高级社会，如果只满足生理和安全需求的话，那还是一种动物式的野蛮社会。但我们也不能将文明社会与野蛮状态作狭隘的理解，以为它们是截然分开的世界，其实这种划分的依据是人类行为的主导性需求，两个社会也是交织影响的。

在亨廷顿看来，人类社会的发展史可以简单地划分为野蛮社会与文明社会，但其真正开端便是文明社会的逐步发展，所以人类社会的各种问题从终极根源上说来自文明，要理解与解决这些问题也就必须依赖于"文明"这个终极范式，文明才是人类社会建立的根基。当然，人性的复杂决定了人类社会也是野蛮与文明的交织，不过后者占据主导而已。亨廷顿强调人类社会的文明范式，显然比那些动物式的利益范式要"文明"得多，他维护并赞扬人类社会不同的文明，不能抹杀人类与动物的界限。由此，我们才能真正理解亨廷顿在回答美国"9·11事件"时的看法。许多人认为，这次恐怖袭击事件正好体现出西方与伊斯兰文明的冲突，有力地证实了亨廷顿早年提出的观点。但亨廷顿却忧心忡忡：撞击世贸大楼的事件根本不是文明的冲突，而是野蛮与文明的冲突，乃人类社会的倒退。尽管这种看法与美国政府对恐怖主义的定调有共同处，并为其借助幌子做野蛮勾当提供理论支持，但对学者而言，应该维护、认同并褒奖人类的文明，以此来审视人类社会的各种问题，而不是一种降低人类尊严的动物性欲望与利益的角度。再者，强调经济、政治与文化等利益范式的优先性,就是本末倒置的做法,"人们并不只靠理性活着。只有在界定了自我之后,他们在追求自身利益时才能理性地筹划和行动。利益政治以认同为先决条件。"① 人类社会的利益诉求是以认同为先决条件的。最后"文明"确实是解释与回答当今世界各种问题的溯源性范式,它与归属需求有关,将认同追溯到人类社会的文明开端,找到其终极要义所在。

许多人在讨论亨廷顿的文明冲突论时,有两种较为普遍流行的对"文明"的理解。一种是指与人类野蛮相对的较为高级的发展阶段,具有良好的精神风貌与生活方式,人们接受教育,彼此尊重,富有教养,等等,其言行举止都是文明人的做法。学术界常有将农业和工商业为主的民族视为文明民族,而将游牧或狩猎民族视为野蛮民族的说法。第二种含义指的是与民族、国家和社会组织相关的语言、历史传统、风俗制度、宗教文化、价值观和生活方式等方面的整体形式,比如说西方文明、中华文明等。亨廷顿在此基础上创建了自己对"文明"的看法。在人类社会由野蛮状态步入文明社会的过程中,各国家民族因自身的历史环境而形成各种不同的文明,它是长期的斗争、融合与发展的结果,其形成不是静态的,而是动态的,有兴起与衰落,有合并与分裂,文明没有确切的起点与终点。② 因此,学界对亨廷顿文明冲突论只强调"冲突"而忽略"融合"的偏颇批评存在一定的误读,他从未否定文明之间不存在融合的可能,文明的构成就是不同文化之间,包括新旧文化、与他者文化之间不断冲突与融合的过程。从时间上看,当今世界显然是"文明"主导的社会,但因区域、民族和历史等方面的差异,经过长期的矛盾、冲突与融合的发展才得以形成,而有的文明衰落了,有的文明可能还在兴起中。从空间上说,当今世界共有八种文明类型:西方文明、中华文明、日本文明、伊斯兰文明、印度文明、斯拉夫—东正教文明、

---

① [美]塞缪尔·亨廷顿:《文明的冲突与世界秩序的重建》,周琪等译,新华出版社1998年版,第95页。

② Samuel P. Huntington, "The Clash of Civilizations?", *Foreign Affairs*, Vol. 72, No. 3, Summer 1993, pp. 22–49.

拉丁美洲文明以及可能存在的非洲文明，它们主导了当今世界的矛盾与冲突。

亨廷顿的"文明"内涵是从认同的角度思考的。人类社会的认同是从什么时候开始的，肯定要追溯到文明社会的诞生，即脱离野蛮状态才能逐渐发展起来。具体地说，西方文明大约出现于公元七八百年间，其区域范围包括欧洲、北美洲、拉丁美洲以及其他欧洲人民居住的国家，后者主要指澳大利亚和新西兰。西方文明产生的时间是否准确暂且不表，但亨廷顿的思路非常清晰，富有逻辑性。即使动物有认同也是一种本能，而天生具有的，比如，种族和性别身份，是不能作为认同根源的；真正的认同体现在人类的文明社会。民族主义与爱国主义是当今世界对抗西方霸权的主要潮流，而其背后的民族和国家身份认同也就成为观察和分析复杂社会现实的普遍范式，学界多有据此批评亨廷顿文明冲突论之举，且亨氏后来的著作也标举美国国家特性，但从时间上考量，民族和国家观念在近代才兴起，不具有文明认同的根源性与持久性。换言之，如果认同是人类作为文明社会才有的高级行为，需要追溯到文明的产生，文明经过历史的形成，成为人类社会根深蒂固、难以改变的因素，据此亨廷顿才提出文明冲突论。

在对这些范式的批判中，亨廷顿创造性地提出文明范式，同时还抛弃了时髦的文化范式。文明比文化具有更广泛的统一性，"文明是一个文化实体，是人类最高形式的文化集合和最广泛层次的文化身份认同"①。"现实的世界是由各种程度的历史、文化、宗教、语言、地理和制度所凝聚的相互交叠的国家群体组成的。最广泛的层面上，这些群体的最高形式是文明。否认这一点，就是否认人类存在的基本事实。"② "实体"概念在亨氏的"文明"内涵中不可忽视，它是西方哲学史的重要概念，对其的理解存在巨大差异。亨廷顿认为，"实体"指的就是包含子集的集合，

---

① Samuel P. Huntington, "The Clash of Civilizations?", *Foreign Affairs*, Vol. 72, No. 3, Summer 1993, pp. 22–49.

② Samuel P. Huntington, "If Not Civilizations, What? ——Samuel Huntington Responds to His Critics", *Foreign Affairs*, Vol. 72, No. 5, Nov./Dec. 1993, pp. 186–194.

具有统一性，可区别的独立存在，是明确的、抽象的、不依据物质性存在的一种形式。作为形式的实体，文明借助于国家、民族、文化等物质载体而具体化，依托于它们，"文明作为文化实体而不是政治实体，本身并不维持秩序、建立公正、征缴税收、进行战争及谈判条约，或者做政府所做的任何其他事情"①。作为形式的文明容易与心理认同结合起来，成为根深蒂固的存在。文明与文化存在区别，前者是后者的集合，是最高形式和最广泛层次的统一。也就是说，在同一文明内可能存在着不同的文化子集。同样不同的国家与民族之间可能存在着同一种文化或同一种文明，而同一国家或民族内部也可能存在不同的文化，正是文化、民族与国家等之间难以厘清的复杂关系，亨廷顿才提出一种超越性的文明认同模式，从人类社会的最高形式、最广泛层次与最深基础上超越它们，使之成为叙述与解读现实世界的新型范式，以符合全球性与一体化的时代趋势。

（二）作为文化冲突的文明

从根源上说，人类社会的文明认同的其持久性、深广性与高度统一性而难以改变。亨廷顿认为，盎格鲁—撒克逊族群文化才是"美国核心文化"，其核心要素包括古希腊哲学、理性主义、罗马法和拉丁语等在内的古典遗产；作为西方文明最主要特征的天主教与新教；精神权威与世俗权威的分离；法律制度与代议机构；个体自由主义与社会多元主义。当然就个别因素而言，并非西方文明独有，但联系起来构成有机整体却是西方文明的特质。可是，随着多元文化的兴起与全球化时代的到来，文化交流与碰撞的频繁，解构主义与差异政治的盛行，以及民族、性别、种族、国家与少数族裔等各种身份认同的出现，使西方文明出现了认同危机，人们不再局限于美国特性的保持与西方文明同一性的要求，相反更多的移民保持双重国籍，拥有双重文化乃至多重身份的认同，那些曾经同化移民族裔文化的因素要么不复存在，要么处于劣势地位而难以撼

---

① ［美］塞缪尔·亨廷顿：《文明的冲突与世界秩序的重建》，周琪等译，新华出版社1998年版，第28页。

动这种多元化的社会趋势。同时,越来越多的各国精英人士会集美国,他们重视跨国身份与双重的忠诚,极力维持一种全球化身份,与美国特性的民族主义与爱国主义价值观分道扬镳。

在经济方面,亨廷顿反对那些因借着世界经济全球化、科学技术的发展以及交通资讯的便利等客观环境的改变,便认为以此为基础产生一种新型的"普世文化"确保积极认同并促进世界和平稳定的观点,其实这种世界经济的现代化与社会全球化变革的进程,削弱了作为区域性的民族与国家身份的认同,其认同的空间便由以宗教为主的文明认同所填补取代;另外,世界各国越来越关注区域经济的合作,比如,欧盟的成立与发展,这种区域经济主义的成功得益于共同体文明的认同,从而强化了对自身文明的认同感。再者,世界经济与政治形势千变万化,各种合作形式频繁出现,而文明则相对稳定,更为持久,比起政治与经济的变化更难协调其中的差异,文明的相对稳定、经济与政治的快速变化纠结在一起,形成各种冲突越来越激烈的趋势。

亨廷顿不仅从现今世界格局的空间角度强调文明冲突论,还从历史的角度考察了社会冲突模式的变迁。从西方文明诞生直至威斯特伐利亚体系的形成,其冲突模式呈现为西方宗教内部的斗争;而自威斯特伐利亚体系的形成到法国大革命时期,则表现出欧洲君主及其领导的国家之间的冲突;到第一次世界大战时期,这些君主间的斗争被民族国家的冲突模式所取代;俄国革命胜利后,世界冲突模式主要体现为两种意识形态的斗争,其中包括自由民主国家与法西斯国家以及资本主义与社会主义社会之间的冲突,它一直持续到冷战的结束,在此之后文明的冲突才呈现出来,并决定未来的战争,从而取代冷战时期超级大国之间的竞争关系。

亨廷顿从世界格局的空间角度与社会历史的变迁,力证文明的冲突成为已然的事实,其冲突更为根本,更为久远,也更为激烈,甚至不惜牺牲自己的生存利益与生命关怀,因为"文化有其考虑的价值,文化对大多数人来说是最有意义的东西",也是最具根源性的东西,"人们正在发现新的但常常是旧的认同,在新的但常常是旧的旗帜下行进,这导致了同新的但常常是旧的敌人的战争"①。新型的身份认同其实质依然是旧有的文明认同,而与新的敌人的斗争也往往是早有的文明之间的冲突。文明认同与冲突互为依存,共同构成文明这块硬币的正反两面,体现出权力的操控性,为文化霸权的建构提供了有力的支撑。西方文明受到的最大挑战来自伊斯兰文明,而儒家文明则可能联合伊斯兰文明,这两大文明是西方文明的主要威胁,亨廷顿甚至武断地认为,中国传统历史、文化形态、自我形象、机制规模与现有的经济活力等,各方面的迅猛发展都会驱使其寻求霸主地位。在历史上,这种经历高速工业化、经济增长与强化军事实力的其他国家,无论是英国、法国、德国、日本还是美国、苏联等都在随后的年代里进行了对外扩张与自我伸张,即实行帝国主义,中国也不例外,而且中国向伊斯兰国家转让常规武器与非常规武器方面就已经表明其与伊斯兰文明联系最为密切和具体之处,面对这种巨大的挑战,西方文明必须做出回应。

亨廷顿将伊斯兰与儒家文明当作"假想敌",一方面这种外在力量使美国能够继续其国家特性的伸张,彰显其爱国主义、民族主义与西方文明的价值观,并且用这种价值观加强对其他族裔文化的改造与同化,以消除多元文化、解构主义与差异政治所带来的不良影响,同时又能避免对其进行专制主义、意识形态化与实施文化霸权的攻击。"如果外部威胁减退,解构主义者的运动就可能更来劲。如果美国持续不断地与外部敌人斗争,解构主义者的影响就会衰落。如果美国受到的外部威胁不大不小,时断时续,含含糊糊,那么,对'美国信念'、英语和核心文化在美国国家特性和国民同一性方面应占什么地位的问题上,美国人很可能会继续陷于分裂。"② 因此,有没有敌人的存在成为亨廷顿解决美国自身文化认同危机的重要途径,他者的差异与对立既成为自我认同的需要,又是引发矛盾冲突的原因,更是解决问题的必要途径,他者的存在已经不重要,重要的是自我该怎么办,他者不过是自我利用的工具而已。另一

---

① [美]塞缪尔·亨廷顿:《文明的冲突与世界秩序的重建》,周琪等译,新华出版社1998年版,第4页。
② 同上书,第148页。

方面，亨廷顿挑起了西方文明与伊斯兰、儒家文明的斗争，为遏制、打击与压迫这些国家寻求一种可靠的借口。非西方力量的崛起与对西方衰落的担忧，让亨廷顿提出重新凝聚西方力量的文明认同观，坚持西方主导世界秩序的既定模式。文明冲突不仅是观念与价值体系的斗争，更是一种现实利益的争夺战。西方与非西方力量过去、现在以及未来都会处于一种没完没了的全方位的斗争中，因为权力逻辑已经将自我与他者、观念与价值、利益与人性和生活与社会等全都纳入进来以维持自己的生产与再生产的统一。

（三）作为权力范式的文明

对于冷战结束后世界形势的解释与评估，美国学界有两种主要的观点，一种是以日裔学者福山为代表的意识形态终结论与普世主义文明观；另一种便是亨廷顿的文明冲突论，这两种观点针锋相对，福山主张同质化的普世文明正在出现，而亨廷顿则认为，苏联和东欧社会主义国家的垮台，只是意识形态的冲突不如过去那么重要，但这并不意味着西方自由民主的普世文明的胜利，相反，在冷战结束后，由民族、种族、宗教、国家和少数族群等所造成的分裂与冲突依然存在，并且随着意识形态冲突的衰落而逐渐凸显出来，在这些冲突中，以宗教为代表的文明冲突最为根本，因为文明是构成世界秩序的基本单位，其引发的冲突才是真正的、最根源的冲突。普世主义忽略了文明冲突所带来的自我认同危机，如果不采取有效的措施，美国国家特性与西方文明就会变质衰落，更不用说以西方文明为主的普世文明的到来，而且普世文明根本就不存在，或者说它即使存在，也无助于解释世界形势，更不用说解决各种冲突所带来的问题。为此，亨廷顿深入剖析并批判了三种普世文明观：

第一种就是全球伦理体系。因为各民族各地区的文化差异，伦理观念与道德评判标准的区别所带来的冲突愈演愈烈，不少学者提出在各种不同的文化体系中抽取出人类最低限度的道德评判、是非抉择与善恶辨别标准来构建全球伦理与价值体系，亨廷顿认为这种全球体系即便存在，或许可以作为"普世文明"的基础，但其毫无用处，无助于对世界各种复杂问题的阐释与解决。

第二种便是现代化的趋势。亨廷顿对现代化有自己的理解,现代化是由西方文明发端出来的,但它并不等于西方文明,现代化始于18世纪,与西方文明诞生的时间相距甚远;其表现出来的六大特征也与西方文明的内涵有别,这六大特征分别是工业化、城市化、识字率、教育水平、富裕程度和社会动员程度等方面的不断提高。西方文明与现代化割裂开来没有必然的联系,西方文明可以滋生现代化,而其他国家民族亦可以依据自己的文明来创造与发展现代化。美国等欧洲国家并不能为其他国家提供现代化的模板,也没有参考价值,因为双方存在着文明的差异。不过,西方文明的核心因素可以模仿,甚至自身文明就存在此种因素,但核心因素所构成的文明之有机整体,却是任何其他文明所无法模仿的,也是其无法接受的。就算存在一种由现代化所发展起来的普世文明,但依然掩盖不了它们在生活方式、价值观念、宗教传统和思维习惯等方面巨大的文化差异。

第三种是娱乐消费与媒介数字文化。借助于通信、信息技术的迅猛发展,由西方打造的时尚文化、大众娱乐与互联网文化,其消费方式与媒介观念正在向非西方世界广泛传播,成就一种普世主义。但亨廷顿认为,非西方世界能够接受可口可乐的消费,大众媒介的娱乐与肯德基的美味,却不会接受其文明,反而会更加追随并发展自身的文明,将其打造成具有国际化的文化类型,冲突不可避免。再者,西方文明的扩张激发非西方文明的对抗,这种对抗往往立足于传统文化与文明,出现文化寻根,彰显自身的文明。美国与非西方世界的关系存在三种方案:帝国主义、世界主义与民族国家特性。前两者方案都是靠不住的,没有出路的,唯有第三种方案,即强化西方文明的认同,加强其联盟关系,才会在未来的斗争中占据有利位置,继续保持其国际秩序关系的主导地位。

作为一名政治家,亨廷顿并不忌讳自己保守主义的角色,他甚至公开宣称自己的立足点是老式的伯克主义,而非现代的里根主义,尽管它们都属于保守主义。这种保守主义主张维持西方文明的既成事实,保持世界既有的秩序,反对由激进变革与不切实际的空想所带来的混乱,事实上他成为美国政府的代言人,美国传统利益和西方文明坚定的维护者,因此他不允许美国的多元文化、异质文明所造成的主体文明的分裂,也害怕带有西方霸权色彩的普世文明激起非西方世界的强烈对抗,从而导致西方文明身处危机当中。但在《文明的冲突与世界秩序的重建》一书的最后,亨廷顿对世界文明的未来发展却又做出了多元文化共存与发展的设想,并提出了避免冲突、协商调解与共同性等原则,陷入一种权力逻辑而不能自拔的境地。具体地说,为了维持既有的西方文明、美国特性以及世界秩序,害怕其更替变化而强调文明的认同,却又担忧文明的差异与冲突;关注多元文明与自由主义的重要作用,却又恐惧其美国特性与西方文明的变质;维护美国的既有利益与西方主导的世界秩序,却又担心非西方世界的崛起的破坏作用;超越民族国家的文明认同,却又不得不考虑美国国家的特性,维持一个美国国籍的身份认同;总之,作为自我来说,他害怕他者替换自己,可是却又不得不依赖他者;其背后体现出权力生产与再生产统一的胜利,权力并不排斥异己,而是将其作为不可或缺的部分,恰恰是在这些矛盾缝隙中,权力有足够的空间,实现自身的再生产。文明冲突论为权力逻辑所支配,处在一种"到底该怎么办"的无所适从中,因此消除这种权力逻辑成为当务之急。

毫无疑问,抛开其政治与权力的立场,文明的认同与冲突确实是一种基于广泛而深刻的事实基础上相对清醒的新型阐释范式。亨廷顿考察过冷战结束后的四种范式,认为它们都存在一定的问题。第一种范式是"一个世界:欢欣而和谐",冷战结束意味着全球政治重大冲突的结束而形成相对和谐的世界;第二种范式则是"两个世界:我们和他们";第三种范式即"或多或少184个国家";第四种范式却是"完全的混乱";①前两种范式为了理论框架的简化而牺牲了复杂的现实;国家主义与多元混乱的范式则刚好相反,"为了现实而牺牲简化",亨廷顿提出八个文明作为适合的范式,"可避免许多困难"②,既不放弃复杂的现实,又能从理论上加以宏观把握。尽管八个文明的划分存在着争议,但此模式在某种

---

① [美]塞缪尔·亨廷顿:《文明的冲突与世界秩序的重建》,周琪等译,新华出版社1998年版,第18页。
② 同上书,第47页。

程度上还是有助于解释当今世界的格局和解决世界范围内出现的各种问题。任何文明在其历史发展中，出于自身发展的需要，肯定会遭遇异质文化，经过其间不断的冲突、互动、交融与整合，才得以形成自身。没有异质文化所带来的深刻冲击，人们很难对其给予足够的尊重，也就无法将其改造整合而创造出新型的文化。因此，文明冲突论的意义在于，它让知识分子真正去直面异质文化，不再害怕彼此的矛盾与冲突，而是有助于更深层次的文化汲取与创造，推动文化知识的增长，使文化能够适应现实处境而不断发展自身。

第四章 文化霸权论的理论变异

第一节 文化霸权理论与马克思主义的变异关系

一 葛兰西对马克思主义意识形态论的批判与建构

威廉斯在《马克思主义与文学》中说，观念领域、美学与意识形态根本没有在社会现实的整体结构的物质性要素上被人们真实地把握，实际上并不存在上述世界，"存在的只是带有特定条件与特定目的的、多样的、变化着的生产实践"①，抛开其所接受的阿尔都塞结构主义影响、文化主义的继承以及否定意识形态存在的极端做法，而从生产实践的角度来理解意识形态，或者说强调意识形态的有机生产性，将有助于我们更好地领会葛兰西的意识形态理论。

（一）葛兰西与意识形态问题

在法国拿破仑时代，特拉西和拿破仑分别从各自的路向和需要阐述了"意识形态"概念。作为该概念的首创者，特拉西在四卷本著作《意识形态的要素》中将其称为"观念的科学"，在自然科学兴起的时代，人的观念得到实证的研究和科学化的处理，成为一门"观念学"。特拉西怀抱启蒙的立场，反对当时观念上的形而上学论与宗教神学观，将其立足于感觉经验，以经验主义为基础来阐释"意识形态"这门学科，要求其

---

① [英]雷蒙德·威廉斯：《马克思主义与文学》，王尔勃、周莉译，河南大学出版社2008年版，第102页。

达到自然科学的高度，属于动物学的部分。而处于上升时期的拿破仑因权力的诉求非常欣赏以特拉西为代表的启蒙思想家及其理论观点，在其周围形成了一个"意识形态家"的团体。随着拿破仑势力的不断增大，出于其执政地位长久稳固的考虑，拿破仑开始怀疑、批判具有这种挑衅性的启蒙精神，将意识形态理论斥之为非现实的错误虚幻，使法国深受其害，原本以科学对抗虚幻，强调经验真实的意识形态论反而成为其自身所批判的对象，"变成了一种幻觉，一种抽象的、错误的认识"，这其中隐含着开历史倒车的拿破仑"站在带有封建专制主义的立场上"[①] 来批判以特拉西观点为代表的、处于上升时期的资产阶级意识形态。

就认识论而言，马克思继承拿破仑的意识形态观，并进一步廓清了特拉西的理论。他将意识形态与意识区别开来，认为意识能对社会现实进行客观本质的反映，是一种科学的认识，但如果反映得到的是虚假的内容，或者说采用错误的方式进行认识，那么它就转变成意识形态，成为对真实世界的歪曲、变形或虚假的反映。换言之，马克思与拿破仑都站在贬低、否定或排斥的角度，认为意识形态是一种不合实际的理论或抽象的幻觉。当特拉西认为意识形态是种感觉经验的观念科学时，拿破仑则将其看作一种错误的、虚幻的理论，而马克思站在科学认识的角度，既强调意识形态作为一种认识方式的错误性，同时关注以这种方式所达到的认识结果或理论上的虚假性。显然，马克思认为特拉西所说的经验与感觉甚至意识都有可能是不正确和不科学的，因此科学的认识论必须回到社会存在和物质性上，以彻底的唯物主义作为基础来解释一切。

而且，马克思还以认识论为基础，将一种历史逻辑置入其中，建构自己的科学社会主义学说。正是以彻底唯物主义的认识论为阐释手段才能全面而有效地揭示出资本主义社会物化的现实，那是在一种表面的物化关系、商品交换与资本运作中所深藏或有意遮蔽的资产阶级利益需求，以及在资产阶级的政治自由、法律平等和道德伦理等领域中的"糖衣炮

---

① 仰海峰：《实践哲学与霸权——当代语境中的葛兰西哲学》，北京大学出版社2009年版，第163页。

弹"。马克思从一种认识论的思维角度扩展至包含政治、经济等社会存在的总体关联中来思考意识形态的问题。换言之,"意识形态"从一种认识论上可能存在着的不自觉的错误观念,扩展到资产阶级有意灌输的、影响社会各方面的思想体系,成为其积极主动加以建构的行为和结果。结合两方面来看,马克思既把意识形态作为认识论的虚幻、错误的反映,同时又将其看作资产阶级有意建构的、贯穿到社会各方面的思想或信仰体系,烙上阶级化的标签,这种意识形态因其具有不科学性、欺骗性与抽象性,必然遭受在历史前进的滚滚车轮中连同资本主义社会灭亡而被取代的命运。

如果说马克思从否定意义上界定意识形态,那么列宁则站在中立化立场,将其作为一般社会结构体系之组成部分的思想观念,是阶级意识的体系化表现形式。列宁的意识形态论主要体现为两方面的意义,一是为把马克思主义定为无产阶级意识形态奠定理论基础,二是强调不同阶级之间意识形态的斗争,主要是无产阶级与资产阶级意识形态的斗争,无产阶级应该拿起无产阶级政党灌输给自己的意识形态即马克思主义作为思想武器,发挥其在革命斗争过程中的功能与价值。列宁的思想是一种斗争哲学,主张在各种场合包括意识形态领域都展开阶级斗争,因为存在着不同阶级的意识形态,而马克思主义则成为对抗资产阶级意识形态的有效工具,成为一种革命的力量。

在葛兰西对意识形态论的历史考察中,从历史化的角度上加以继承,而在其观念论的虚幻性则予以批判。葛兰西认为,特拉西的意识形态观有其片面性,人的观念不仅来源于动物性的感觉,更具有人的属性,应该从人类特性的角度来分析观念体系,意识形态论在感觉论的分析上确实具有反对形而上学论与宗教神学思想以及解放人性方面的启蒙功能,但这种启蒙依托于经验主义,很容易再次滑向宗教信仰上的唯心论。他同样站在启蒙的立场上来阐述意识形态,只是其分析不从经验论与生物学的角度去理解,而从康德有机论出发,将其纳入特定社会历史的总体关联中,开创一种结合康德主义与马克思主义的"历史有机的生产论"的意识形态观。在此,相比于马克思意识形态观的否定性和列宁思想的中立性,葛兰西更能看到意识形态的积极性,这种积极性既是建立在马克思彻底的历史唯物论的基础上,又强化了列宁斗争哲学的主动性,即放弃其意识形态从上至下的灌输性和等级性,转而关注意识形态斗争在矛盾、冲突、协商与妥协中提升到最高水平的有机统一性,即在康德有机哲学的意义上实现两者及其自身生产与再生产的不断统一。

(二) 意识形态的历史统一性

马克思既主张一种彻底的唯物主义,又将社会结构分为经济基础与上层建筑,同时在哲学上也指出社会存在的第一性,它最终决定社会意识。这些观点在马克思主义的发展及其后来的无产阶级运动中,由于理解的差异而越来越显出矛盾性,一方面形成一种机械僵化的唯物主义、物质决定论与经济还原论;而另一方面则强调精神的作用,建构唯意志论的哲学体系,甚至发展出一种新康德主义的倾向。这两方面各执一端,于是社会存在和社会意识、物质与精神、客观事实与思想体系之间的界限越来越分明,形成一条不可逾越的鸿沟,而马克思虚假的否定性的意识形态论在某种程度又加剧了这种分裂,因为意识形态完全与社会现实背道而驰,是客观存在的歪曲变形的意识反映。对于这些理论问题,葛兰西进行了革命性的反思,其思考主要是从两者融合统一的可能性以及如何实现这种可能性入手的,而答案就在历史的统一上。

首先,葛兰西打破了科学认知与意识形态对立的观点。从认识论而言,马克思意识形态论的否定性就是建立在与科学认知对立的基础上,并将资产阶级的价值观念与思想体系意识形态化,从而彻底地否定了特拉西将意识形态建设成"观念学"的科学认知的可能性。葛兰西同样对特拉西进行了否定,认为仅仅依赖于感觉论的分析和经验的支撑,意识形态根本无法建立其科学性,而且他还否定了科学认知的存在,认为它不过是一种意识形态,甚至属于常识之一种,只不过被抽取出来作为科学知识,它并非超越意识形态的存在,也不能超越党派利益与政治团体的局限,即不是一种超越于社会历史维度的永恒不变的真理性存在。因此,葛兰西意识形态论的历史性表现出,在其"绝对的

'历史主义'"① 面前,一切科学认知、价值体系和思想意识等都是意识形态。

其次,葛兰西强调意识形态的物质性。这种物质性主要体现在两个方面:一是具有物质性存在的意识形态机构的重要性;二是意识形态的物质性功能。在现代社会中,意识形态不仅仅是一种如艺术、宗教和道德等社会意识形式,它还有其强大的物质性机构,如教堂、学校和研究所等文化机构,它们既发挥意识形态的功能,又是一种物质性的结构力量。葛兰西深知,这些意识形态机构既是争夺领导权的场所,也是获取领导权的力量所在。另外,无论是马克思意义上的否定性作用,还是列宁革命论中的肯定性功能,意识形态都发挥着精神性的作用,葛兰西继承了列宁思想的路向,但将其放置在物质性实践中来考察它的推动和创造作用,也就是将意识形态认定为一种创造性的活动,人们在这种活动中获得自身及其相关的认识,并且将这种认识不断提升到一定高度,完成对自身任务和目的的认识,形成统一的行动,促进革命运动的发生和社会现实的改造。

再次,意识形态与物质力量的历史统一。尽管葛兰西关注意识形态的物质性,但他并不想将两者完全区分开来,而只是强调意识形态所包含的物质性及其功能以批判过去对其精神性的过度理解而导致两者之间关系断裂所产生的巨大鸿沟,实际上葛兰西认为这两者具有历史的统一,其内在是一致的。在谈到马克思主义关于基础与上层建筑的关系时,他认为"基础与上层建筑构成'历史的联合'","只有包罗一切的思想体系才合理地反映出基础的矛盾和推翻实践的客观条件的存在",在意识形态的物质性功能发挥出来时,也是以两者历史的联合为前提的,"如果可以组成一个在意识形态层次上百分之百同质的社会集团,这就意味着也同样存在着这种革命化的百分之一的逻辑前提即'合理的'是能动的和真正现实的。这种推理建立在结构和上层建筑之间必然的交互作用的基础上,这种交互作用无非是真实的辩证过程"②。在历史必然性意义上,

---

① [意]葛兰西:《狱中札记》,曹雷雨等译,中国社会科学出版社2000年版,第383页。
② 同上书,第280页。

意识形态与物质基础是相统一的，是反映历史发展趋势的、包含物质性社会存在的观念体系。在葛兰西看来，如果物质基础与意识形态区别开来，且界限分明，那么意识形态就有可能成为随意的幻想、零碎的观念以及在特拉西意义上的感觉经验的机械化总结，而并非作为一种有机体，在社会历史与实践的过程中实现自身的创造与生长。

最后，意识形态在历史性上的分类。葛兰西认为，实践哲学或马克思主义发展到现在已经不再是感觉经验上的观念的科学，也不是对社会现实的错误的、虚幻的反映所构成的观念体系，而是反映历史发展趋势，与其社会实践的物质性组构起来的具有统一性的有机体系。"我认为，对这些命题的分析，倾向于加强历史集团的概念——在这一概念里，正是物质力量是内容，而意识形态是形式——虽然形式与内容之间的这种区分只有纯粹的训导价值——因为如果没有形式，物质力量在历史上就会是不可设想的，而如果没有物质力量，意识形态就只会是个人的幻想。"①葛兰西用文学话语中的内容与形式框架重新阐释物质力量与意识形态的关系，摒弃了马克思主义关于两者的决定与被决定、作用与反作用的辩证法模式。在文学作品中，内容与形式是一致的、有机的。葛兰西以此为基础，将意识形态分为两种：有机的和强加的。前者是特定结构如历史集团所必需的，它将大众联合起来，提升自己的思想水平，完成对自身革命目的和斗争任务的自觉认识，在社会实践中组成有机统一的与发挥社会性效益的整体力量。后者则是特定个人的随意的、自发的观念，是一种机械零碎的、不成系统的以及低层次的常识。显然，在社会实践中，大众需要从一种强加的意识形态，即常识转变为有机的意识形态，才有发生革命的可能，并进而确保革命的成功，意识形态内部的异质性使葛兰西再次从历史性的角度来阐述关于其自身的生产性，从而以一种运动发展的眼光来看待革命意识及其实践的问题。

（三）意识形态的实践功能

葛兰西将意识形态当作有机体来看待，既有自身的物质性存在，实

---

① ［意］葛兰西：《狱中札记》，曹雷雨等译，中国社会科学出版社2000年版，第292页。

现物质力量与精神力量的统一，又有自身内部的各种斗争和成长，具有从强加的意识形态转向有机的意识形态的可能，总之，这种统一具有历史性，是在历史性上的统一。强调意识形态的斗争性，一直是意识形态论的历史精髓。特拉西首创"意识形态"概念时就以一种感觉经验的启蒙精神对抗当时的先验论思想，列宁则看重作为阶级属性的意识形态之间的斗争，为无产阶级革命开辟出精神思想的战场。葛兰西继承了这种意识形态的斗争哲学，但又将这种实践功能发展到自身的内部。葛兰西拒绝一种纯粹的阶级存在，主张阶级内部存在着异质性，并用"历史集团"来代替"阶级"，"历史集团"是由不同的阶级、集团等强大力量所构成的复杂的政治联合体，政治联合体通过谈判协商而不断分离联合，在运动中保持平衡，从而形成以夺取领导权为目标的暂时性共同体。因此，某种程度上说历史集团也是一种有机体。在葛兰西看来，历史集团与意识形态属于两种不同有机体，它们之间的关系并非一种简单的决定与被决定、生产与产品的关系，它们有着自身内部的不断斗争和成长历程，这就是使得它们之间的关系在社会实践与革命活动中变得更为错综复杂。葛兰西放弃了意识形态的阶级划分，而采用常识与有机的历程区别，其实践功能必须在此基础上进行分析。

在意识形态自身的成长历程中，葛兰西强调由常识，即强加的意识形态转变到有机的意识形态。这种转变并非由外力促使的，虽然外力肯定能起一定的作用。换言之，葛兰西不赞成列宁的观点：大众的无产阶级意识形态，即建立马克思主义的世界观，应该由无产阶级政党灌输而成。他在"所有人都是知识分子"的基础上提出"有机知识分子"的重要作用，这种作用就表现在其有机性上。首先，在与历史集团的关系上，他们既是历史集团所要培养出来的，同时又反过来促成了历史集团的形成与统一。其次，在有机知识分子与大众的联系上，需要知识分子组织、教育与提高大众，而大众对知识分子的统一也起着推动作用，两者都使自身得到成长。这两方面的辩证关系就在于实现知识分子、历史集团与大众三者之间的有机统一，将零碎的、分散的、属于各团体的常识能够达到意识形态的统一化，从而确保领导权的争夺与实现。

实现历史集团、知识分子和大众三者的有机统一，关键在于个体意识的不断提升，让个体形成具有自觉意识的世界观，而非停留在一种自发的世界观上。前者建立在思想体系统一的基础上，而后者则仅仅根据常识而生活。"人们可以说'意识形态'，但必须是在世界观——它含蓄地表现于艺术、法律、经济活动和个人与集体生活的一切表现之中——的最高意义上使用此词。"① 意识形态是最高意义的世界观，即自觉的世界观，形成统一化的世界观，它具有积极进步的意义。这种个体意识的不断提升和系统化，即意识形态化，是在社会实践中完成的。一方面，人们在社会实践中相互斗争、互相促进，在认识、谈判、协商与妥协中完成自我意识的不断改造和提升，"通过别人更好地认识自己，通过自己更好地认识别人"②，逐渐形成系统化的思想体系，即有机的意识形态，从而影响自己的社会实践，发生物质性的效益，改变客观现实，因为它贯穿于社会生活的一切表现之中；另一方面，正是意识形态的凝聚与统一作用，才能使个体上升为集体人，从而形成历史集团，使之成为革命的社会性机构，发挥集体性的实践力量。

虽然葛兰西强调自觉哲学的形成是从常识式的自发哲学开始而不断提升的结果，但他并没有否定常识的重要性，实际上人们的社会生活与实践始终依赖于常识。葛兰西在谈到马克思重视常识时说："马克思经常提到常识，经常提到常识的信条的坚实可靠性。但马克思指出的，并不是这些信条的内容的有效性，而是它们在形式上的坚实可靠性，以及在产生行为规范时所具有的随之发生的强制性特征。在马克思提到常识的这些地方，还暗含着倡导新的文化和一种新的哲学——这种新的文化和哲学将植根于和传统信条具有同样的坚实可靠性和强制性特征的大众意识之中——的必要性。"③ 葛兰西看到常识信条所产生的行为规范的强制性，他像康德一样关心形式的坚实可靠及其力量所在，要更换的不是作

---

① ［意］葛兰西：《狱中札记》，曹雷雨等译，中国社会科学出版社2000年版，第239页。
② Richard Bellamy 编：《葛兰西狱前著作选》（英文影印本），中国政法大学出版社2003年版，第12页。
③ ［意］葛兰西：《狱中札记》，曹雷雨等译，中国社会科学出版社2000年版，第339页。

为形式的常识，而是常识的内容，也就是说，从常识（common sense）提升到健全见识（good sense），从自发到自觉，不过是内容的体系化，达到最高水平，并非在形式上取缔常识信条的作用，反而是新常识、新文化与新哲学也必须具有旧常识在形式上的坚实可靠性与强制性。因为这种形式已经内化成人们的社会心理结构，具有组织与指导人们社会生活与实践的作用。"在意识形态是历史所必需的这个意义上，它们是'心理学的'；它们'组织'人民群众，并创造出这样的领域——人们在其中进行活动并获得对其所处地位的意识，从而进行斗争。"① 因此，意识形态必须是新常识信条和行为规范，否则它无法契合人们的心理结构，组织人民群众，使群众具有自我意识，发挥实践的斗争作用。无论葛兰西强调的是意识形态的集体性、社会物质性还是其新常识性，实践哲学都必须最大限度地发挥意识形态的实践功能和社会性效益，这才是争夺领导权的关键所在，甚至有机意识形态的形成就是领导权的获得，因为在此基础上历史集团、知识分子与大众才能实现有机的统一。

（四）意识形态的生产与再生产的有机统一

一般而言，生产是对原始材料进行加工改造，生成产品的过程。但这个过程不会终结于某个产品的生产，而是不断生产产品，以实现自身的再生产。马克思通过对资本主义社会的观察与分析发现商品生产是其主要的普遍性特征，是理解这个社会的钥匙。换言之，资本主义社会就是生产性的结构体系。在此基础上，马克思对人类历史发展进行了解释，找到了人类社会的动力所在，形成了劳动、实践与生产三位一体的框架体系，因此人的能动自由的、创造性的、有意识的、合目的与合规律的生产劳动成为区别于动物以及人之为人的本质特征。按照马克思的区分，动物是一种自发的、本能的与机械性的生产，而人类则体现出生产的生命有机性，即能实现自身的再生产。葛兰西结合康德的观点，认为这种生产的有机性，一方面能够与其他事物或有机体构成复杂的目的与手段的关系，它能以他者为手段来实现自身的不断生产，实现互为手段与目

---

① ［意］葛兰西：《狱中札记》，曹雷雨等译，中国社会科学出版社2000年版，第292页。

的并最终形成统一化的有机关系；另一方面，有机体自身能够实现再生产，即有机体内部各要素之间能够相互弥补、互相促进，在有机体自身目的下形成统一的协调关系并为其服务，体现出自身的有机性。

具体地说，虽然马克思的意识形态论主张一种否定意义上的观念体系，主要集中在资产阶级意识形态的观察分析上，但并没有否定意识形态作为观念体系的生产性，即将其作为一种精神生产来思考。马克思认为，作为精神产品的意识形态是由物质基础决定的，占统治地位的思想就是统治阶级的思想，因为统治阶级占有生产资料，另外，统治阶级需要将其思想观念说成普遍性的、永恒性的真理，民众自己的精神需求，从而实现其精神生产的再生产。马克思在此指出了意识形态的结构性生产与再生产体系及其所表现出来的欺骗性。换言之，这是统治阶级自身利益需求所玩弄的伎俩而已。

马克思将意识形态当作资产阶级运作的结构体系，民众始终逃不出它的魔爪，这是一种结构性意识形态的再生产。列宁则首先固化两种结构性的意识形态，通过激烈的斗争，最终只剩下获胜的一方。葛兰西却认为意识形态必须采用常识信条、行为规范和世界观等通用的形式因素，才能在民众的实践生活中发挥作用。另外，民众的社会实践总是要面对新形势和新问题，因此意识形态在内容上需要不断地从旧常识转向新常识，在体系上从强加的意识形态发展到有机的意识形态，在主体性上由自发意识逐渐变成自觉意识，从而完成方向性的突破和体系性的结果，达到最高水平的有机意识形态，形成文化霸权。当然，从意识形态自身而言，即便达到了这种统一的、体系化的结果，它仍然没有最终的完成，而是要在不断的社会实践与生活中，延续自身的生产与再生产性，防止被僵化、被抽象的危险，保持文化霸权的持续性。在此，葛兰西认定意识形态完全成形也就是其不复存在之时，因为社会实践的斗争与历史变化永远不会停止，统一也只是暂时的统一。当统一的意识形态采用形式化因素成为常识信条与行为规范之后，它又将面临被继续改造的命运。也就是说，历史集团、知识分子与大众在社会实践中以意识形态的凝聚作用组成有机的统一体，发挥其结构性的社会物质力量，行使了领导权，并最终赢得政权，也不能视为工作的最终完成，"一个社会集团能够也必须在赢得政权之前开始行使'领导权'（这就是赢得政权的首要条件之一）；当它行使政权的时候就最终成了统治者，但它即使牢牢地掌握住了政权，也必须继续以往的'领导'"①，即必须回到社会历史的实践活动中，随其情形的变化而不断地实现自身的生产与再生产，持续赢得广大民众的同意，确保领导权的长久性。

在葛兰西理论得以建构的诸多基础概念当中，如"历史集团""意识形态""文化"与"领导权"等，他都将它们视为一种有机体，而这种有机的统一并非一种从属者对主导者直接的遵从与符合，也不是结构性体系的简单化的再生产，而是在多方平等性参与的、互为手段与目的的运动关系中的平衡与一致。安德姆森（Walter L. Adamson）指出，这种有机体包括两个方面的结合：水平方面和垂直方面。② 前者指的是不同社会力量或团体的统一化结合，其实就是有机体之间手段与目的的辩证统一的联合。后者指的是在马克思主义中决定与被决定的力量关系的结合，如社会存在与社会意识、物质基础与上层建筑、社会生产、经济活动与政治道德和文化意识等方面的有机统一。葛兰西强调意识形态的有机统一必须通过周围的一切（包括决定性力量）转化为自身内部要素才得以完成，并不断地借助于外部因素来实现自身的生产与再生产。这就是说，意识形态是运动的、发展的和变化的，它可以从强加的意识形态发展到有机的意识形态，从自发哲学逐渐步入自觉哲学，从常识层面的世界观提升到思想体系的世界观。与此同时，意识形态通过其自身的实践功能，促进社会生活的变化，生产出新的社会现实。因此，意识形态是一种各方面（包括自身）相互作用的有机统一体。

简言之，意识形态的生产与再生产性体现在三方面：一是利用社会物质资料化为自己的有机组合部分，让自身不断地发展起来；二是与此同时，意识形态不断地转化为一种最高意义上的世界观、常识信条和行

---

① ［意］葛兰西：《狱中札记》，曹雷雨等译，中国社会科学出版社2000年版，第38页。
② Walter L. Adamson, *Hegemony and Revolution: A Study of Antonio Gramsci's Political and Cultural Theory*, Berkeley: University of California Press, 1980, p. 176.

为规范，实现不同集团之间的统一联合，组成更大的有机体，影响着社会现实，创造新的客观事实；三是意识形态自身能从常识跨越到新常识，实现自我的不断更新，同时改造社会现实，并于其中推动自我的持续创造，实现生产和再生产的有机统一。所以，任何意识形态都在生产着某种政治秩序与社会现实，创造着新文化新文明，实现自身的再生产，某种程度上它代表了一种历史的进步。在此，葛兰西建立了一种"历史有机的生产论"的意识形态观，它拒绝将任何东西固化成某种纯粹性的本质存在，而是强调差异的同一、同一的差异，防止被抽象、僵化的理解，预设成某种先在的东西，认定一切都是在历史运动中形成统一的。葛兰西抛弃了康德纯粹哲学的思想，但接受其有机哲学论的影响，这种有机性就体现在不同事物或差异性因素之间的复杂关系上，在历史关系中实现高度的一致，并在效果上最终实现事物自身的生产与再生产的结合，其实践哲学既承继又区别于传统马克思主义，在马克思主义的理论发展中产生了深远的影响。

二 后马克思主义对文化霸权理论的变异性回应

后马克思主义是当今世界的思想潮流之一，是西方左派知识分子对现在资本主义社会出现的各种新现象的思考和剖析，他们继承并发展了马克思主义。拉克劳、墨菲是其中的代表性人物，在20世纪80年代中期，他们出版著作《文化霸权与社会主义的战略》，重新思考并批判了马克思主义，将葛兰西的文化霸权理论与后现代思潮结合起来，追求某种激进的、自由的和多元民主，试图重构社会主义观念，引发了广泛而持久的争议，该书亦成为后马克思主义的代表性作品。

作为政治理论家的拉克劳、墨菲明确提出，政治分析的核心范畴就是文化霸权，并建立了文化霸权的系谱学，针对新马克思主义者提出的回到阶级斗争的观点，他们坚持回到文化霸权的争夺中去的主张，这使得两位政治家看上去是葛兰西文化霸权理论的忠实拥趸，但实际上其理论观点是后现代文化影响下的产物。总之，后马克思主义纠缠着马克思主义、葛兰西文化霸权理论和后现代主义的话语理论，本节内容希望通过这三者之间关系的剖析来思考文化霸权理论在后马克思主义中的变异情况，以便探索全球化背景下的各种文化的定位和走向。

（一）文化霸权的阶级论变异

虽然说阶级论是马克思主义体系的重要组成部分，但该如何理解阶级，至今依然是个难题，其内涵与外延依旧模糊不清，以至于群言淆乱，甚至干脆就将其作为常识而不再予以解释，仿佛它的问题早已得到解决似的。毫无疑问，阶级含义的无法确定，对于学者而言，会影响到马克思主义的真正理解；对革命者而言，这将可能遇上巨大的灾难，因为马克思主义强调革命依托于无产阶级，如果连无产阶级指的是哪些人，有何特征都没有弄清楚，那革命的成功又从何谈起。当然，更多的情况在于马克思主义的追随者都有自己对阶级的理解，且这种理解又与追随者的政治哲学、所希望达到的政治目标和社会价值密切相关，所有这些都使阶级论变得复杂起来。让我们暂时不管阶级论的发展史，首先从事物的根源来探讨，正本清源才是理解阶级论的最佳路径，所以对马克思主义的阶级论要做一番回顾。

在马克思主义的唯物史观看来，历史上任何社会组织或集团的存在最终都是由经济基础或物质方面的原因决定的，同样马克思主义也是从这一角度来划分和理解阶级的，即阶级是由物质基础决定的，根据阶级的内涵，其外延就可以分为两种主要的阶级类型，一种是没有物质基础或少量财产的无产阶级；另一种便是拥有物质生产资料的资产阶级，拥有了物质生产资料，亦就拥有精神生产资料，即成为统治阶级，而无产阶级因其资料匮乏自然成为被统治阶级。这是从根本或原则上说的，但在实际运用中却要复杂得多。因此，马克思主义的阶级论并非一种固定的、现成的实体存在，在实际的分析中，马克思主义又增加了不少因素，以期能准确地定义阶级，确定无产阶级概念的外延，为革命的成功打下最坚实的基础。

在马克思主义所处的时代，经济方面主要体现在制造生产工业以及货币流通等金融行业，因此在阶级的划分上，马克思主义必须考虑到工业生产和金钱关系。也就是说，无产阶级首先指的是制造或生产业中的雇佣劳动者，这些人不占有生产资料，靠出卖自己的劳动力来维持生活，他们受尽了剥削和压迫，马克思主义通过剩余价值的分析揭露出工厂主对工人的全面榨取，无产阶级地位低下，生活穷困，与资产阶级形成鲜明的对比，两个阶级也就成为对立的阶级。根据拥有财产的状况，无产阶级显然还要排除小资产阶级、地主和有钱的商人等。说到底，无产阶级主要指的就是工人、农民和奴隶，也许还包括那些受到剥削和压迫的技术人员、政府部门低级别工作人员、乡村教师和身无分文的学生等。总的来看，判定是否为无产阶级，主要标志有四，一是不占有生产资料；二是靠出卖劳动力生活；三是财产收入较少或完全没有；四是受剥削和压迫，虽然可能具备其中一两项可被划分为无产阶级，但多数情况下，这四项往往是连在一起的。

　　随着无产阶级革命和工人运动的风起云涌，资产阶级一方面使用武力疯狂镇压以维护自身的统治；另一方面在不触及其根本利益的前提下，想方设法提高工人的待遇，随着资本主义社会的发展，福利国家的出现，工人的薪资待遇逐渐提升，如果再要从拥有少量或没有财产作为标准来划分无产阶级，可能存在问题；另外，随着工人权利意识的逐渐觉醒，受剥削和压迫的性质也在悄然发生改变，契约精神已覆盖整个社会，从剩余价值和剥削的角度来看待阶级的划分，亦出现不少问题；再加上股份制的推行，工人也开始占有生产资料，等等。这些资本主义社会出现的新情况，让不少马克思主义的追随者不再接受上述阶级论观点，并认为这是马克思主义僵化的经济决定论的反映，当然可以将无产阶级的范围扩大，采用一种较为广泛的定义，指现代产业中的工人，但这些不再具有四种标志的工人或无产阶级也很难说是革命的领导者或当事人。

　　葛兰西率先打破马克思主义的阶级论，其原因主要还不是上述四种划分标志因时代发展而出现的各种问题，而是在欧洲和俄罗斯无产阶级革命的成败得失对比中发现问题的所在，欧洲革命的失败让其明白，革命是否爆发与成功，与经济基础的关联不大，或者并非是由物质原因所能唯一解释的，经济决定论的抛弃，也就为阶级论的打破奠定了基础。葛兰西看到，由经济基础决定的阶级也可能是一盘散沙，特别是欧洲国家经过资产阶级文化的整合，在市民社会中占据了文化领导权，让革命难以成功，也就是说阶级或集团群体的形成并非由经济基础就能简单决定的，很多时候是由文化所形成的世界观或意识形态的同一性所起作用的，即资产阶级多年努力建构起来的结果。葛兰西由文化的建构领悟到，阶级也需要精心建构，它并非现成的、物质基础决定的实体存在，而且即便是精心建构起来的阶级，也会随着社会环境的变化等各种原因而发生分离，并需要重新建构，这是葛兰西的贡献所在。

葛兰西打破经济基础决定论而导致阶级需要精心建构，除了阶级建构的观点外，他还有一大贡献是将马克思主义先有阶级再来革命的论调彻底地颠倒过来，主张阶级或革命集团的建构形成，是以革命为标志的。也就是说，所有人员只有以变革或革命为目标，才能建构形成阶级或集团。因此，葛兰西不在乎是否占有生产资料来划分阶级，而是认为即便没有占有生产资料，只要有变革的目标，工人在工厂里掌握生产和流通等领域，就能将工厂主或者占有生产资料的人架空起来，使其服从于工人自己，从而形成以工人为主的工厂委员会，并进而取得与其他工厂的联盟，组成更为庞大的经济组织，强化智识和道德上的领导权，就能获取革命的最后成功。

葛兰西抛弃阶级本质主义不仅在于主张以变革为标志的阶级建构论，而且认为革命的主要力量不能仅靠马克思主义所言的阶级，而是应该让其他集团也参与进来，只要以革命或变革为目标，就可以商谈协议，最终形成"历史集团"，比如说以民族自决诉求而组织起来的群体及其运动，就是革命的一支重要力量而应该加入历史集团。也就是说，葛兰西用历史集团取代阶级作为革命的力量所在，将民族主义集团及其运动作为革命的力量之一，因为他很清楚欧洲革命的艰难所在，它有着统一的文化领导权，人民—民族是解开分化领导权的重要因素，葛兰西在文学评论中特别强调人民—民族的东西作为文学创作的标准，其意义的关键在此。

拉克劳和墨菲继承了葛兰西的理论原则，并将其原则运用得更为广泛。他们用"人民—权力集团"来代替葛兰西的"历史集团"，既然葛兰西强调民族主义作为革命的力量之一,那么何不走得更远一些呢?种族主义、女性主义、同性恋主义、反核主义和生态主义等都可以成为政治和社会变革的力量,这是一种后现代文化的折射。"人民—权力集团"与"历史集团"的区别主要并不在于葛兰西因其时代局限而无法意识到的后现代文化的变革力量,实际上如果当时有各种后现代的文化力量,葛兰西也会让其加入历史集团,作为统一的力量而作为革命的当事人。

两者真正的区别人民—权力集团没有历史集团的高度统一性,也就是说取得文化领导权,作为同一的力量去对抗统治阶级,获得革命的最终胜利。总之,葛兰西尽管对马克思主义的阶级论和经济基础论给予了某种程度上的打破,但在最终的目标上,他还是个马克思主义者:推翻资产阶级统治,建立无产阶级当政的社会主义国家,葛兰西与马克思主义的区别只在于革命所采取的手段不同而已,当然工具的不同取决于本体的差异,照中国哲学术语来说,就是"体"决定"用",才是"体用合一",其"体"之差别在于唯物主义和融合物质与精神的实践一元论。从这点上来说,拉克劳和墨菲没有葛兰西的目标,其目标只在于自由主义与激进民主,他们推崇各种文化组织及其运动,目的在于对现存社会和政治秩序的对抗,获得其自由与民主的权力。因此,人民—权力集团应该从松散的角度予以理解,它们各自都有着自己的对抗目标和斗争策略,而没有形成统一的整体,在拉克劳和墨菲看来,同一的社会整体是不可能的,"左派的任务因此不能够是跟自由—民主的意识形态断绝关系,而是相反的,要在激进的和多元的民主方向上深化它和扩充它"[①],必须让自由和民主之花开遍世界的每个角落,毫无疑问,这源自于后现代的解构思潮,强调社会差异的存在及其力量展示。

(二)文化霸权的主体论变异

尽管葛兰西强调文化领导权的获得是需要随着社会历史的变化而变化的,文化领导权是文化意志的暂时统一,否则革命很难发生,更不用

---

① [英]拉克劳、墨菲:《文化霸权与社会主义的战略》,陈璋津译,台湾远流出版公司1994年版,第234页。

说成功了，如果历史集团内部的精神思想都无法统一，那只会相互掣肘，历史集团也会面临崩溃的危险。当然葛兰西强调历史集团的形成是以变革或革命为目标的，有共同的目标使不同身份的群体结合在一起，但仅有革命目标是很难形成统一的，毕竟对革命的理解以及革命所应采取的方法策略等如果存在很大的分歧，同样会使历史集团解体，因此葛兰西强调，在革命目标的原则下，是需要历史集团内部的各组成部分相互之间讨论、协商甚至妥协来达成统一，使历史集团上升到新的境界，这样历史集团才能担当革命的当事人。而拉克劳和墨菲则认为社会很难同一，他们否认了葛兰西的文化领导权的同一性，社会需要保持其多元性，但每个元素集团都有自己的目标和方式去存在与发展，应该去争取自己的自由和民主的权利，他们并非如葛兰西那样，要发动无产阶级革命，实现人民当家做主的政体，尽管葛兰西强调革命的当事人不应该仅局限于无产阶级组织，而应该扩展到其他不同性质和身份的集团，但实现统一化的崭新世界的目标是葛兰西等无产阶级革命家所努力追寻的，等革命成功后，要继续保持文化领导权，必须随社会环境的改变而使用相应的策略和目标，也就是说，文化领导权的建构必须坚持下去，否则便会被其他文化价值观念所取代而失去其领导地位。

　　在此，有必要追溯葛兰西所使用的文化领导权的原义。"Hegemony"源自于古希腊语，其意是联合体。它具有四层意思，首先，联合体是由不同身份、不同性质的国家或城邦或地区所组成，它们没有任何先在的共同的普遍的标准；其次，由这些不同国家、城邦或地区所组成的联合体中，有一两个成为联合体的领导者，但在原则上地位并不高于也不能干涉其他联合者，这些联合者使用双轨制的结构体系，一方面是自身的事务，另一方面则是联合体的事务；再次，联合体是因为某个暂时的共同目标才组合起来，原则上各联合者可以自己根据情况选择加入或退出，就是说联合体的成员可以自由出入；最后，如果联合体要采取行动，或者需要解决问题，都必须经过各联合者共同协商解决，就是说要赢得绝大多数或者全部联合者的同意才行。由此看出，葛兰西基本上将此意义运用于文化权力的争夺上，提出了文化领导权的观念，并以此作为促发革命运动与获得革命胜利的最为关键的任务。

在葛兰西的文化或意识形态观念上，存在着一种历史有机统一论的观点，一方面葛兰西将历史理解为人类实践活动，其中包括物质和精神实践，并以后者去统摄前者；另一方面认为人类要取得活动的成功，必须将各种不同群体或个人的意志精神统一起来才有可能，因为不同群体或个人的差异存在，葛兰西主张一种较为民主的方式，通过谈判协商，甚至妥协等方式来达成统一，使这些群体或个人成为历史集团的有机组成部分。在取得文化领导权后，亦必须随着时代社会的变化而采取相应的应变策略，否则文化领导权迟早会失去。换言之，获取文化领导权是随着社会历史变化而在不断的矛盾斗争、协商谈判与妥协同意等方式的基础上进行的，并非有任何先在的观念可以统一起来，或者采取一种压制慑服方式来达到的，即便是达成统一后，也不能使之僵化，以为可以一劳永逸地解决所有问题，而是随着维持文化领导权的需要而不断调整，抛弃旧有的统一模式，而获得一种新的统一。

由于葛兰西对价值观念和精神信仰等文化统一的重视，甚至可能走向唯意志论的道路，在此康德的启蒙哲学仍然发挥巨大的影响，文化领导权的落脚点还是在最为根本的主体性上。根据葛兰西的观点，个体必须打破旧有的被动接受的习俗思维、价值观念等"常识"，要积极发挥自己的主动性，参与到广阔的社会实践活动中去批判并改造自己，懂得自己的权利与义务，认识自己的历史价值和生活作用，达到一种更为理性自觉的境界，发展出"健全的见识"，同时在社会实践中与他人一起，深入地认识自己和他人，实现人与人之间的统一体，使各自为政的个体之间能够形成的统一化的"集体人"，发挥集体的作用，充当革命活动的当事人。葛兰西改造了马克思主义的唯物论，强化文化精神与意志力量的作用，用实践论来统一不断固化的主客二元对立，由对经济活动或物质基础的决定论转向强调知识和道德作用的文化霸权论，注重知识分子在社会实践中的巨大作用，为马克思主义的发展开辟了西方模式的道路。

在主体理论上，拉克劳和墨菲受社会关系或话语结构的影响，主张一种位置性，即主体位置，他们谈论的是位置而不是主体。在后现代社会中，随着社会关系的复杂化，人的多元身份凸显出来，人在社会中扮演着各种不同的角色，这些不同角色扮演让固定的主体性分崩离析，人们不可能将某人固定在某种位置上。按照马克思主义的理解，人是社会动物，而拉克劳和墨菲却将其改为人是社会关系的产物。人是社会动物，强调的是人的社会实践性，人有与动物相区别的本质特征，这是一种"大写"之人；马克思主义又将人的本质固定在物质实践关系上，从经济基础出发来划分各种主体化的群体；人是社会关系的产物，关注的是人由社会结构体系决定的，社会关系多元化，不仅仅是生产关系或物质实践关系，还有民族、性别、种族、区域和职业等方面的关系，这些关系决定了人的位置性，人只是在社会结构关系中的某个地点而已，即社会关系的交叉点，人的主体性被抹去。

人成为社会结构网络中的某个位置，而且位置不停地变动，呈现非固定性和多元性的一面，拉克劳和墨菲的主体性观点，切合当今全球化时代所出现的身份问题，身份的多元化和无固定性，使得人们陷入一种文化身份的焦虑之中，而他们则力主这种多元文化身份或跨语际、跨文化、跨民族或跨地区的矛盾和冲突之缝隙中的身份，为其存在与发展奠定其足以支撑的理论基础。拉克劳和墨菲用差异来对抗同一，用多元来对抗固定，表现其激进民主的精神。马克思主义强调革命的主体是无产阶级，而阶级是由物质生产关系决定的，无产阶级有着某种固定性，或者主体立场性，即便葛兰西有意打破无产阶级的固定性，使用历史集团来代替它，并认为历史集团的最终统一化是需要各方相互谈判、协商甚至做出必要的让步而促成的，尽管其统一化并非持久不变的，但统一化还是试图消除差异，或者有意去遮蔽差异的存在，存有两个方面的本质主义思想，"（1）他坚持，执行文化霸权的主体一定要在基本的阶级这一层面来组织；（2）他主张，除了由有机的危机构成的间歇期外，每一种社会形态都是围绕着一个单独执行文化霸权的中心来构成的"①。在此，

---

① ［英］拉克劳、墨菲：《文化霸权与社会主义的战略》，陈墇津译，台湾远流出版公司1994年版，第184页。

拉克劳和墨菲在主体性与阶级问题上都持一致的观点,他们和葛兰西一样,都反对任何先在论的观点,比如,将无产阶级作为革命的预先给定的、具有特殊作用的当事人,但是他们也反对在历史的发展过程中促成统一性的做法,即形成论的观点,"对葛兰西来说文化霸权的领导基本上是包括生产一种社会其他从属的和结盟的阶级与团体都接受的世界观、哲学和道德看法"①,各种不同性质和身份的集团或群体经过文化统一化进程所形成的历史集团,如果说葛兰西的观点带有建构性的特色,那么拉克劳和墨菲则更倾向于解构性的特色,主体成为不断滑动的能指,不仅没有固定的所指以形成一一对应关系,甚至也非单一固定的能指,而是更接近于德里达意义上的撒播所形成的多元性关系。最终,我们必须探讨拉克劳和墨菲的语言哲学,即话语理论,才能找到其哲学基础,他们将马克思主义的唯物主义、葛兰西的实践哲学转变为一种话语实践的哲学理论。

(三) 文化霸权的实践论变异

自康德哲学以来,主体性成为哲学研究的主要范畴,马克思主义试图打破唯心主义,但依然侧重人的本位性,尤其是早年体现出人本主义美学思想。葛兰西重新思考欧洲革命所出现的问题,将文化领导权作为革命的首要任务,甚至是最终目标。康德的主体性哲学在葛兰西的文化霸权理论中得到了进一步的阐扬。拉克劳和墨菲要将葛兰西的文化领导权与话语理论结合起来,走向一种激进民主政治,其中的转折关键就在于索绪尔所创造的语言学理论。索绪尔将语言看成一种符号,由能指和所指构成一一对应关系,这是一个封闭的整体。而符号的意义或价值是由在符号体系中的位置所决定的。尽管索绪尔所构建的语言符号体系,为结构主义开辟了道路,但仍然在所指即概念的来源上残留着心理学的因素,没能彻底摆脱主体性范畴的影响,作为过渡性的理论往往存在着矛盾和混合。随着结构主义和解构主义的兴起,主体性范畴渐渐被驱逐出去,在拉克劳和墨菲看来,索绪尔的语言学理论存在着两大问题,第

---

① [英]波寇克:《文化霸权》,田心喻译,台湾远流出版公司1991年版,第60页。

一是对应性问题，能指和所指的对应使语言符号的多样性和差异性受到限制；第二是主体性问题，索绪尔认为话语由一系列语言符号构成，但依然受制于主体的心理想法。结构主义侧重解决第一个问题，它将心理学因素彻底排除，因符号的所指难以确定而不再考虑其纵深性的问题，而是能指构成结构体系而自给自足和自我调节，只需满足于横向关系。解构主义打破了结构主义符号能指的封闭体系，走向能指不断的滑动，溢出结构体系之外。总之，能指和所指统统都无法确定，从而赋予它们多元性和丰富性，一切都变得模糊、差异与难以确定，因此主体性范畴、事物的固定意义和本质主义等都被消解了。

　　拉克劳和墨菲接过后现代主义的旗帜，将由索绪尔发端出来，经由结构主义和解构主义的进一步阐扬的符号理论，结合葛兰西的文化领导权思想，创造了自己的话语理论，并在此基础上重构了领导权理论。"我们想把在组成成分内部建立一种关系的任何实践称之为接合，因此组成成分的一致因为这种接合的实践就被修改过了。从接合的实践产生的那个被建构起来的总体，我们将称之为言说。在不同的立场看起来是在一种言说中被接合起来的这个范围内，我们会把这些不同的立场称之为环节。相反的，我们会把不是经过言说接合起来的任何差异称之为组成成分。"① 台版所译的"言说"即大陆所译的"话语"。② 话语是不同的组成成分之间通过接合而建构起来的，各种组成成分接合成话语后就成为环节。按照拉克劳和墨菲的观点，领导权被认为一种接合实践，在于组成成分具体化为环节的地方，如果用索绪尔的语言学术语来说，接合就是对不同滑动漂浮的能指的接合。只要某种特定的能指掌控话语场域，将其他能指接合起来，这就是领导权。换言之，这种能指占据了中心位置，领导权的实质就是位置的占据，但这种占据并非永恒不变，而是经常变动与互相替换。在此，话语可以就理解为"空"的位置，或者说是一种场域，尽管能指可以不停地溢出位置界限，领导权不断地变化与更替，

---

　　① ［英］拉克劳、墨菲：《文化霸权与社会主义的战略》，陈璋津译，台湾远流出版公司1994年版，第142页。
　　② 因台湾和大陆的术语翻译问题，本书尽量使用大陆的译法，"莫菲"也一律改用"墨菲"。

但是始终没有离开话语场域。在这种意义上说，拉克劳和墨菲主张一种话语本体论。

由于话语被理解为一种位置性的场域，领导权就是占据中心位置，接合其他能指，而成为节点。如果某种特定的能指一直占据着节点位置，也就无所谓的接合实践，也就没有领导权的争夺，因为其接合已经完成，被固定化了。换言之，只有当能指还没有占据节点时，也就是处于失位的状态下，领导权的接合实践才会出现，因为有了足够的位置让它们去争夺。既然有领导权的接合，那么除了有空间场域外，还必须有对手，否则也就无所谓争夺接合了。拉克劳和墨菲区别了与此相关的三个范畴：对立、矛盾和对抗。对立是现实的，但双方不一定存在对抗；矛盾是逻辑上的，有着与自身否定的一方；前两者都不是领导权接合的条件，因为它们尽管存在差异性和对立面，但并没有发生对抗，也就是说，它们可以相安无事。而对抗则不同，双方必须发生纠纷，一方会威胁或影响另一方的存在与发展，或者破坏其完整性，总之，必须是对抗，这种对抗也许是现实的，也许是逻辑上，才是领导权接合的条件。

那么怎样从对立、矛盾发展到对抗呢？其中的关键在于话语形式。话语被理解为位置性的场域，但其毕竟是语言符号的结构体系。也就是说，理解拉克劳和墨菲的话语理论，必须从位置性、语言性和结构性的角度去把握。话语本体论既是一种场域本性论，也是一种语言本体论，还是一种结构本体论，场域、结构与语言本来是一体的。因此，从现实的对立到逻辑的矛盾，要发展成对抗，就需要话语形态。比如"农民""奴隶""女性""工人"等词汇，无论是表现现实的真实，还是逻辑上的概念，其自身并不表明它们的对抗性，只有将它们放置到话语场域内，才能发生对抗，进而才有领导权的接合实践。拉克劳和墨菲的意思是将它们放置在"天赋人权""自由民主"等话语场域内，这些词汇才表明其对抗性，即农民与地主、奴隶与奴隶主、女性与男性以及工人与资本家之间的斗争关系。没有话语场域的外在性，这些从属关系不会变成压制关系，进而发展到对抗关系。由此可见，拉克劳和墨菲的话语决定论，既决定了逻辑上的关系，也决定了现实上的关系。

拉克劳和墨菲的话语决定论强调事物是被话语所建构起来的，但这并不是说，话语完全等同于事物，如同马克思主义的经济决定论并不否定上层建筑的存在，但这毕竟存在着一定的矛盾之处，既然事物和话语是不同的存在，显然两者的独立性确保了它们之间的决定关系也只是其中一种关系，可能还存在其他关系，最重要的是，既然事物有其独立性，那么事物的存在有其自身的因素，而非完全由某个外在的他物所能决定和建构的。也就是说，对拉克劳和墨菲的批评者来说，事物既有话语建构的，也有非话语建构的。这使人联想到福柯的话语理论，他认为关于事物的知识既是话语实践的结果，也由非话语实践的条件构成，而非话语实践主要指的是社会历史状况，如经济条件、政治关系和体制结构等，因此，早期的福柯关注话语的决定作用，而晚期的福柯则越来越倾向于权力等非话语实践的分析。当然，这并非用福柯的话语理论去批判拉克劳和墨菲话语理论的极端性，而是在比较两者的差异中发现他们的用意。对拉克劳和墨菲而言，话语理论与接合实践是联系在一起的，它们之间的关系非常复杂。

组成成分是如何接合起来的，为什么是这些组成成分，而非另外的组成成分参与接合实践的，这决定于作为结构场域的话语，也就是说，话语决定了接合实践；同时，话语作为接合实践产生出来的建构总体，显然又是接合实践的产物。接合实践和话语理论成为一体的两面。比如说，从属关系的对立或矛盾双方，变成压制关系，甚至发展到对抗关系，这些接合实践所产生的关联，是由外在的话语决定的；而这套话语之所以存在，也是由于接合实践的结果。拉克劳和墨菲在接合的定义后，加入一句重要的话，"组成成分的一致因为这种接合的实践就被修改过了"，它表明接合实践之产生源自于能指的一致性，或者说组成成分的同一性，但只要组成成分参与接合实践，其同一性就会被修改，反而有了差异，那么作为接合实践的产物，话语作为统一的结构化体系又从何说起呢？在此，拉克劳和墨菲的意图呈现出来了。他们并不想放弃社会实践的考虑而只管语言哲学，这会导致一种语言决定论，任何决定论都不是他们想要的，因为在他们看来，决定论与本质主义只是一墙之隔，他们将两者接合实践与话语理论结合起来，我们可以称为话语实践。在话语实践中，拉克劳和墨菲充分体现出后现代的理路，即同一性中有差异性，差异性有同一性，非常类似于德里达的"延异""播撒"等所呈现出来的解构主义思想。在他们看来，社会完全的同一是不可能的，因为其内部就包含差异，而全然的差异也是不可能的，因为其内部就有同一。话语也好，接合亦罢，都是你中有我、我中有你的关系。只有理解其话语实践的含义，才能真正知晓其激进民主的趋向，所谓的激进在此有何特殊之义。

拉克劳和墨菲坚决反对任何形式的本质主义，无论是马克思主义上的先在本质主义，还是葛兰西意义上的形成本质主义，社会主义革命在他们看来，并不是由经济基础决定的，由无产阶级作为当事人而产生的，也不是由逐渐统一化的历史集团取得文化领导权地位所产生的，而是在民主、自由等话语实践中产生的，它也不过是激进民主设想许多组成成分当中的一种，社会主义革命并非具有独立的意义和价值。也许在拉克劳和墨菲看来，任何社会本身就是多元的、民主的与自由的，因为能指是不停滑动的；没有主体性，只有位置的不断变化；没有同一化的事物，只存在着包含他者的自身；没有统一的结构，只有不断突破自身的结构；一切坚固的东西都烟消云散了，只留下痕迹与撒播，不断的延异而已，这就是世界的本来面貌，我们只有按照社会世界的本来样子而生存发展，任何有违于此的做法都应该受到批判，社会主义、女性主义、同性恋运动、和平运动和生态主义等崛起，都是试图按其本来面目所做出的努力，因为它们受到了统一化的压制和迫害，一切都应该是民主的、自由的，这就是激进的关键意义所在。

第二节 东方主义与马克思主义的变异关系

一 萨义德对马克思东方化的文化表述的批判

马克思认为，社会主义社会的到来与实现必须在资本主义社会充分发展的基础上，并以此来观照处于贫穷、落后的，包括中国、印度等在内的第三世界国家，这些国家还没有充分发展资本主义，甚至连资本主义社会都未能进入。马克思主义时代具有历史理性的特色，一方面确保原本属于历史阐释的异文化表述表现出肯定性与真实性的自信，文化表述是关于科学、正确、系统性与历史必然性的知识；另一方面保证社会历史的发展具有一定方向的进步性，而停滞不前甚至衰落倒退也只是暂时的现象。当马克思将东西方关系的社会历史纳入历史理性的考量下，便出现各种不同的甚至带有矛盾的表述，成为马克思主义与后殖民主义的分歧所在，引发关于异文化的现代性表述的深层论争。

（一）历史理性的东方表述

当马克思在《共产党宣言》（1848）、《中国的和欧洲的革命》（1853）、《不列颠在印度的统治》（1853）、《不列颠在印度统治的未来结果》（1853）等文章阐述帝国主义的强大力量时，是建立在对经济发展之必然规律的冷静分析上，表述了一种物质、精神两者都一体化时代的到来。《共产党宣言》中明确表述道："资产阶级既然榨取世界的市场，这就使一切国家的生产和消费都成为世界性的了……过去那种地方的和民族的自给自足和闭关自守状态已经消逝，现在代之而起的已经是各民族各方面互相往来和各方面互相依赖了。"① 然而共产主义预言没有全面实现，《共产党宣言》中的世界市场无疑是以资本主义市场规律为主导，世界各地都被纳入资本主义市场的运作之中。

对经济发展之必然规律的信服使得马克思对英国输入中国鸦片的殖民掠夺行为有肯定性的表述："历史好像是首先麻醉这个国家的人民，然后才能把他们从世代相传的愚昧状态中唤醒似的。"② 唤醒后，中国可能建成一个什么样的国家社会呢？马克思的答案是："中华人民共和国——自由、平等、博爱。"无论马克思的答案正确与否，但其眼光依然是欧洲政治启蒙思想的体现。马克思对中国的想象在一个特定的形象上得到最为典型的体现。他认为，中国的万里长城是"最反动最保守的堡垒的大门"③。中

---

① 《马克思恩格斯全集》（第4卷），人民出版社1958年版，第469页。
② 《马克思恩格斯论中国》，人民出版社1997年版，第2页。
③ 同上书，第139—140页。

国是个"最保守""愚昧落后"的国家,用"铜墙铁壁"的长城将自己围起来;人们整天睡大觉晒太阳,高枕无忧,"不顾时势""安于现状",是个"陈腐世界""半野蛮人"世界,社会发展缓慢,自然式的成长,甚至停滞不前。马克思在《鸦片贸易史》中借用黑格尔的说法,称中国是"悖逆时间像植物一般懒洋洋地成长的社会"。德里克在《马克思主义与中国历史》中还说道:"在《共产党宣言》里,中国社会,或更明确地说是中国的万里长城,被当作一个喻例,以此来说明资本主义的力量:在每个地区每个领域,资本主义摧毁了各个社会的中国长城式的屏障,强有力地将它们纳入自己的运行轨道。"① 万里长城的形象被用来体现资本市场的强大力量。

马克思对殖民主义批判的贡献在于继承当时人道主义的道德批判和自由主义的经济批判基础上,② 对东方社会做历史理性的分析,其周全性并不只是对中国社会贫穷落后与遭受侵略殖民的同情与人道批判,更重要的是从经济发展角度对其野蛮、保守与陈腐的揭示与批判,它落后于历史时代的进步要求而需要外力的刺激才能改变自己寻求发展,历史理性只有权衡各种利益才能加以科学的判断与预测,人道的同情与批判被纳入经济理性的范畴。因此,马克思既批判帝国主义的殖民危害,同时又觉得帝国行径刺激了落后国家自我的更新与改造,资本主义是时代发展的必然要求,如果东方社会不改变传统,那必将被历史所抛弃。资本主义文化是普世主义,尽管最终会被社会主义所取代。但历史社会的复杂性在于:东方国家用马克思线性进化论的生产方式看,还没有进入资本主义社会,那又如何使全世界的无产阶级联合起来,欧洲与东方共同实现共产主义社会呢?

毫无疑问,马克思的社会解放理论立足于欧洲发达国家的生产方式,革命的动力在由生产资料所导致的人类阶级的不平等上,而不是民族、种族或东西方关系上。马克思相信鸦片事件可能成为中国旧有制度解体

---

① [美]德里克:《后革命氛围》,王宁等译,中国社会科学出版社1999年版,第304页。
② 赵稀方:《后殖民理论》,北京大学出版社2009年版,第1—12页。

的催化剂,创造革命的可能性,建立新社会。《中国的和欧洲的革命》写道:"这种外国工业品的输入,对中国工业也发生了过去对小亚细亚、波斯和印度的工业所发生的那种影响。中国的纺织业在外国的这种竞争之下受到了很大的痛苦,结果就使社会生活受到了相当的破坏。"国外经济力量的侵入,经济团体与社会生活均遭到破坏,但却是必要的。历史理性预测道:"与外界完全隔绝曾是保存旧中国的首要条件,而当这种隔绝状态在英国的努力之下被暴力所打破的时候,接踵而来的必然是解体的过程,正如小心保存在密闭棺木里的木乃伊一接触新鲜空气便必然要解体一样。"马克思分析的最终指向却是西方殖民主义因迫使东方古老社会解体而受到报复、引起自身的危机,进而发生欧洲革命:"当英国引起了中国革命的时候,便发生了一个问题,即这个革命会对英国并且通过英国对欧洲发生什么影响";"中国革命将把火星抛到现代工业体系的即将爆炸的地雷上,使酝酿已久的普遍危机爆发,这个普遍危机一旦扩展到国外,直接随之而来的将是欧洲大陆的政治革命"①。马克思没有给东方社会以革命的具体做法,却引向欧洲革命的发生,各个国家革命之间的相互影响并没有让其放弃历史理性的道路,社会主义革命得益于资本主义的巨大发展,生产资料的私有和阶级分化的严重,而封建式的落后国家显然无法跨越资本主义而直接进入社会主义。因此,对中国发生巨大变化的想象,长城式社会障碍的打破,抵达的也不过是资本主义国家,上面写着资本主义反封建时期最为流行的口号:自由、平等、博爱。

  历史理性面对同一时空下不同社会类型的交织与错位,这使马克思的观点有一定的局限性。历史理性的线性观认为东方世界首先要进入资本主义社会,在获得巨大发展后才有发生革命的可能,实现社会主义社会。从空间的角度而言,世界各国各民族发展极为不平衡,交织着不同类型的社会,难免相互影响。当时马克思已经看到世界各国的全球性影响关系,但是还不足以颠覆其线性史观,从而对东方社会的革命做出具体的方案与科学的判断。空间性的分析方法在萨义德的著作中得到了深

---

① 《马克思恩格斯全集》(第9卷),人民出版社1958年版,第111—114页。

入的阐明,其所运用的"对位阅读"就是建立在空间性区分的基础上。任何文化与社会类型并非在温室里发展起来的,而是在与其他社会文化的交织影响中形成的,历史是互相激发、互为补充与相互重叠的,而马克思历史理性的东方表述显然具有滥觞性的方法论意义。

(二)东方话语的文化表述

对历史问题的追问源自于思想的转变,而不是某种事实或事态的陈述,分析与批评的差异开始出现。从20世纪以来,马克斯·韦伯开始历史理性的批判,福柯对知识、真理背后权力的考察,以及源自于德里达对"逻各斯中心主义"的解构思潮,一批新锐学者对"欧洲中心主义"的文化批判呈现蔓延之势,其矛头已经指向马克思主义。帝国主义不再仅仅指一种强大的、全面性的宰制力量,而是"对一个统治着边远疆土的都市中心的实践、理论与态度",简单地说,"帝国主义就是建立与维持一个帝国的过程或策略"①,为此形成一整套宏大叙事的帝国话语,成为西方政治机构、公共政策、思维模式、经验感受与文本言说的内在结构。西方学者对东方世界的文化表述,无论出于什么目的,都意味着对其历史的改写与重铸,而不是科学、真实地再现。在欧洲中心主义的立场下,标举科学实证与追求真理的东方学,在与帝国主义意识形态的合谋中,抹杀东方真实的历史存在,"东方学视为西方用以控制、重建和君临东方的一种方式"②,其存在与否都无关紧要,重要的是西方有权表述东方,按照自己的要求任意塑造非历史化、非真实化的东方形象,建构一种充满霸权色彩的东方学话语。例如,在分析东方人的心智特征时,只需部分精力探讨,其着力说明的实质是东方人与西方人思维有"天壤之别",存在"本质差异",建构出西方优越的言说体系。③

萨义德将马克思历史理性的东方表述全面地纳入东方主义的体系框架,"经济分析与标准的东方学行为完全相吻合。尽管从马克思的分析中

---

① [美]赛义德:《赛义德自选集》,谢少波等译,中国社会科学出版社1999年版,第189页。
② [美]萨义德:《东方学》,王宇根译,生活·读书·新知三联书店1999年版,第4页。
③ [美]萨义德:《认知的策略》,卫景宜译,《国外文学》1999年第4期。

显然可以看到他的博爱，他对人类不幸的同情"，但亚洲的觉醒、再生与美好的将来，都落在帝国宽阔的肩膀上，占据上风的依然是"浪漫主义的东方学视野"①。马克思对亚洲贫穷落后、充满灾难的同情一旦遇到东方话语的压制力时，便迅速用总体形式或概括方式予以放弃，"一般意义上的东方比现实存在的人类实体更容易用来证明他的理论。"② 它阻断并驱除马克思的怜悯，迫使其匆匆回到东方化的东方。毫无疑问，马克思的著作确实有着对东方世界的细节描绘，只是它源自于资料收集的印象及其在此基础上的幻想。欧洲报纸所宣传的东方经验现实"打上了欧洲强力的印记：居处在东方就是过着一种享有特权的生活，不是作为普通公民，而是作为欧洲的代理人，他们的帝国（法国或英国）将东方控制在其军事、经济，最重要的是，文化的强力之中"，且暗暗融进了以赫南和萨西为代表的充满东方想象的、书卷气十足的传统话语中。马克思无法挑战它的权威而另辟蹊径，其对东方现实经验的细节描写，还成为日后东方学家所谓的"深入地科学观察与描述的源泉与基础"③。所有的东方学家都互相承袭与征引，共同服务于东方学话语，无从逃脱其内在的权力逻辑。

存在两种有关批评文本的观点：一种认为任何文本都是文本内部的世界，是语言自行运作的世界，即语言哲学的世界；另一种观点则说，任何批评文本都是批评家与对象文本当前化统一到来时独有的世界。第二种观点显然要考虑人在世界中的存在，既包括对象文本的作者所处的历史与具体的存在时空，也需要批评家对世界的体验感受与领会理解。萨义德结合批评文本的两种观点认为，东方话语由三部分构成：东方学文本及其相关文本关系的历史流程，社会现实的权力机制、运作程序以及经验感受和集体意识的倾向等，三者相互交织，既不断固化东方话语，又为其所强制操控，实现话语自身生产与再生产的统一。具体地说，萨义德试图将所有文本都纳入西方在场与东方缺场的历史语境中，放置在

---

① ［美］萨义德：《东方学》，王宇根译，生活·读书·新知三联书店1999年版，第199页。
② 同上书，第260页。
③ 同上书，第202—203页。

帝国主义与反帝国主义的双边过程中,给予对位式的阅读,找出其中所隐藏的权力话语,"在我们读每一个文本的时候,必须把文本中作者写到的或没有写到的都展开。每一部文化作品都是某一时刻的想象,我们必须把这一想象与它后来所引起的各种想象并置起来",将文本的"叙事结构与支持这一叙事的思想、观念和经验联系起来"①。因此,马克思的东方文本被放置在支持其表述的思想、观念和经验的联合体内,追溯这种东方话语的经验意识与思想结构及其对文化建构与形象塑造的决定作用。马克思对东方世界的文化表述成为东方话语展现自身的场所,充当其实现生产与再生产的工具。

当然,批评文本还存在目的论维度,将来世界的敞开才是文本批评的目的所在。批评家需要面向未来的世界,萨义德主张真实与公平,消除权力逻辑的具有人文关怀的多元文化并存发展的世界,没有放弃人类最基本的自由、平等与真理等方面的信条,类似于马克思历史理性的目的论。两者的区别在于:马克思认为目的无法实现是由于资本主义的经济制度及其所引发的难以解决的矛盾,萨义德却看到文化与帝国、知识与权力的共谋所产生的障碍。为了维护与实现人类基本的信条,马克思与萨义德都批评帝国主义,但马克思的帝国论述却被萨义德说成一种东方化的行为;从历史理性角度所描述的落后东方及其批判性同情态度,也被说成东方话语的再次印证与加固;对东西方之间互相激发革命及其前景的预测,也被东方主义所笼罩而失去了互相交织与重叠的人类历史的真实性描述。总之,它们都因为沾染上知识的权力逻辑而早已变质,萨义德解构了历史理性。

(三)反现代性的现代性权力表述

黑格尔"主—奴关系辩证法"认为,主人总是主动、不断地审视或重新认识奴隶,在辩证的螺旋上升中,奴隶的地位逐渐提高。但主人始终处于一种"看"的位置,而奴隶则是"被看"的角色。在主人假想性的同一中,主人无处不在,奴隶只是作为他体而存在。奴隶从来没有,

---

① [美]赛义德:《赛义德自选集》,谢少波等译,中国社会科学出版社1999年版,第226页。

也不可能达到对主人真正意义上的完整认识。西方自我形象的塑造从来没有，也不可能离开作为与自己处于不平等地位的非西方。酒井直树认为："西方永远不满足于他体所认识的西方；它总是迫切地要求去接近自己的他体，以便不断地改造自我形象，它不断地在它与他者的交往中寻找自己；它永远不会满足于被认识，相反，它却宁可去认识他体；宁愿做认识的提供者而不去做认识的接受者。"① 他体是主体的对立面，只是作为话语中所假定的思维对象，而真正的他者是永远超越思维能力的。

科耶夫继承黑格尔"主—奴关系辩证法"的观点，深刻指出现代性的动力源泉是奴隶（包括性别、国家、阶级、种族与民族等）争取"承认的斗争"，即所谓"承认的政治"。现代性的正当性与存在逻辑就在于奴隶处于被统治、被压迫与被剥削的地位，他们需要通过各种手段，甚至革命手段来争取解放，成为自由平等者。尼采在《超善恶》中同样认为"现代观念"本能地相信"进步"与"未来"，其起源就是"奴隶"反对"主人"，即"低贱反对高贵的"运动。现代性刻意取消"高贵"与"低贱"的区别，"进步"与"未来"成为其所倚重的两大信念。利奥·施特劳斯将现代性看成世俗化的宗教信仰，彼岸世界已被彻底地此岸化。充满苦难与悲痛生活的人类已不再祈求死后的天堂而希望凭借自身力量建立尘世的天堂生活，"现代性的起点是对存在（the is）与应当（the ought）、实际与理想之间鸿沟的不满"②，这些观点或显或潜地都指向了马克思主义，使其成为现代性观念的典范。

20世纪以来，随着新马克思主义、女性主义、第三世界批评、性属理论和新历史主义等各种批判思潮的兴起，知识与权力的关系被揭示出来，现代性遭受到全面的批判。萨义德对作为一门学科知识的东方学进行了批判，质疑东方学知识的客观性、真理性与历史性，从而导致对整个现代人文学科的科学性、合法性的全面反思。马克思的现代性东方表述将前现代与现代进行时序性并置，忽略空间的宰制性而产生一种合

---

① 张京媛主编：《后殖民理论与文化批评》，北京大学出版社1999年版，第385页。
② 贺照田主编：《西方现代性的曲折与展开》，吉林人民出版社2002年版，第94—95页。

法化的进步论。东西方关系被设置成"野蛮/文明""落后/先进""土著/宗主"等系列的二元对立概念,以此分界线来撰写和表述世界历史,成为客观的、公正的具有真理性的知识体系,从而为西方恣意的移动、扩张、殖民与侵略提供了最好的合理性证明,很多东方国家的近现代史,就是进步论知识体系指导下的血迹斑斑的侵略历史。尽管赢得东方学家的同情与批判,但殖民行为依然被认为是有助于东方现状的改进,也没有忘记利用东方使欧洲发生革命达到自身改造的目的。

现代性观念从来就没有与世界地缘政治的格局截然分开,酒井直树说:"前现代与现代这一配对是作为一种话语性图式,依据此配对一个历史的谓语可以被翻译成一个地缘政治的谓语,反之亦然。这些谓语的归属设置了一个主语。"① 西方世界的现代性既是自身发展的过程,更是地缘政治关系的结果,不仅与自身内部的权力关系(如统治阶级与被统治阶级、资产阶级与无产阶级等)有关,而且与异己的他者密切相关(如对异己的权力表述、宰制行为以及轰轰烈烈的帝国行径等)。在某种程度上说,现代性就是一种东方话语,乃"地地道道的浪漫主义东方学观念",而非西方不假外力、自身发展起来的结果,这也是尼采和施特劳斯等西方学者在反思现代性时所有意无意忽略的重要维度。

在科耶夫、尼采与施特劳斯等人将现代性观念指向马克思主义时,萨义德一方面对西方区域性文化观念进行客观化、科学化与普世化的做法予以批判,完全忽视历史进步论、对未来的信念及其所建立起来的真理知识体系所深藏的东西方之间的权力关系;另一方面却又认同马克思主义关于统治阶级与被统治阶级的差异划分,以及达到人类平等与自由的观念。在马克思将社会划分为统治阶级与被统治阶级,人类群体区分成工人与资本家后,一些细心的批评家发现其对超验的、抽象的"大写的人"的现代性批判。后殖民理论不仅沿袭马克思对"大写的人"的批判,不过将"工人与资本家"替换成"西方人与东方人",由经济与阶级的权力关系转向文化表述的权力关系,而且自由、平等、科学和客观与

---

① 张京媛主编:《后殖民理论与文化批评》,北京大学出版社1999年版,第384页。

真理等现代性观念一直是两者积极寻求的共同目标，也是用来考量社会与文化价值的共同标准。换言之，萨义德接受福柯、德里达等人的后现代思潮，表现出对马克思现代性观念的批判，同时却拥有最为基本的现代性观念。其实现代性是一种过程，充满内部的自反性，这种"反现代性的现代性"的矛盾态度使萨义德陷入了一种批评的困境。

（四）永远历史化的文化表述

批评文本是由批评家的历史与现实语境所决定的。现实语境的不同与对历史理解的差异造成文本批评的多样性与区分性。在《理论的旅行》中萨义德批评一切借用、阅读和阐释都是误读和误释的观点，它是"对历史和情境置若罔闻"，取消批评家的责任。戈德曼对卢卡奇，威廉斯对戈德曼的使用与阐释都是"观念与理论从一个情境向另一个情境进行历史转移的一部分"①。理论容易意识形态化而成为灰色，生活之树长青，批评就在于历史化处理。无论是现代性观念，还是后殖民理论，都有可能被意识形态化，从而忘却了历史真实的复杂性，而批评往往是在某种容易被意识形态化的理论框架内进行的，这是批评文本的矛盾所在。

在萨义德对马克思主义做出东方话语的批评后，也遭到各方面的批评，"我要么因未能对马克思给予更多的关注——比如说，我书中有关马克思对东方的看法的部分是阿拉伯世界和印度教条化的批评家最愿意挑出来加以讨论的部分——而受到指责，人们声称他的思想体系已经超越了其个人的明显的偏见；要么因未能欣赏东方学和西学等所取得的伟大成就而受到批评"②。如同萨义德批评对方非历史化的观点一样，他自己从未研究过东方学家，没有跟他们亲密接触过，忽略东方学所取得的成就，也不涉及东方自身历史与文化状况，被批评家认定缺乏阿拉伯历史、文学和文明方面的知识，最多也只是通过那些充满民族主义色彩的二手资料来了解。③ 萨义德批判东方主义话语，却又从未找到相应的外部参照物，没有真实的东方

---

① ［美］赛义德：《赛义德自选集》，谢少波等译，中国社会科学出版社1999年版，第148页。
② ［美］萨义德：《东方学》，王宇根译，生活·读书·新知三联书店1999年版，第436页。
③ ［美］保罗·鲍威编：《向权力说真话——赛义德和批评家的工作》，王丽亚等译，中国社会科学出版社2003年版，第277页。

予以证明东方话语的任意想象与妖魔化,其对现代性的批判是有限的,本身就该纳入批判之列。

萨义德更尴尬的处境表现在东方情结与接受西方文化影响、居住在西方社会下的矛盾。这种矛盾的对抗、焦虑、无奈与调和贯穿于萨义德所有的批评文本。一方面强调其西方文化背景下的东方情结以及儿时的东方经验意识;另一方面在美国的生活经历与遭遇令人泄气,"种族主义、文化定见、政治帝国主义、丧心病狂的意识形态之网压得阿拉伯人或穆斯林人喘不过气来"①,其意识形态的情绪化色彩忽略与遮蔽了历史事实的深入剖析,而话语分析的缺陷更加凸显非历史化的做法。按照福柯非人本主义的观点,没有主体,只有权力的位置,权力无处不在,但非拥有万物,而是来源于万物。萨义德不从话语导出权力,而是权力结构安排话语,同时又看重主体力量对言说方式的决定性作用,因此欧洲人的言说必定是东方话语的体现,简化处理话语言说和社会文化与历史语境等之间的复杂关系。② 无论是理论观点还是批评潮流,以及东方文化身份的自我塑形与自身历史的重新改写,都有可能陷入一种权力话语的逻辑圈套。人类经验如何回到历史叙述中,在权力话语中让"潜历史"凸显出来,成为文化表述的重要任务。"永远历史化"(包括马克思的历史化),这是美国马克思主义者詹姆逊留下的格言,这既是一句批评的警语,也是一种表述的需求,我们需要不断地回到"马克思"——"历史化的马克思"——观照社会现实的各种问题。

二 马克思主义、新马克思主义与后殖民理论的变异比较③

1978年,美国哥伦比亚大学教授爱德华·W. 萨义德(又译赛义德)发表著名的《东方学》(又译《东方主义》)一书,标志着后殖民主义走向

---

① [美]萨义德:《东方学》,王宇根译,生活·读书·新知三联书店1999年版,第200页。
② 胡经之主编:《西方文艺理论名著教程》,北京大学出版社2003年版,第624页。
③ 本节的撰写当初是与冯宪光先生合作完成的,为何志钧主编的《马克思主义文艺学——从经典到当代》(中国文联出版社2007年版)一书的第十三章内容。考虑到本书的完整性,经得同意后,笔者略作修改,补入此书。

自觉与成熟，并在西方世界刮起了一股旋风，也引起了第三世界国家的广泛关注，成为跨世纪全球范围内文化批评的主力军。后殖民主义并不是一种有意识形成的批评流派，而是诸多理论家对其所共同关注的殖民问题与后殖民问题形成的集束性见解，通常而言，殖民地通常指从18世纪开始被资本主义国家剥夺了独立权力，在政治和经济上受其管辖的地区或国家。而后殖民（post-colonial）是指在20世纪许多前殖民地国家已经结束了从前的殖民统治，但跨国资本主义对这些国家和地区仍然在经济上进行结构性垄断，在社会和文化上进行"西化"渗透，在各类文本表述中坚持西方中心性、普适性与话语霸权。后殖民主义作为一种有鲜明意识形态色彩的文化批评，其研究视野已经切入国际政治关系、经济金融、跨国公司以及新形势下帝国主义的文化殖民、殖民地国家的文化建构和各种知识文本的他者表述等方面。在许多论题上，后殖民主义与马克思主义有着一致之处。可以说，没有马克思主义对这些论题的开拓性贡献，后殖民理论是很难想象其存在的。另外，对葛兰西、本雅明、阿尔都塞和雷蒙·威廉斯等西方马克思主义批评方法、理论观念的借鉴与运用，在后殖民理论中是相当普遍的。许多后殖民主义理论家都受到马克思主义的深刻影响，欣赏其对资本主义、帝国主义的尖锐批判，并在自己的著作中广泛征引其著作，支撑与加强理论论证，采用其理论观点及分析方法，透视后殖民时代出现的各种社会现象与理论问题，而詹姆逊、艾·穆罕默德，阿里夫·德里克等新马克思主义者积极参与后殖民论题的探讨，对国际学界产生了相当大的影响。

（一）殖民问题上的变异关系

马克思、恩格斯在创立马克思主义时，就开始从世界经济体系中力量不均衡的角度对欧洲资本主义社会对亚非拉等殖民国家与地区的侵略、剥削和压榨进行了不留情面的批判。"当我们把自己的目光从资产阶级文明的故乡转向殖民地的时候，资产阶级文明的极端伪善和它的野蛮本性就赤裸裸地呈现在我们面前，因为它在故乡还装出一副很有体面的样子，而一到殖民地它就丝毫不加掩饰了。"① 马克思对殖民国家赤裸裸的野蛮

---

① 《马克思恩格斯选集》（第1卷），人民出版社1995年版，第772页。

本性进行"赤裸裸的"揭露与批判，并主要从经济与资本的层面上加以痛斥，表达自己的愤怒，"殖民地为迅速产生的工场手工业保证了销售市场，保证了通过对市场的垄断而加速的积累。在欧洲以外直接靠掠夺、奴役和杀人越货而夺得的财宝，源源流入宗主国，在这里转化为资本"①。客观地说，经典马克思主义在殖民问题上将自己的主要精力放在了对经济资本的批判性分析上，这一方面与当时所处的资本主义初期发展阶段密切相关；另一方面也得益于马克思对资本主义社会的经济、资本与剩余价值的独特而深湛的理论分析。相较于马克思集中精力深刻分析资本主义国家内部的经济运作，对殖民经济的理论批判则难免过于简单，他只是粗疏地指出殖民国家对殖民地的经济压榨无非奴役掠夺与垄断倾销两种途径，缺乏必要的、具体的对殖民经济结构以及运作程序的探索。

经典马克思主义对经济殖民问题较为成熟的剖析应该体现在列宁关于帝国主义的一系列著作中，尤其是其著作《帝国主义是资本主义的最高阶段》，为帝国主义定性，阐明了帝国主义作为一种全球资本主义所具有的全部特征。列宁的贡献在于把马克思、恩格斯对国家资本主义制度的解剖扩展到全球垄断资本主义的层面，他指出宗主国与殖民地成为不可分割的整体，经济、外交、财政、政治与文化相互交织的整体，造成了对经济生活起决定性作用的垄断组织，银行资本与工业资本融合为一，形成金融寡头，资本输出越来越具有重要意义，国际性的垄断与同盟组织已经形成，资本主义列强开始瓜分世界，总之形成了全球性资本主义体系。经典马克思主义从经济层面来探讨殖民问题。但同时，经典马克思主义也注意到意识形态与文化对维护自身统治的重要性，只是它们被局限在国内阶级统治的分析上，并没有扩展到国家、民族之间对立与冲突的研究上。马克思曾在《德意志意识形态》中指出，统治阶级的思想就是占统治地位的思想，但这种思想最终所依凭的是物质生产资料的占有。马克思自始至终都没有放弃物质生产、经济基础这个最根本的决定力量。与之相联系的是，马克思将意识形态与文化等精神因素功能化，

---

① 《马克思恩格斯选集》（第2卷），人民出版社1972年版，第258页。

视其为维护统治的工具。在指出"英国所有的工商业中心的工人阶级现在都分裂为英国无产者和爱尔兰无产者这样两个敌对阵营"后,他说:"报刊、教堂讲坛、滑稽书刊,总之,统治阶级所掌握的一切工具则人为地保持和加深这种对立。这种对立就是英国工人阶级虽有自己的组织但没有力量的秘密所在。这就是资本家阶级能够保存它的势力的秘密所在。这一点资本家阶级自己是非常清楚的。"① 尽管上层建筑在根本上作为一种工具性存在,但马克思辩证地看出其所能发挥的重要作用及其相对的独立性。同时,列宁意识到国家、民族内部存在着"两种民族文化"。他在《关于民族问题的批评意见》中指出,不仅有体现地主资产阶级的利益和愿望的民族文化,而且也都有一些民主主义的和社会主义的即使是不发达的文化成分。"两种民族文化"的出现取决于不同阶级的"生活条件","两种文化"的地位和作用是不均衡的。列宁并没有脱离马克思的经济基础论与阶级论,但他对"两种民族文化"对立的关注,却是对马克思主义文化理论的进一步发展。总之,经典马克思主义对文化与意识形态的相对独立性、工具性作用与对立矛盾性的关注为西方马克思主义开辟了新的思想源头,而后殖民主义则与西方马克思主义息息相关,葛兰西就是其中影响最大的西方马克思主义者。

在经典马克思主义的另面思想端倪略显后,作为西方马克思主义鼻祖之一的葛兰西正式提出"文化霸权"理论。葛兰西非常强调文化与意识形态的重要性,甚至认为取得文化领导权就是夺得政治领导权,欧洲革命的失败就在于"文化"这个维系阶级统治的最坚固堡垒没有被攻破。尽管政治上推翻统治阶级的统治,但欧洲市民社会认同统治阶级所苦心经营、不断灌输而建立起来的意识形态体系,所以欧洲无产阶级革命的道路应该不同于俄国革命的道路,它首先要夺取文化领导权。在文艺批评上,葛兰西提倡文化批评,重视对统治阶级道德伦理与文化思想的颠覆与反叛,同统治阶级展开文化思想上的激烈斗争。西方马克思主义继承其创始人葛兰西和卢卡契等人对文化、精神与心理意识的重视,强调

---

① 《马克思恩格斯选集》(第4卷),人民出版社1995年版,第591页。

精神世界的超越性与反抗性，主张主观革命，塑造人类的新理性、新感觉，改变人类的精神面貌与心理意识，实现人类的自由世界。后殖民理论家萨义德毫不讳言葛兰西思想的重要性，多次直接引述其中的精彩论断，借用其概念术语阐发理论深意。应该说，葛兰西的"文化霸权"理论，法农的殖民意识探讨与福柯的权力话语等成为萨义德东方主义理论的直接构成因素。总之，经典马克思主义与西方马克思主义不仅在社会、政治、经济、文化、金融和心理等方面对资本主义与帝国主义进行持续而激烈的批判，而且还作为一种自由解放的运动力量，以其为指导思想与革命原则的无产阶级解放运动与各国民族主义运动在实践中得到广泛而深入的开展，对旧有殖民主义的历史终结产生了不可估量的作用。

在旧殖民主义的军事侵略，追求经济利益之后，新殖民时代则开始重视文化霸权与意识形态的灌输，经典马克思主义与西方马克思主义从社会、经济、文化和意识等层面对殖民问题进行实质性的揭露与批判，倡导社会解放与精神解放，塑造新的社会与新的人类。旧有殖民体系崩溃后，后殖民主义秉承马克思主义对殖民问题的探讨，对霸权主义的批判，开始从经济层面的分析转向文化与意识形态的分析，并进而转向深层的话语批判分析，对霸权与殖民进行结构性的批判。在后殖民主义看来，赤裸裸的军事侵略、直接性追求经济利益已令人唾弃，并激起民族与国家间得不偿失的战争，加上明目张胆的文化霸权与意识形态的灌输被越来越多的人所识别，所恶心，并有着针对性的文化策略后，西方文化与价值观念的合法性与合理性，即其普适性成为西方世界保持殖民性的唯一药方。换言之，后殖民主义追问的是为什么西方对东方的描述千百年来如此的一致，原来是一整套东方学话语成为其背后的支撑，这套话语与西方的殖民政策、侵略行径、霸权意识与中心主义交织一起，在所谓的科学研究与科学理性的伪装下不断地扩展与巩固，成为现成的"思想套装"，东方学话语遮蔽了真实的东方，造成了东方的缺场，其实质标示着一种霸权主义与中心意识。

对新旧殖民主义的批判主要表现出控诉西方对东方世界的军事侵略、利益攫取与文化霸权所造成的深重灾难，殖民地民不聊生，传统文化断裂失衡，并激发出殖民地国家的自主意识，主权独立，构建国家制度，发扬传统文化等一系列政治、经济、文化与制度上的民族主义，消除附着自身的受殖焦虑。而以萨义德为首的后殖民主义反对一切本质主义，包括西方主义与民族主义。虽然萨义德预设了一个东方世界的真实存在，但真实的东方是什么，他同样回答不出，其理论并非关涉东方世界的实际存在以及东西方之间文化的交流状况，而是属于西方文化内部的自我批判，揭露出西方文化在表述东方世界上所具有的想象性、同类化与自古以来的文化利用、霸权性、中心位置与殖民意识。如果说萨义德只是完成了东方主义在西方世界的旅行，成就了该项考察的一半工作，那么它在东方世界的旅行与消费得到了一些受后殖民主义影响的东方学者的详细分析。德里克发现，西方文化的中心性与普适性是在所谓的科学性与进步性的精心包装下送到东方人手里，东方世界在不知不觉中被逐渐消弭，"他者"西方代替了东方"自我"，以西方的文化眼光来审视自身以及周围世界，走上一条"自我东方主义"的道路，即存在一种"东方人的东方主义"。①

这种"东方人的东方主义"要么表现出对西方文化普适性的强烈认同，唯其马首是瞻，极力褪去被西方话语所冷嘲热讽的民族特性，自我扭曲，否定真我，纯然一种认己为耻、以他为荣的奴隶心态；要么就是对抗西方文化的普遍性，张扬文化的本土性，全盘肯定、盲目认同已经逝去的、陈腐的民族文化与价值观念。更有甚者，"受洗"于西方美学标准，对传统文化他性"凝视"，向西方世界"献媚"，获得在西方世界的通行证，依凭强大的西方后盾，大肆攫取在自己国家社会中的权益；或者站在西方文化的中心位置与普适标准上，重新审视与阐发民族文化，却重蹈西方文化霸权的逻辑陷阱，成为医治西方文化弊病的药方，遮蔽自身文化的真义。这些受殖者已经内化了殖民国家的文化观念与伦理美学，遵循西方话语，以此规范着周围世界的文化意识，叙述、评断自身

---

① ［美］德里克：《世界体系分析和全球资本主义》，《战略与管理》1993年第1期；另参阅张兴成《跨文化实践中的东方主义话语》，《二十一世纪》（香港）2002年6月号。

的传统文化，有意无意之中成为西方文化霸权的"同谋犯"。

另外，日本学者对自身"东方主义"问题的考察同样值得关注，也更有其特殊意义。一直以来，日本视其为西方普遍主义文明之外的特殊性，强调"日本特性"，并在这种普遍主义与特殊主义的转换中获利。"某种地方主义和对普遍主义的渴望是一枚硬币的两个侧面。特殊主义、普遍主义不是二律悖反而是相辅相成。"①日本政局利用西方对自身的差异论述，建构且突出自身的特性，"他性"被本质化"自我"，压制国内不同的声音，并将社会冲突与现实矛盾的根源归咎于西方的现代性，攻击西方文明的普遍主义，倡导"日本特性"，进行一种自我东方化的论述，然而针对亚洲及其周边国家时，日本又宣称其伦理道德的普适性，制造出一套针对东亚诸国的"日本的东方主义"，为其寻求对亚洲的统治，论证那场战争的合法性与合理性。②

从西方世界的东方主义、东方人的东方主义到日本的东方主义，都是对殖民问题的进一步探索，只是这种探索已经超越了单纯的经济、文化层面中宰制与被宰制的简单化做法，而是深入权力的复杂运作以及意识形态的话语建构。这些整体性的、结构性的分析为殖民问题的研究开拓出新的维度、新的方法与新的视角，切合着今天这个无中心的"后帝国"全球时代。如果说对新旧殖民主义的控诉仅仅是局限在"非我"与"外部"的角度，在一种外来力量的宰制下丧失了自我以及非我所愿，那么后殖民理论则更多是站在"自我"与"内部"的角度上对霸权殖民进行批判，"自我东方化"一方面压制内部不同的声音，即"内部殖民"，像日本所做的那样；另一方面又进一步巩固了西方的文化霸权，即"自我殖民"，在潜意识中甘愿以西方文明马首是瞻，殖民意识已被内化。殖民问题在历史时代的发展中已经发生了所指的变异。在今天，"殖民"这一能指的含义更多地指称中心性、霸权意识与唯我独尊的排他性，无论何种形式的东方主义，即针对东亚诸国的"日本的东方主义"，难以逃脱

---

① 张京媛主编：《后殖民理论与文化批评》，北京大学出版社1999年版，第388—389页。
② 香港岭南学院翻译系文化/社会研究译丛编委会编：《解殖与民族主义》，香港牛津大学出版社1998年版，第194—197页。

西方霸权陷阱的文化民族主义以及各种唯西方是从的"东方化"行径，都应该得到警醒的分析与反思，这就是后殖民理论与马克思主义共有的精髓所在：它们的批判精神。

（二）批判精神上的变异关系

经典马克思主义诞生于对资本主义社会的深刻批判。马克思考察了资本主义社会的经济运行模式，探讨其剩余价值规律，揭示资产阶级的腐朽统治，从生产关系与生产力、经济基础与上层建筑的基本矛盾关系中得出资本主义社会必然灭亡、社会主义社会必然胜利的历史发展规律。马克思在社会研究中注重科学性与现实依据，探索历史发展规律，并将这种社会历史的批判方法运用到文艺批评，贯穿于批判精神中。经典马克思主义认为，社会生活是无产阶级文学的唯一源泉。无产阶级文学通过形象化的手法描述资本主义的社会现实，引导人们更为深刻地理解其本质特征而不为它所蒙骗，揭露与批判资本主义社会的黑暗统治。应该注意到，尽管经典马克思主义强调文学批评的社会历史方法，但并没有忽视其"美学"原则，文学创作毕竟是一种很讲究个人独创性的活动，有其鲜明的个体情感与思想特征，需要依靠其中的美学力量来吸引和打动更多的读者，产生审美体验，获得审美享受，因此经典马克思主义也非常注重文学价值中的美学话语，建立"美学的"价值观念与批评原则。马克思、恩格斯分别在《第六届莱茵省议会的辩论》《评普鲁士最近的书报检查令》和《诗歌和散文中的德国社会主义》《致拉萨尔的信》等文章中提出文学作品的审美批评标准，并与历史的标准同列为"最高的标准"，也作为文学批评的价值标准，在他们看来，只有这样才能使个体进入文学的审美境界中，实现文学的价值效应，也实现主体自身的精神自由体验。

恩格斯在《诗歌与散文中的德国社会主义》中通过对歌德作品的评价为经典马克思主义文学批评树立了"美学与历史的"标准的批评样本。在文章中他批驳了所谓"真正社会主义者"卡尔·格律恩对歌德的肆意歪曲，赞扬了歌德的艺术才能及其作品所表现出来的个性特征与审美创造，但另外又从"历史的角度"对其提出了批评，认为歌德也有德国小市民的"鄙俗气"。歌德及其作品都离不开社会现实，摆脱不了所属阶级集团之价值观念的影响。实质上，恩格斯对歌德的批判中包含着一种阶级论的意识形态方法，歌德所处的阶级集团的生活环境决定了作品的缺陷。在世界观与价值观念上，歌德与无产阶级作家相比，还有很大的距离。尽管恩格斯在文中坚持"我们绝不是以道德的、党派的观点来责备歌德，而只是从美学和历史的观点来责备他；我们并不是用道德的、政治的或'人的'尺度来衡量他"①，但是其文学批评中对政治阶级性、世界观的强调以及意识形态分析方法的运用，都为后来马克思主义的发展提供了理论方向，甚至于走向了某种偏执。

基于文艺的政治目的与革命任务，根据当时革命现实的需要，马克思主义的经典理论家基本上将批判方法限定在社会历史论、阶级论与意识形态论上。列宁和毛泽东等后来的马克思主义革命者继承与发展了马克思主义的这一文艺思想与批判方法，将文艺定为无产阶级革命与建设事业不可缺少的部分，表现出一种文学的政治学批判形态。列宁提出文学的"党性原则"，文学是无产阶级总事业的一部分，而毛泽东则认为文艺批评"政治标准第一、文艺标准第二"，"社会生活是文艺创作的唯一源泉"，强调文艺的阶级性，"为艺术而艺术，超阶级的艺术，和政治平行或互相独立的艺术，实际上是不存在的"②，没有超阶级的人性，只有代表阶级性的人性，文艺要为工农兵服务，塑造"新的人物"，即工农兵的人物形象；表现"新的世界"，即首先表现工农兵火热的斗争生活，它们成为无产阶级文艺最为重要的历史使命。

尽管经典马克思主义没有从伦理道德与精神价值的维度来评价文学作品，但西方马克思主义却非常重视对这一维度的开掘与发展，阿多诺将"否定辩证法"运用于艺术批评，艺术的精神世界是对现实世界的否定；萨特强调文学创作的自由性，但同时认为存在主义是一种人道主义，规定作家应当全部承担自己选择的责任。西方马克思主义的文学批评维

---

① 《马克思恩格斯全集》（第4卷），人民出版社1958年版，第257页。
② 《毛泽东选集》（第3卷），人民出版社1991年版，第869页。

度，可以追溯到葛兰西。葛兰西反对学院主义与形式主义的文学价值取向，主张从历史的、道德的与文化的价值角度来进行文学批评，他在评论皮兰德娄的戏剧中，艺术手法的怪诞、异乎寻常的戏剧冲突和人物性格的荒诞等，并不是其价值所在，"皮兰德娄的重要价值，在我看来，是属于思想和道德方面的，就是说，在更大程度上是属于文化方面，而不是属于艺术方面"①。真正引起观众心理震动的是皮兰德娄在剧中对教会势力、旧有思想和陈腐的价值规范的激烈抨击，具有"在观众的头脑中砰然爆炸"的"手榴弹"式的巨大威力。虽然西方马克思主义在具体的批判方法上与经典马克思主义有差异，但总体批判上的政治性、意识形态论却是其共同的特征。

经典马克思主义与西方马克思主义直接影响了早期后殖民主义及其理论批评，如赛萨尔、法农和阿切比等这些后殖民理论先驱者身上都留有其深刻的话语痕迹。后殖民理论代表人物萨义德则更是将马克思在《路易·波拿巴的雾月十八日》中的名言——"他们无法表述自己；他们必须被别人表述"——作为《东方学》这部后殖民理论标志性作品的卷首语。虽然后殖民理论受到马克思主义的影响，并在一定程度上欣赏其对资本主义、帝国主义的政治与意识形态批判，甚至可以说这是马克思主义与后殖民主义的共有精神所在。正因为如此，国内学者一度将新马克思主义者詹姆逊归置后殖民理论家的行列。但是，巨大阴影的存在使后殖民主义者产生了难以释怀的焦虑与反感，激进的情绪下面隐藏着他们之间理论关切点的差异。在后殖民主义看来，不对整个西方现代文化、理论话语进行反思与涤荡，便不足以在深层意义上揭示其话语霸权与文化暴力，在主导性宏大叙事下的普遍主义，以及对东方文化的改塑、歪曲与压制。后殖民主义批判的是西方文明的整体，全盘否定任何一位西方思想家对东方世界的陈述与判断。因此，作为整个西方现代文明背景下产生的经典马克思主义同样成为后殖民主义批判的标靶。在承认马克思具有同情人类不幸的博爱情怀，却无法解答"对正在遭受社会急遽变革之痛的东方人的天生反感与这些变

---

① [意] 葛兰西：《论文学》，吕同六译，人民文学出版社1983年版，第120页。

革的历史必然性二者之间进行调和的难题"之后,萨义德毫不讳言地指出,"最终占上风的却依然是浪漫主义的东方学视野"①。在马克思对东方世界的苦难遭遇进行同情性的揭露以及对西方殖民主义的批判背后,依然是受制于长期以来西方文化发展出的东方主义观念,一个强大西方的中心论立场,一种西方的话语殖民及其文明的霸权性地位。总之,"当马克思主义者将殖民主义的罪恶昭示于众时,他们的批评总是限制于那种放之四海而皆准的生产方式的叙述"(普拉卡什),从而保存着资本主义的发展目的论与中心论假设,②展现出西方文明发展的普适性效应。

萨义德对马克思东方论述中话语殖民观点的批判,得到了一些马克思主义者的积极回应与继续深化,澳大利亚马克思主义理论家布莱恩·特纳在萨义德所说的内在的、浪漫的"东方学视野"下具体分析了马克思主义的一些理论观点,认为其中由生产方式所决定的历史阶段划分以及关于东方社会和亚细亚生产方式等论述是在线性进步的西方历史目的论的观照下形成的,把"西方路线奉为准则,把殖民世界置于历史之外"(贝尼塔·帕里语)③,局限于意识形态的分析角度,缺乏科学性,因此不能简单地将它们视为马克思主义对历史发展与东方社会的科学理论而加以提倡,显然特纳结合后殖民主义以及法国马克思主义者阿尔都塞区分意识形态与科学的理论观点对马克思主义进行了批判性评述。然而另外一些新马克思主义者,如印度的艾贾兹·穆罕默德批评萨义德把马克思主义作为西方殖民话语的组成部分并加以排斥的错误观点,指出萨义德因为马克思是欧洲人,就断定他是东方主义者,是"迎合了支持第三世界民族主义最为感伤,也最为极端的形式",马克思主义一贯给予这个时代反帝国主义运动以强力支持,把马克思主义作为英国殖民主义的同谋,是不可思议的。④他同时抨击一些后殖民主义者利用马克思主义对

---

① [美]萨义德:《东方学》,王宇根译,生活·读书·新知三联书店1999年版,第198—199页。
② [美]德里克:《后殖民的辉光:全球资本主义时代的第三世界批评》,《国外文学》1997年第1期。
③ 罗钢、刘象愚主编:《后殖民主义文化理论》,中国社会科学出版社1999年版,第248页。
④ 同上书,第64页。

现实的批判，而另外又疏离马克思主义，反对共产主义。詹姆斯·克利福德也指出，萨义德对马克思的《不列颠在印度的统治》结尾部分的解读，事实上不顾马克思的阶级和历史的分析立场，"在这里，赛义德让马克思'有失公允'。他在振振有词地把这个文本里的东方主义分离出来的时候，对文本的修辞意图却蜻蜓点水，一带而过"，"并不关心作为主体的作者"马克思"必然要说或感受的东西"，① 做了断章取义的曲解。

事实上，尽管马克思主义与后殖民主义在批判的目标上存在一致，都是对西方资本主义与帝国主义的批判。但是马克思主义并没有将地理空间、地域差异作为理论的预设前提。无论是经典马克思主义，还是西方马克思主义，其着重点都在国家内部的社会、经济、政治、制度、文化和意识形态等方面的批判，而以萨义德为首的后殖民主义虽然也是局限于西方内部的学术话语批判，但其理论预设了一个与西方不同的东方空间的存在。即便是马克思主义对殖民问题做出自己的评判，也是基于其社会实践的具体情况，有其现实依据。而真实的东方世界并非萨义德的主要关切点，甚至较少涉及西方对东方实际的、具体的霸权行为，而是更多地纠结在西方对东方霸权式的话语实践与文本表述，更关注西方如何从文本上建构东方形象，并以此达到利用东方、宰制东方的霸权目的。

萨义德在《世界·文本·批评家》中高度称赞了马克思《路易·波拿巴的雾月十八日》这部著作，"没有任何一部著作能够那样卓然不群而又令人信服地精确；通过这种精确性表明，环境可以使侄子重蹈伟大伯父的覆辙，但不是作为革新者，而是作为滑稽的重复者"②。马克思将路易·波拿巴的偶然性历史事件文本化，运用文本性方法，置于重复性系统中，使其短暂的意义历史化与问题化，这样文本自身提供了环境，使这个流氓国王的骗局无所遁形。路易·波拿巴成为一个滑稽的重复者而

---

① 罗钢、刘象愚主编：《后殖民主义文化理论》，中国社会科学出版社1999年版，第36—37页。
② [美] 赛义德：《赛义德自选集》，谢少波等译，中国社会科学出版社1999年版，第72页。

遭受世人们的耻笑。显然，马克思对法国这段革命历史时期的分析，注重的是从事实根据中发掘历史发展的规律，而萨义德却认为马克思将历史文本化，建构路易·波拿巴的滑稽形象，获得意义的生存空间。两种不同的做法展现出马克思主义与后殖民主义在对待历史事实上的差异。萨义德将社会历史与文化发展的过程简化为"话语实践"，文化与权力的连接、共谋在文本话语中得到具体体现。萨义德接受福柯话语理论与后结构主义语言论的影响，用话语的历史替代真实的历史。福柯的话语分析"不重视它与真实情况的关涉性"，而后结构主义否认历史的真实性，只承认历史文本的真实存在，将文本话语看成封闭的、独立运作的体系，它们之间互相矛盾又相辅相成，絮絮叨叨地讲述历史。这使得后殖民主义忽视甚至贬低了历史内容的真实性与复杂性，将一切变成简单的话语表述与文本解读，从而为自己的批判埋下了错误陷阱。

马克思主义的意识形态批评在后殖民主义中得到进一步的发扬，但这种发扬却与话语分析以及权力理论联结在一起，使其走向了批判的偏至之路。18世纪的康德认为，知识真理的有效性是无个性特征的。换言之，知识真理不在乎"谁说了什么"中的"谁"，而是"什么"起决定作用，假如某个观念、某项陈述与客观事实相符，那它在一定程度与范围内就是真理，具有科学性。然而在后殖民主义看来，知识已经没有真理性，它是一种权力行为与政治话语，充满一种意识形态的偏执狂。在某种程度上，萨义德比福柯走得更远，福柯从历史事实与文本间性中分析权力的无处不在，作为一种结构性力量，它是一张无形的网，支撑着整个知识体系的建构与社会秩序的运作，而萨义德始终坚持权力两端行为者的存在。这样，萨义德直接从按照权力来安排话语，从说话者的社会地位、文化身份以及所属民族国籍，而不是从其陈述内容来评断。他气急败坏地说："每一个欧洲人，不管他会对东方会发表什么看法，最终都几乎是一个种族主义者，一个帝国主义者，一个彻头彻尾的民族中心主义者。"① 这种情绪化的过分宣泄，使得学术研究充斥了火药味与硝烟

---

① ［美］萨义德：《东方学》，王宇根译，生活·读书·新知三联书店1999年版，第35页。

气氛，掩盖了学术研究所应该具有的客观性与历史意识，而流溢为随意的羞辱谩骂与政治欲望的赤裸展示。

正是在这点上，后殖民主义的反对者认为，萨义德的《东方学》并不是一本科学性的知识著作，而是他别有用心的政治表述，而新马克思主义直接指出萨义德偏离了对资本主义社会的批判方向，沦落为一种意识形态化的简单而又拙劣的做法。萨义德的著作所使用的材料并不是东方学这门学科中所全部拥有的，它只是其中一小部分材料，并不是主要材料，甚至不是一些较为重要的材料，因此无关大局，挖掘出一些新的材料，也难以撼动整个知识与理论体系的有效性。另外，萨义德很少，甚至根本不接触西方的东方学者，并不了解他们的所思所想，其研究建基于"僵死"的、陈旧的历史文本上，缺乏对东方学真正与全面的了解。罗迪森认为："他（萨义德）用整整一本肤浅的作品来谈他所说的'东方主义'，但却从未研究过以东方主义而著称的主体，他对东方主义进行无情的批判，但却从未与东方主义者有过任何的接触。"① 更糟糕的是，虽然萨义德完成的是对西方文化文学中所蕴藏的霸权意识以及与侵略行径共谋的批判，他为东方世界留下了一个空白，这个空白恰好可以成为东方世界的民族主义者的发挥场所，他们积极推行民族主体性的诉求努力与自身文化的本位建设。但不少新马克思主义者发现，这种理论与学术研究属于新的殖民主义话语，根本无助于东方世界从西方知识霸权的话语笼罩下剥离出来，创建一个"真正"东方的种种努力。② 在萨义德指斥马克思主义带有殖民色彩的"东方学视野"后，其理论也被斥为掉入殖民主义的新旋涡当中。到底应该如何走出殖民困境，使自己的理论蜕去所隐藏的殖民意识呢？到底应该如何看待本土文化，建设传统文化呢？这是新时期马克思主义者必须回答的一个问题，也是他们极力想回答的问题。下面我们就可以看到后殖民主义与新马克思主义者对这一问题所做出的理论努力。

---

① ［美］保罗·鲍威编：《向权力说真话——赛义德和批评家的工作》，中国社会科学出版社2003年版，第277页。

② 宋明炜：《后殖民理论：谁是"他者"?》，《中国比较文学》2002年第4期。

（三）第三世界文学与多元共存的文化观

在后殖民主义者与新马克思主义者为殖民时代的遗留问题所开出的药方中，詹姆逊所提出的"第三世界文学"就是其中较有影响的新理论。这位新马克思主义者致力于跨国资本主义时代的文化研究，认识到发展中国家的文化问题是当代跨国资本主义时代的重要问题。他在1986年发表的《处于跨国资本主义时代的第三世界文学》中正式提出"第三世界文学"的概念。① 第三世界文学是在批判意义上使用的，首先批判了第一世界文化的纯正性，偏狭在欧美文学的中心性、典范性视域内。詹姆逊认为第三世界文学应该受到更多的关注，要对当代全球文化做总体把握，就必须研究第三世界的文学，而且第三世界文学与第一世界文学已经存在着互为影响的经验现实。"今天，我们以不同的方式看待第三世界，并不仅仅因为第三世界的非殖民化和政治独立，更是因为这些十分不同的文化现在以自己独特的声音在说话。这些声音不再是人们可以忽略的来自边缘的声音；起码它们中间的一个——兴旺起来的拉丁美洲文学——在今天的世界文化中成为主要的参与者，它不仅对第三世界文化施加了无可避免的影响，而且对第一世界文学的影响也不小。"② 忽视第三世界文学，是对历史事实的不尊重，产生非历史化的错误。对第三世界文学的"他性"漠视，也反映出第一世界文化自身的匮乏。詹姆逊揭示出第三世界文学的"他性"，大胆地认定其文学文本都可以当作"民族寓言"来读。

穆罕默德站在正统马克思主义的基础上，带着对第三世界国家的切身体验，认为詹姆逊的第三世界概念是错误的。他说："当我接触到詹姆逊所'描述'的实质内容时，我发现极其重要的一点在于，第一世界和第二世界是以它们的生产制度（分别是资本主义和社会主义）来定义的，而第三个概念——第三世界，是纯粹靠对此外来插入的现象的'经验'来定义的。"③ 分类标准不一致，导致有些国家，像印度、巴西、阿根廷

---

① 张京媛主编：《新历史主义与文艺学》，北京大学出版社1993年版，第234页。
② 同上书，第5页。
③ 罗钢、刘象愚主编：《后殖民主义文化理论》，中国社会科学出版社1999年版，第338页。

和墨西哥等国家,到底应当纳入第一世界,还是第三世界,是很不清楚的。德里克也坚持马克思主义社会历史的客观分析,否定了三个世界的划分,这些世界存在着复杂交织的社会现实,"不管是地理位置上的还是结构上的划分,也不管是资产阶级还是马克思主义社会理论的阐述,的的确确都已不再站得住脚了"①。穆罕默德还认为,詹姆逊将资本主义与社会主义置换为第一世界与第三世界,把许多国家限定在与社会主义无缘的"第三世界"内,丧失了对社会主义的信心,影响着向社会主义方向的前进。

应该看到,詹姆逊、穆罕默德与德里克这些新马克思主义者内部出现的分歧,主要是因为詹姆逊在某种程度犯上了后结构主义与后殖民主义的弊病,脱离社会历史发展中的经验事实,将其非历史化与同质化,毫不顾及它们之间存在的差异。尤其是"民族寓言"的提出,归结为一种民族主义话语,进行文本化处置,消弭了处于殖民主义与帝国主义双管齐下的压力之下,资本主义与社会主义斗争的历史空间中丰富的现实内容。文学文本的寓言化也并非第三世界国家文学的独有特征,如品钦的《万有引力之虹》、埃里森的《看不见的人》等第一世界中私人化的寓言性作品,将这些作品逐出第一世界文学之外,同样违背经验事实。最令人气愤的莫过于詹姆逊在表述第三世界文学时所表现出来的第一世界文化的优越感、中心性以及东方学话语中的文化利用,"第三世界的文化都不能被看作人类学所称的独立或自主的文化……对第三世界文化的研究必须包括从外部对我们自己重新进行估价(也许我们没有意识到这一点),我们是在世界资本主义总体制度里的旧文化基础上强有力地工作着的势力的一部分。"②詹姆逊表明了自身文本的文化定位,"很显然,他的文本是一个第一世界的文本,詹姆逊是一个美国知识分子并将自己认同为这类人"③。詹姆逊也是在"东方学视野"来阐述他的第三世界文学

---

① [美]德里克:《后殖民的辉光:全球资本主义时代的第三世界批评》,《国外文学》1997年第1期。
② 张京媛主编:《新历史主义与文艺学》,北京大学出版社1993年版,第234页。
③ 罗钢、刘象愚主编:《后殖民主义文化理论》,中国社会科学出版社1999年版,第354页。

论的。

1993年，萨义德出版了他的另一部名著《文化与帝国主义》。在这部被称为"《东方学》续篇"的著作中，萨义德将研究范围从西方与中东、印度之间的文化权力与话语表述问题扩展到整个世界，并对《东方学》未有论及的第三世界国家反帝反殖的文化运动做了历史评述与文本分析。其文化批评的目的已由对西方文化霸权的深刻批判转为建立一个多元共存、平等交流、相互包容以及共同发展的全球文化生态。"人类应该像巨大的容器，以一种开放的姿态，像大海一样尽可能地容纳一切"，不同的文化类型应该从"对方寻找各自的伙伴，向着更美好的方向前进"，互相学习，相互改变，特别是改变西方话语的知识范式，学习他国的文化知识，增进人类文化的总体经验。显然，如此带有浓厚乌托邦色彩的全球文化生态便是萨义德文化批评范式及其相关理论的最终目的。不过，萨义德很清楚地认识到"这一蕴含着乌托邦色彩的意象"[①] 不可能使类似于以色列与巴勒斯坦之间的民族冲突与文化矛盾能够彻底平息，这也是他临终前的最大遗憾。

萨义德很清楚地知道，作为一种"大同"意识形态的彻底失败，他也极力反对这种中心性与唯一排他性的意识形态。这种意识形态指不同社会、不同民族、不同国家、不同文化及价值观念将从属于、融入一个更为强大的意识形态当中，由它作主导性力量。他强调文化多元共存尽管不是万灵良药，但其毕竟保持不同文化的异质性，改变着人们的各种观念。如果说萨义德的文化多元主张更多地注重于将他者文化作为认识客体、学习对象并加以认可的话，那么霍米·巴巴、斯皮瓦克等人，尤其是霍米·巴巴则更着意于这种文化多元与文化差异的共同融合所产生的新质文化体系的建构。这些后殖民主义的后继者并不满足于一味地批判西方，他们积极建立一种新的文化特质，既然西方文化存在着霸权性，需要东方文化的本土力量予以化解，但西方文化在知识层面的先进

[①] [美]保罗·鲍威编：《向权力说真话——赛义德和批评家的工作》，中国社会科学出版社2003年版，第41页。

性与东方文化的原始、贫弱又使其并不醉心于本土文化的建设,更何况东方文化因其极端的民族主义情结而遭到一定程度的放大与歪曲,因此他们倡导折中的文化特质,既承认西方文化的"影子"存在,又不放弃本土文化的特性,这也就是后殖民理论所倡导的文化杂陈、异质与混血现象。

同萨义德的文化批评一样,斯皮瓦克也关心文学文本的政治性,即对文学文化进行政治性解读,达到政治干预的目的。斯皮瓦克从社会历史语境分析的角度出发,修正第三世界国家"臣属"的历史记忆,抹去"臣属"的殖民化色彩,还"臣属"的真面目。在她看来;如果言说脱离了历史,脱离人类当下的具体生存境况,那么任何言说都将是一种臆断。斯皮瓦克比萨义德更受解构思潮的影响,也走得更远。她小心翼翼地谈论着认同,因为解构"首先是对人们不能不要的东西的不懈批判",然而"解构没有说不存在主体,不存在真理,不存在历史。解构只是质疑认同的特权化,以至于有的人被认为掌握了真理"①。斯皮瓦克在"持续一贯地探讨真理是如何生产"的基础上再来讨论文化身份的认同与建构、文化形象的书写与塑造。就斯皮瓦克的文化建构而言,穆罕默德指责用单纯的殖民问题,去掩盖和取消广大非欧洲国家社会发展的本质问题,取消马克思主义在后殖民地区的地位,把殖民作为决定这些地区历史发展的根本力量,无视帝国主义的殖民是资本主义现代化与全球化的过程,只不过"资本主义现代化的开始及其与世界资本主义体系合为一体所产生的国家机器与文化形态",在特定国家采取了殖民的形式,种族问题、文化的殖民问题还是阶级压迫、阶级斗争问题。② 德里克也认为,尽管阶级论分析显得有些不合时代,但在没有找到其他更好的分析方法之前,仍不失其有效性。

平心而论,霍米·巴巴比斯皮瓦克更为具体地论述了文化的重生与

---

① [美] 阿尔弗雷德·阿特亚加:《在差异中结合——斯皮瓦克访谈录》,郝田虎译,《国外文学》1999年第3期。
② 罗钢、刘象愚主编:《后殖民主义文化理论》,中国社会科学出版社1999年版,第255—258页。

建构。霍米·巴巴在一定程度上弥补了萨义德文化批评所带来的局限性。他不似萨义德那样将目光集中在西方文化自身内部的文本表述与话语实践上，而是关注第三世界国家、少数族裔文化混杂的社会事实，这些文化受到殖民地国家文化的深刻影响，但在与本土文化的冲突融合中，产生与原体文化似与不似之间的"他体"文化。这种"他体文化"首先就表现在文化文本翻译的模棱两可性与语言交流的杂糅上，存在于话语体系的有意识的、创造性的误读以及混杂与模拟之中。对霍米·巴巴而言，文化的杂糅、混血与异质首先是作为一种解构策略而存在的，不存在纯粹的、没有杂质的同质文化体，对受殖者的文化是这样，西方文化也同样如此。霍米·巴巴解构了西方文化的中心性、同质性，进而对西方文化霸权提出了自己的质疑，削弱了西方文化的权威力量，它根本没有任何理由去肆意贬低东方文化而抬高自己的霸主地位。再者，霍米·巴巴认为，这些混杂化、具有多元成分交织在一起的"他体"因素提供了新意义与新文化得以建构的平台基础。被殖民地的人们没有其他的选择，只有在各种矛盾与冲突不断的文化传统之中建构自己的文化身份认同。巴巴相信，当今的文化定位并不是来自西方文化中心，而是来自文化的边缘地带。在这些边缘当中，不仅颠覆了西方文化的中心位置，而混杂、异质的文化身份也正在形成，其典范就是后殖民语境下的边缘主体，尤其是那些四处漂泊的人，这些主体包括一部分殖民地居民、后殖民地居民、移民以及其他少数族裔。我们正是"从那些遭到历史审判——征服、宰制、流散、移居——的人那里学到最长久的生活和思想的经验教训"①，形成自身的文化建构与文化疆界的混杂，产生新型的世界主义。

霍米·巴巴对这种文化杂交性赞美不已："美洲通往非洲，欧洲民族和亚洲民族相逢于澳大利亚，民族的边缘替代了中心。美国伟大的惠特曼式的感觉中枢和沃霍尔式的爆炸，或克鲁格式的装置艺术，或梅普尔索普式的裸体进行交换。"② 原本这些骑墙两种甚至多种文化夹缝中的人

---

① Homi Bhabha, *The Location of Culture*, London and New York: Routledege, 1994, p. 172.
② 罗钢、刘象愚主编：《后殖民主义文化理论》，中国社会科学出版社1999年版，第268页。

群正在为自己的文化身份的含混不清而感到焦虑不安,现在他们却心安理得,因为霍米·巴巴似乎为他们的文化身份找到了在理论上的合法性与合理性,那么由后殖民文化批评所倡导的新文化形象建构理论是否真的就解决了西方霸权问题呢?穆罕默德认为文化的杂陈与混血忽视了殖民地日益减少的生存机遇以及贫困的生活条件,它"是帝国主义意识形态大一统结构对广泛的,遍布全球的无数个家庭的渗透,这种意识形态已具有技术性手段,不受国家教育和信息机制的控制",没有产生文化的普遍平等性,反而只产生一种帝国主义的大一统文化,文化的杂陈与混血恰好成为这种帝国主义市场全球化与意识形态统一化的共谋与同犯。

在今天后殖民语境中,过去那种以某个帝国或帝国集团为中心的帝国主义已经不存在了,这不是说以前的帝国主义国家换成了另外一些国家了,而是指原来的帝国所采取的统治与霸权方式发生了天翻地覆的变化,人们面临的是一个去中心的帝国,一个具有全球性生产秩序的帝国,霍米·巴巴说:"我们并没有得到一个自由的世界,我们拥有的是一个新殖民世界,尽管以前形式上的殖民结束了,但这个世界仍旧被富国和强国控制着,被国际货币基金组织、世界贸易组织控制着。粗略地说,它们对发展中国家的态度就是:你必须要跟在我们后头。如果你想要贷款,从我们富国、从发达国家贷款,那么,你就要像我们这样发展。"① 每个人成为帝国利益的获益者,如足不出户就可以享受互联网所带来的种种便利与制作精美的好莱坞影片,但是另外,每个人都成为帝国利益与帝国宰制的维护者,宰制者就是帝国秩序中的每个人自己。所有这些现象的出现,凭借的是发达国家超强的经济实力。资本主义经济发展到今天,其运作方式发生了很大的变化,资本主义实现了经济内部的全球性观念转化,采取了更加灵活多样的方式与措施,确保自己在全球性生产结构中的霸权地位与既得利益的进一步加强与巩固,诸如跨国公司、布满全球各地的子公司和分公司的出现等。这些经营者们亟须了解各种各样的

---

① 生安锋:《后殖民主义、身份认同和少数人化——霍米·巴巴访谈录》,《外国文学》2002年第6期。

本土文化以及所谓的"东方智慧",为此他们不惜重金聘请东方学者来举办各种讲学,成立各种基金会与研究会,培训职员、互派学生与交换师资,进行各种形式的文化交流,他们吸收、消化各种本土文化,制定出符合"东方智慧"与本土文化习性的发展规划、经营模式与运作程序,提供具有东方风味的"西式餐点"①。这些全球性的产品充满了本土的特殊风味,真正符合后殖民理论家所倡导的混血、杂陈与异质现象。那些跨越于东西方文化之间的人群不仅没有因自身文化身份不纯所带来的焦虑性,反而心甘情愿地成为帝国全球性生产秩序的维护者。德里克指出,正是这种帝国生产秩序造成了经济与社会不平等,非正义现实。

后殖民主义仅仅满足于对西方文化霸权的激愤严词与在文化文本中的意识形态批判,满足于民族主义情绪的畅快表达,囿于一种自恰的东方主义式的话语规范内而回不了社会现实,甚至流于后结构主义式的语言游戏与空洞的理论较量,而看不见宰制的力量与压迫的本质来源于何方,没有看到真正的权力来源,其所倡导的"混杂性与位置的流动性",忽视了"并不是所有的定位都拥有同等的权力",它"不仅掩饰了意识形态的位置,还掩饰了随着位置的不同而产生的权力差异"②,对貌似真理的西方思潮的生产运作与自身的认同机制缺乏透辟的分析与把握,因此,我们应该要"回到马克思",回到马克思所倡导的社会与历史分析方法,透过这些表面的文化宰制与意识形态力量,深入这些现象的经济基础与社会条件。今天,好莱坞的影片走向了全球,这种"文化快餐"的精美制作来源于经济的强大后盾,它能吸引全人类的"眼球"与这种文化价值观念的霸权渗透,并不是它们在文化与价值观念有多么的先进与优越,而是来自那种日益加固的全球性生产结构的宰制力量。对我们而言,在这种经济与社会分析的基础上,明确自己的位置,产生对自身思想与理论的全面批判,并在此基础上建立自己的应对体系与实践行为,而不是去重蹈覆辙,再次犯上与当今时隔并不久远的一些错误:与西方进行意

---

① 石之瑜:《从东方主义批判到社会科学的本土化》,《二十一世纪》(香港)2002年12月号。
② [美]德里克:《后革命氛围》,王宁等译,中国社会科学出版社1999年版,第129页。

识形态的强力角逐，而放松或转移对自身经济与社会问题的检视；由文化的殊死斗争而缺乏对西方文化的全面与深刻的理解以及在此基础上的有效利用。在今天的后殖民语境中，重温一下马克思主义的经济、历史、社会与阶级的客观分析方法及其"世界文学"观念仍然有其重大的现实意义。

第三节　文化霸权理论与东方主义的变异关系

一　葛兰西文化权力化的生产性

马克思曾在《手稿》中提到人与动物的本质区别在于人是"有意识的类存在物"，"有意识的生命活动"，通过全面的、自由的、自觉的、合目的性与合规律性的生产活动，即人能动的创造性的劳动实践，在人的本质力量的对象化过程中，人成就了自己的本质。马克思通过与动物生产的一系列对比来说明人的本质特征，诸如片面的、直接的、满足肉体需要的生产与全面的、真正的以及满足各种需要的生产，只生产自身与生产整个自然界，按照所属物种的尺度与按照所有物种的尺度以及运用于对象的内在尺度，等等，在这些对比中，生产成为整个自然界的本体性概念，差异只在于生产方式与类别的不同。就有意识的生产作为人类的本质特征而言，马克思将整个人类世界说成这种本质力量的对象化活动的结果，"劳动的对象是人的类生活的对象化：人不仅像在意识中那样在精神上使自己二重化，而且能动地、现实地使自己二重化，从而在他所创造的世界中直观自身"[①]，这其中就包括所创造出来的精神意识世界和社会现实世界，以及创造者自身的世界。这一角度无疑开创了理解现代世界的新视野，但同时也引发不少问题。

马克思主义在谈到文学艺术等文化生产时，最具典型意义的理解是将其作为精神生产的范畴，与之处于相对范畴的物质生产既有联系又加以区别，两者是辩证的统一，物质生产是决定性的，而精神生产有其特

---

① 马克思：《1844年经济学哲学手稿》，人民出版社2006年版，第58页。

殊的发展性,对物质生产具有反作用。从哲学角度而言,马克思主义确实主张物质决定意识,物质是第一性的,而社会结构被分成经济基础与上层建筑,原本为着方便阐述与理解历史社会的分析方法却被当作其本体论的观点,实际上也就被认为是历史社会的本质反应而被抽象化与模式化,逐渐发展出康德意义上的纯粹性和先在论,由此衍伸出一系列的机械唯物主义、物质决定论与经济还原论,这些理论被广泛地运用于无产阶级革命运动中,成为一种单一因素的革命论、宿命论以及革命必定到来的等待论,同时这种抽象化和纯粹性的做法又使得新康德主义潜入马克思主义阵营中,对议会斗争和意识革命论的过度强调,两者最终汇流成一种混合型的盲目乐观主义和消极革命论。

在历史特定阶段的资本主义社会中,文学艺术等文化生产被纳入资本运作创造价值,具有商品属性。在文化创作和生产关系的理解上,马克思在《政治经济学批判大纲》的注释中说到制造钢琴的工人是生产者,而钢琴家并非生产资本的劳动而不属于生产劳动者;在《剩余价值理论》里他又谈到作家因出版其著作而使书商发财,即作为某一资本家的雇佣劳动者时才是生产劳动者,而他制造出观念的创作行为,则并非生产的。马克思首先从人的地位及作用的角度对生产的精神性与物质性区别开来,而事物的商品属性源自其生产的物质性,进而从其所从事的工作性质来划分生产的二重性,虽然两者都强调生产所固有的资本运作的商品属性,但都加重了物质生产与精神生产的分界,纯化了它们的界线,使得超越两者的统一变得困难起来,为其他理论的介入提供了温床。

马克思为此曾经做出过相当的努力,因为这种普遍性差异的抽象化就是其理论批判的目标。马克思主义从两方面提出过警示,一是强调"思想、观念、意识的生产最初是直接与人们的物质活动,与人们的物质交往,与现实生活的语言交织在一起的"[①]。精神生产是物质关系的直接产物。意识就是被意识的存在,而存在就是人们具体的现实生活过程;二则认为无论是精神生产还是物质生产,将其抽象化的那些因素,是脱

[①] 《马克思恩格斯选集》(第1卷),人民出版社1995年版,第72页。

离具体的历史现实的,"用这些抽象要素不可能理解任何一个现实的历史的生产阶段"①,马克思批评那些将物质生产普遍化的做法时说:"把物质生产当作一般的物质财富的生产来考察,而不是当作这种生产的一定的、历史的发展和特殊的形式来考察"②,就失去了理解的基础,也就无法理解在此基础上的精神生产和意识形态。不过这些观点并未能引起足够的重视,结果被马克思主义批判的做法又被后来的马克思主义者重新或变本加厉地运用起来。

当然,问题依然存在。就文化生产而言,既然马克思主义将生产作为人的类生活与类存在物的本质,并将生产说成能动的创造性的活动,且马克思主义一直从生产的资本运作与商品属性的角度来探讨资本主义社会,将资本主义社会看作生产与资本性的结构体系,并揭示其必然灭亡的命运。也就是说,生产其实就是资本主义社会的本质结构。那么精神生产与物质生产的关系到底如何呢?如果先行划分精神生产与物质生产,然后再来探讨它们之间的关系,将它们说成决定与被决定,以及自主性的辩证关系,是否有利于马克思主义不再陷入其批判的抽象化和普遍性的运用?如果将文化等精神性活动看作一种生产,又该如何去理解这种生产,仅仅将其作为物质性力量而存在吗?生产又是怎样将物质活动与精神活动连接成统一体的;生产作为一种结构,是先在的,还是随着历史社会的实践活动逐步建构起来的,假如生产是建构起来的,那它是否固定不变呢?它又是如何通过再生产发展自身的?这些问题存在于整个马克思主义的发展历程中,无论是对过去的革命,还是现代社会的理解,它都扮演着重要作用。作为西方马克思主义的开创者,葛兰西重新回到马克思主义的唯物主义和历史主义的道路上,站在"绝对的历史主义"和"历史的绝对人道主义"③的角度上做出了自己对这些问题的清理与回答。

马克思主义自身的"矛盾"使得机械唯物主义和新康德主义汇入其

---

① 《马克思恩格斯选集》(第1卷),人民出版社1995年版,第6页。
② 《马克思恩格斯全集》(第26卷I),人民出版社1972年版,第296页。
③ [意]葛兰西:《狱中札记》,曹雷雨等译,中国社会科学出版社2000年版,第383页。

中，这两个看上去相互对立的思想，难以同时与马克思主义结合起来，但实际上这两者有其共同之处，都将马克思主义的基础概念，如物质与精神、存在与意识、客观与主观和经验基础与上层建筑等加以抽象化，固定为一个纯粹的先在，而没有从运动生成和历史变化的角度去理解，它们必须放在特定的历史社会现实中，与事件环境相联系，既归属于其中，在其中创造自己，同时也创造新的现实，一切都在变化发展，都是运动生成的。客观地说，葛兰西继承了马克思主义从运动发展的角度看事物的观点，他认为没有事物是固定不变的，在将事物概念化和抽象过程中要非常警惕其脱离历史现实的做法，也就是说没有任何东西是先在的、固定的和预设的，只有在特定的历史现实中才能创造，才能生成自己，人类社会也因此才能真正地予以理解。绝对的历史主义表明事物是在特定历史条件和社会现实中的事物，它自身是不断运动发展的，具有自身的历史性，通过与其他事物的联系、变化与发展，互相掣肘也互相促进，不断地创造新现实，生成并改变自己，这点是绝对的，因为即便是历史、物质与基础等这些概念，只要被普遍化和抽象化，就会成为一种僵化、机械的理解，而无法达到对特定的、具体的社会现实的有效把握。这是葛兰西解决文化生产问题的哲学基础。

马克思主义认为动物也有生产实践，而人作为类存在物的本质在于有意识的生产实践，生产成为具有自然本体论的地位。就人类而言，将生产作为人成为人的本质所在，在存在中生成并创造自己，同时创造新的存在。如果这种存在指的是"那些'整体的生活方式'方面的形貌情状"①，那就是威廉斯所说的"文化"，它就是与外界现实的结构统一性存在。换句话说，不能将存在理解为先在和预设的概念，它就是活动本身、活动过程及其所涉及的一切。葛兰西同威廉斯一样，都反对抽象化的做法，但威廉斯的文化主义与结构主义的立场使其倾向于将"文化"作为生活方式的结构整体性，并以此来解释英国的历史与社会现实，而葛兰

---

① [英]雷蒙德·威廉斯：《马克思主义与文学》，王尔勃译，河南大学出版社 2008 年版，第 15 页。

西更强调"文化"的创造性与方向性,即个体在社会实践中提升自己,达到一种理性的自觉境界。换言之,人作为生产的人而存在并得以创造自己,并改造社会现实,建设人类的文化,这种观点强调人的生产实践自身所带来的自由性与创造力。因此,葛兰西认为,对以往所有哲学的批判性研究都应该以人究竟是什么为出发点,也就是说认识你自己,只不过这种认识是历史过程的产物。从某种意义上说,认识你自己,人究竟是什么,源自于康德哲学的最终命题,可以说,葛兰西的马克思主义有着浓厚的康德主义色彩。

以人是什么、认识自己为出发点的哲学是一种康德意义上的启蒙精神,葛兰西秉承启蒙性的话语结构,并在这种结构中纳入人之为人的能动性与创造性,在历史社会中的改造,即强调文化的生产性以及所能达到的自觉的整体水平。通过社会的生产性实践,人能达到自己"内心的组织与陶冶",认识并能够与"自身个性的妥协",发挥自己自由自主的精神作用,达到一种"更高的自觉境界",这就是"文化"。如此,才能明确自己所能发挥的功能与作用,即"懂得自己的历史价值,懂得自己在生活中的作用,以及自己的权利与义务"①。将自己从一种物质的、没有精神自主性的、零碎的以及不成体系的"常识"(common sense)转变成一种自由自主的、发挥创造性和能动性精神的、形成整体化统一的"健全见识"(good sense),即从机械哲学到有机哲学,从自发哲学到自觉哲学,从而有着自己精神指导力量的思想体系。

要认识自己,明白自己究竟是什么,就必须通过生产性的实践和改造来完成。首先,葛兰西指出,必须对自己的旧有世界观进行批判,对形成这种世界观的所有哲学进行研究,在自我批判中提升自己到"世界上最高层次的思想水平",完成自己的理性思考,能形成"融贯一致的统一体"②,从而为创造新文化奠定作为个体力量的基础。其次,葛兰西强调一种绝对的历史主义,是一种实践哲学或行为哲学,在社会历史中个

---

① 李鹏程编:《葛兰西文选》,人民出版社 2008 年版,第 5 页。
② [意] 葛兰西:《狱中札记》,曹雷雨等译,中国社会科学出版社 2000 年版,第 233 页。

体的生成性与创造性，它不是纯粹的思辨哲学或纯粹的唯物哲学，而是力求将人放在"不纯粹的"、具体复杂的社会发展中，放在"最粗俗、最事故意义上的"现实世界中加以考察，① 即"思想的绝对的世俗性和此岸性"。"真正的哲学家是而且不能不是政治家，不能不是改变环境的能动的人。"② 最后，通过他人认识自己，通过自己指导他人。只有在社会实践中，人们才能互相斗争、互相联系与相互促进，在团结与斗争、协商与妥协中完成自己本质的不断塑造，实现自己的人性，同时实现人与人之间的统一体，即"集体人"，只有在这种由大众"常识"改造提升的"集体人"的"健全的见识"，其统一意志才能发生革命，才是革命成功的保证。因此，在葛兰西看来，没有所谓的"纯粹的人"、"大写之人"、普遍的人性。只有动态的各种关系性存在，人与自身、他者、自然世界与社会历史等形成整体性的关系，在这些历史或实践关系上才能认识人性与人的本质，即认识自己，并不断地改造自己，同时指导对他人的改造而形成集体的意志力，改造社会现实，成就新文明。

葛兰西将马克思主义的人的有意识的生产实践本质，即"生产的人"转变为"人的生产"，着重强调人在生产实践中的能动性和创造性，即生产性。"人的生产"论有三个重要维度，其观点在某种程度上是对历史唯物主义的澄清与发展。（1）社会历史的变迁性。社会历史不是僵化的，而是瞬息万变的，是由不同时空的事件相互交织而成的动态过程，是生产与再生产的统一，任何从抽象的概念去理解社会历史的，一定要警惕这种概念的形式和框架的片面性和静止性，以及它所造成的遗漏与有意忽略。（2）人的生成性与创造性，即自身的生产性。没有固定不变的个体，也没有纯粹永恒的人性，人不断地生成自己，发现与创造自我，将自己不断地提高到新的境界。但是人的这种创造和生成，并非自然而成的，而是有着自身的能动性，即他主动地生成和积极地创造，精神不断地创造发展才是人的本质力量所在。（3）社会历史与人类自身在实践生

---

① ［意］葛兰西：《狱中札记》，曹雷雨等译，中国社会科学出版社2000年版，第257页。
② 同上书，第265页。

产上的统一性。人在社会历史中生存，在从事社会生产实践中既改变自己，又改变他人，互相促进，同时创造新的文化事实。可以说，历史社会生产人，人生产历史社会；人生产自身和他人，他人也生产自己。在生产实践上，自我、他者和历史社会才能得到说明，才能不断地形塑它们自身。（4）生产的生产性。即便生产是人类活动与社会历史的本质所在，但也不能将这种本质作纯粹的抽象的概念理解，必须结合特定的社会现实的条件、生产实践的一切活动去理解，而不是在一般的社会历史条件下去理解，否则只会产生机械的唯物主义或纯粹的思辨哲学。总之，人从事社会生产实践，但并不区分精神生产与物质生产的特性，而是将两者在生产的角度上统一起来，发挥自己的能动性与创造性，生产、改造并提升自身的思想水平，形成融贯一致的统一体，同时造就新的社会现实。葛兰西将这种"人的生产"说成"文化"，但"文化"不仅是种横向的、静态的、结构的生产体系，整体的生活方式，而更重要的是其生产的纵向上的创造性与提升性。

在葛兰西的理论中，"文化"与"意识形态"这两个概念紧密相连。法国拿破仑时代的哲学家特拉西率先阐述过"意识形态"，并将其称为"观念的科学"，这种科学性就体现在"意识形态"强调观念源自于感觉经验，用经验主义传统反对当时的形而上学与宗教神学论，被认为是一种自然科学，即动物学的一部分。特拉西的意识形态观显然有其片面性，尽管动物有其感觉世界，但思想观念属于人类专有的。不从人类特性的角度去探讨意识形态，反而将人降低为动物从感觉世界的角度去阐释，囿于经验主义的知识体系，同时在"意识形态"的感觉论分析上，虽说反对形而上学的思辨性，但它很容易与宗教信仰联系起来，从而落入其所反对的窠臼当中，葛兰西指出，"意识形态"的分析不应该从生理学的角度去理解，而应该将其纳入特定具体的社会历史中去分析，从一种感觉论的观念科学转变为理性论的意识体系，启蒙精神应该由洛克等人的经验主义转变为康德意义上的有机哲学论。同"意识形态"概念的分析一样，葛兰西对"文化"的解读也是从批判经验主义与实证主义开始的。

一方面，葛兰西反对将文化看作"百科全书式的知识"编好条目储存在大脑中,然后"对来自外部世界的各种刺激做出反应"①,因为这只能算个知识丰富的博学家,而没有对这些零碎的知识、经验主义的材料和一大堆原始事实进行融贯一致的改造与原则体系的统摄。另外这种"刺激—反应"的模式过于僵化,这是一种机械的、自然的、物质的、没有精神自主性的反应,是一种常识,由此而形成的自然科学知识(主要是种经验的、机械的自然科学知识)也被认为是一种常识,它只是被选择出来作为真理,但并没有"真正证明自己的合法性地位"②。这点与康德不同,康德受当时的自然科学发展的限制,认为机械性的自然知识才是真正的科学知识,超越历史语境和意识形态而具有普遍的先天性的,有机的知识则因无法确证而被康德认为是主观的设定,虽然它对研究自然界有相当的帮助。葛兰西则更看重这种有机的知识,并将文化定位在将人的思想意识改造成融贯一致的统一体,提升到世界上最高层次的思想水平上,创造崭新的人类文明形式。换言之,文化是人认识自己和提升自己、改造社会现实的有效机制。

而在另一方面,个体在生活中并非空洞的白纸,而是早已被"文化化"了,所谓的"文化化"指的是个体被经验和原始的事实即常识所化。文化在此又被定义为,"思想的操控、获得普遍观念、把因果关系起来的习性"。虽然被文化化,但不是有机化,"他们由此会随着具体的情境而改变、妥协或变得充满暴力、毫无耐心、爱好争吵"③。在各种交流谈判、矛盾斗争与协商妥协中才能实现有机的统一化。换言之,文化既被定义为常识,但又被定为健全的见识,甚至是由常识转变为健全见识的过程和机制。在此,文化被迫从生产的角度加以理解。它既是社会历史的生产过程,也是一种生产机制,造就出具有健全见识的个体、集体人,孕育出新的文化。文化生产是一种真正的、特定的、具体的历史社会实践

---

① 李鹏程编:《葛兰西文选》,人民出版社 2008 年版,第 4 页。
② 仰海峰:《实践哲学与霸权——当代语境中的葛兰西哲学》,北京大学出版社 2009 年版,第 168 页。
③ David Forgacs and Geoffrey Nowell-Smith, eds., *Antonio Gramsci: Selections from Cultural Writings*, Cambridge: Harvard University Press, 1985, p.25.

及其思想意识的提升,其物质性与精神性是统一的,不能从生产上加以分开。人积极主动地参与这种实践和提升,而不是被动地接受改造。早年葛兰西在革命实践中积极建立工厂委员会,集合工人阶级参与工厂实践活动,改造工人阶级,形成经济团体,然后形成各经济团体的经济联盟,最后上升到道德文化意识,形成统一的思想体系,这就是一种文化生产。

但是,葛兰西强调,形成统一的思想体系,个体达到健全见识的自觉境界,无产阶级政党的形成,革命的成功,等等,这些都不代表着文化生产的结束,在葛兰西看来,社会历史与人类实践没有任何先在的或预设的目的,他举政党为例说,当政党完全成形就是其不复存在之时,斗争变化永远不会停止,最多也只是暂时的妥协,因此政党永远需要追随社会历史的变化。在论述文化领导权时,他同样认为,不管革命胜利与否,都是要积极参与建设。换言之,文化作为生产,它没有终极目的,只有暂时的目标,要根据历史社会的需求而加以改变,并促使自身进行再生产,否则文化必定会消亡。因此,无论是个体的改造,集团的形成,还是革命的胜利,都只是暂时的统一,都只是谈判协商的结果,都要随着历史社会条件的变化而改变。一切都在生产与再生产中,都在运动变化中,如果人类在某个时刻永远地停留下来,那么我们就无法创造新的东西,同时,我们也就无法真正地理解事物,除非一种抽象的、概念化的理解。

葛兰西不仅反对预先安排和计划的目的论,而且抛弃了客观规律和必然性的观念,这点与马克思主义存在区别。马克思主义认为,历史社会是有规律的,文学就是要揭示出具体的现实生活背后的必然性,生产也是有规律的,无论是物质生产还是精神生产,都必须按照规律进行。在葛兰西看来,这种观念容易导致满足规律和条件就必然到来的等待论,而丧失了自身主体性的发挥。人类有美好的理想,但必须用自己的辛勤汗水和主观能动性以及创造性去争取实现,没有任何东西是先在的、预先保证的。生产也同样如此,只有暂时性的生产程序,而没有生产的规律,程序是要随着生产条件和现实的改变而不断调整,而规律却是放之四海皆准的，但这并不存在。因此，作为生产的文化一方面没有固定的定义，只有动态的社会实践的思想意识的改造过程，是人类精神的创造活动；另一方面它也没有规律可循，因为它只有在不断的社会实践过程中才能创造自身，实现自身的再生产，不断地创造新的观念体系。葛兰西在论述文艺复兴时并没有将其作为人的发现，因为人的发现就意味着人有其固定化的存在本质，有人性的规律可循，相反他将文艺复兴说成新文明、新文化的出现，并获得大众认同而成为普遍的形象，即"出现了文化的新形式，即在统治阶级中造就新人所必需的力量"①。

葛兰西借用了马克思主义的"文化""意识形态"等概念，赋予它们不同的含义，从而打破马克思主义的存在与意识、经济基础与上层建筑、物质生产与精神生产等二元对立方面，通过横向和纵向的做法，力图实现两者的有机统一。② 前者指的是一种横向的社会的不同力量与元素之间的实践、斗争、谈判、协商与妥协，发挥自己的自由自主性和创造性，改造并提升自我，实现暂时状态的集体化和统一性；另外又实现经济基础与上层建筑和历史社会与意识思想等方面的纵向融合。在社会现实中确实存在被阿尔都塞称为"意识形态国家机器"的学校、教堂和研究所等机构，它们是上层建筑，但却具有物质结构，隶属于社会的物质结构。这些力量在现代社会中发挥越来越重要的作用，这种作用既有意识形态的功能，又是一种物质性力量。葛兰西率先看到了这种后来被称为"文化机构的力量"，并论述了它们在争夺领导权中的重要作用。无论是经济力量，还是文化力量，只有从生产的角度，我们才能更好把握这些概念，它们不仅生产自身，而且还生产其他，甚至通过生产它们的对立面来再生产自身，从而使自身具有生产性，它们互相斗争、互相整合，也相互促进，提升人的主体力量。在马克思主义的物质性力量与精神性力量中，起决定性作用的是物质基础，而葛兰西看到了物质结构的意识形态性，也观察到了意识形态的物质性特征，同时这些居间性的结构力量，融合

---

① David Forgacs and Geoffrey Nowell-Smith, eds., *Antonio Gramsci: Selections from Cultural Writings*, Cambridge: Harvard University Press, 1985, p. 217.
② 相关论述可参阅和磊《葛兰西与文化研究》，中国社会科学出版社 2011 年版，第 49 页。

了物质性与精神性，既发挥其物质性力量的作用，又具有意识形态的建构功能，因此葛兰西试图通过生产来消除两者的对立，从而将其看成统一体，一种文化生产。现在，生产与再生产逻辑遍及整个社会现实，成为一种结构性的力量体系，并与权力相融合，形成一种新型的文化观念体系，从这个角度而言，必须理解葛兰西文化观中的生产逻辑，才能知晓其包含的深意及其对当代社会的价值与意义。

二 萨义德文化权力化的对位性

从词源学上说，"文化"的原意是"耕作"，使之自然成长，由拉丁文转化而来，暗示出主体与对象之间的复杂关系，"关于自由与决定论、主体性与持久性、变化与同一性、已知事物与创造物的问题得到了模糊的凸现"，构造了"制造与被制造、合理性与自发性"之间的张力关系，"既自我克服又自我认识"，它赞美自我，也惩戒自我，"美学与苦行并举"。① 自泰勒在《原始文化》中对文化的广泛解释以来，它又包括三个层面：一是人类对象化劳作所产生的事物，包括工业产品、建筑物和艺术品等；二是调节人类自身与社会、自然之间关系所形成的有一定物质形式的组织及其在此基础上的准则等，如司法制度、政治组织和法律条文等；三是指价值观念、思维方式、审美趣味、道德情操、宗教情绪和民族性格等人类的精神心理状态与指向。因为文化的内容随民族国家的具体差异而形成不同的文化类型，随着全球交流的频繁与扩大，这些不同文化类型产生了越来越大的矛盾冲突，同时又涉及不同文化类型主导下的观看与表述的权力关系，文化概念的内在矛盾、文化类型之间的冲突以及言语表述的文本关系交织在一起，使得萨义德的文化观只能在这种复杂矛盾中展开来，与葛兰西内在矛盾的叙述视角不同，萨义德更侧重于时代背景下的东西方文化的冲突，以及文化表述的文本性与权力考量。

（一）文本的内在性/文本的世俗化

受哲学的语言转向影响的修辞学批评没有取代马克思主义难免要解

---

① ［英］伊格尔顿：《文化的观念》，方杰译，南京大学出版社2003年版，第1—6页。

决的难题之一:文本及其外部领域的关系,尽管修辞学从传统的知识体系转变为批评的范例。萨义德认为新的批评范例依然要解决文本与历史的基本问题,或者退一步说对其进行可能性的阐释,在此萨义德又一次与马克思主义站到一起。他通过对保罗·利科、德里达、福柯和威廉斯等人的文本理论的批判性描述,形成一种在更大的历史语境范围里观照与解读文本,提供一种对文本与历史关系新阐释的可能性。

修辞学批评使文本的分析更深入,也更为复杂。隐喻、换喻、语言的张力、辞藻、意蕴、隐含的结构和富有诗意等都成为修辞学批评的对象,构成一个庞大的批评内容,显示出文本不是用沉沦在现实生活中的语言来说话的。利科认为,在言语行为中,双方处在共同的世界中,包括当时的感知情境、语境氛围以及双方都熟悉的文化背景,重要的不是双方,而是双方所处的共同世界。只有涉及共同的世界,话语才具有充分的意义。言语所指称的具体现实就是所能指称的这种共同世界,与其他无涉。由作家与世界理想的对话关系而产生文本,对话表明在一种公平、民主、熟知的氛围当中敞开各自的心扉,而文本就指向共同世界。因此,文本不是没有指称,文本阐释的任务就是将这种指称具体化,于是文本才具有话语的意义世界。换言之,对话所产生的意义世界由于文本的封闭性而被悬置起来,文本以某种方式悬浮于世界的空间中,在世界之外或根本没有意义世界,只有批评家的到来,意义才重新回到文本中,丝毫不差地回来。这样,批评家显然与文本构成一种民主与平等的乌托邦关系。只要进入文本,文本便本真地敞开它的意义世界,而这个意义世界就是言语的世界、对话的世界,是作为物质性实体而存在,阅读文本就成为这一物质实体的存在还原。而批评家的历史性,过去的文化背景,当前化的语境影响和要解读文本的将来敞开,甚至批评家是否有足够的知识技能来进行阐释,都被做零化处理。

我们必须去追问,文本是在一个封闭的意义体系中的自行运行的吗?即它仅仅是由"情境与参照所约束的言语"所构成而与"言语世俗性"中断、悬置、封闭和对立的吗?也就是说,文本中所表述的具体现实就是"言语或言语情境或作家不想写而想说的那些话",它们具有对称而排他的特征吗？萨义德批评利科没有充分论证就假定它"是"①。事实上，文本的产生不像利科所说的那样，在一种民主、平等的氛围中，即被现象学还原的作者与情境世界理想对话的结果。对话意味着双方互为主体、互相交融，彼此本真地敞开心扉地交流。在萨义德看来，作者总是要受到世俗世界的影响，这种影响包括文化传统、历史意识、当前环境与经验积累、政治社会结构以及经济生产方式，文本的运作程序，书刊出版、作者本人所受的教育与知识水平等。萨义德宽泛地总结说："关键是文本具有其存在的方式，即使限于少数人的形式，也总是受到环境、时间、地点和社会的约束——简言之，它们处于世界当中，因而是世事性。"而"世事并非来而复去的"，它本身是复杂发展的，历史"用于表示一切事物都在时间内发生这一不可思议的模糊的概念"②。任何一个文本的产生都是由于作者的过去曾在的历史语境和知识背景，作家面向将来的存在可能性与眼下生活世界当前化统一到时的结果。

就表达工具的语言来说，言语也是世俗性的，并不是纯净而排他的，与世俗性的生活世界紧密相连，与说话者的地位以及与此相联系的权力机制相关，它只有存在于这种历史情境中并以此来表明自身的存在。因此，作者所写成的文本世界就不只是言语或言语情境，即对话所构成的言语世界。文字本身充满了歧义不安、焦虑躁动，挣脱文本世界而向外向世界衍生。文本的意义世界与世俗世界并不是隔离对立的，文本是向世俗世界敞开的，面向生活世界的。批评家呢？萨义德说："批评家并不仅仅是炼金术士般的文本翻译者，仅仅把文本转变成具体现实或世事；因为他们也受环境的支配，也是环境的创造者，不管批评家使用的方法具有什么样的客观性，这种情况也能被感知。"③ 他总是带着自己的世界，这个世界受环境支配，当然批评家能够重新理解并创造环境，从而与文本世界遭遇，产生一个新的文本世界。

在德里达看来，一个文本对读者的全部仅仅是文本的内部。如果文

---

① ［美］赛义德：《赛义德自选集》，谢少波等译，中国社会科学出版社1999年版，第61页。
② 同上。
③ 同上。

本极其重要,那是因为"它的真实情形实实在在地就是无任何现实根源的文本要素"①。文本内所发生的事与其他无牵涉。文本悬置、中断或超越于它对现实世界的清晰描述。文本自足一体,按照自己的游戏规则和组织层次进行运作。播撒、增补、药、踪迹、边缘和替代等作为一种文本性力量在文本内部运动,并将组织规则、结构层次及在此基础上的语义终点线打破。照此,柏拉图、马拉美、卢梭、海德格尔、笛卡儿与索绪尔等都被德里达给予了文本化的处理,目的在于打破西方自古以来的"语音中心主义"或"逻各斯中心主义"。也就是说,读者越是以为把握了"自足的文本性",其"非在之物就越多",越没有中心性,德里达通过文本内部的解构而提供出一条将其自身展现出来的可能性道路。

德里达对文本所产生的文化背景,作者所生活的世俗世界,历史的密度与特殊性,文本与历史的种种旅行与联系的产生,现实世界的宰制与文本的反抗,等等,同利科一样都将它们予以否定与消除,进行零化处理,其理论局限于文本内部的语言权力的解构,萨义德对此批评道:"在大学中,在各种各样的职业的技术性语言中,在西方与非西方的世界中,在支配少数派的修辞中,在权力的运用中,在传统、纪律和官僚的创造或破裂中,传播柏拉图、卢梭和其他人的复杂机器是个充满权力的机器,也是一个持续的历史和实际的人类生活的印痕。但是它需要较之德里达赋予它的更大程度的说明。"② 无论是文本的产生,还是文本的解读,都从来没有离开过世俗世界,就德里达的播撒、增补、药、踪迹和边缘等文本解构性力量,不仅是描述"结构的掩饰"的词语,而且是"控制和操作他的作品所打开的文本领域的准神学话语"③。文本旅行中各种宰制力量的世俗因素都对文本的阐释产生极为重大的影响,当然也就应该成为文本分析的重要内容,而德里达对此却视而不见。

在批评家触目之前,文本虽然没有效果的产生,但却有着自己的效力趋势。虽然是过去曾在的历史语境的产物,或者是某个特定历史时刻

---

① [美]赛义德:《赛义德自选集》,谢少波等译,中国社会科学出版社1999年版,第91页。
② 同上书,第120页。
③ 同上书,第92页。

别有用心的想象,但其始终联系着世俗世界,世俗世界既发展又统一,"每一部文化作品都是某一时刻的想象,我们必须把这一想象与它后来引起的各种想象并置起来"①。世俗世界的统一性确保再度阐释的可能性,而其发展变迁则产生出多种批评的可能性。在此基础上,萨义德创造性地提出一种"对位阅读"的文本分析法来运用自己所主张的世俗化的文本理论。它包括三个方面:一是"空间对位"的方法,将文本中的西方与非西方经验并置起来考量帝国主义话语对世界范围的空间划分与力量操控,既要考察帝国的话语,也要分析反帝的行为,人类历史互相冲突却又相互重叠地交织在一起;二是"年代错位"的方法,文本分析既要在空间上展开世界,又要在时间上回溯历史。帝国意识、帝国行径与反帝行为,并非同时进行的,也非接续发生的,这期间充满了曲折反复与相互勾连,成就了人类这段可以不断追溯而又影响深远的复杂历史;最后是"缺场复位"的方法,人类历史不仅有主流的,也有潜流的;既有在场的,又有缺场的;有暴露出来的,同样有被遮蔽起来的,将它们并置起来加以研究。关心文本诉说的一面,也分析其没有诉说的一面,将文本的内在性与世俗化结合起来,恢复文本的本来面目,让历史说话,让经验检视,放弃那种超历史、超经验的研究,彻底地摆脱权力逻辑的陷阱,在互为交叉、互相依赖、相互重叠的历史经验的基础上实现文化的交流与对话,完成公正、平等、自由的多元共存的全球文化建构。

(二)帝国的经验意识/流亡的经验意识

根据文本的世俗化观念,萨义德批评德里达的文本内在性理论而转向接受福柯的文本内外进进出出的观点,强调话语、文本、修辞在历史建构中的作用,文本往往是政治问题的表现,是各种权力交织生产的载体与结果。他坚持从东西方关系的事实和体验出发,重新审视在西方国家中作为一门研究东方的名为东方学的学科知识。在对诸多东方学文本进行世俗化的精细解读中,萨义德发现东方学的"知识暴力",控诉了西

---

① [美]赛义德:《赛义德自选集》,谢少波等译,中国社会科学出版社1999年版,第226页。

方世界的文化霸权。在这些对东方研究的文本表述中,"我并不认为这一体系是对某一东方本质的错误表述——我压根儿不相信这一点——我认为它像表述通常所做的那样,有着某种目的,顺应某种趋势,有着特定的历史、知识甚至经济背景"①。这种趋势和目的就是帝国主义与殖民主义等西方强权对东方的逐步宰制、压迫与剥削的侵略行径,以及在此基础上所共同建构出来的一整套东方主义的话语体系。因此东方学文本在西方世界对东方世界的宰制与殖民的历史进程中起着共谋作用,而像简·奥斯汀、康拉德和吉普林等著名的西方小说家也难逃帝国话语的权力逻辑。

话语被认为是思维方式、文本表述、公共政策和机构制度与社会行为等方面为某个目的所形成的统一体,同文本世俗化的观念一样,萨义德并不想让话语处于封闭的体系内,他批评福柯陷入了理论的僵局,权力与知识的联系处于一个封闭的系统中,导致权力生产知识,知识产生权力的循环圆圈。直到福柯的最后岁月,他都没能走出来,只好转向"有关主体性、自我关怀以及其他一些问题的讨论"。萨义德在话语建构性的基础上强调必须将政治介入其间,避免把政治作为"只是生产/削弱权力的过程;政治构成了复杂而丰富的历史经验"②。马歇雷曾按照阿尔都塞的意识形态建构理论,将作家作为一种"物质媒介":"在他尚未创造的条件中,在对从定义上说他无法控制的矛盾的屈服中,通过赋予他个性的、标志着资产阶级社会的意识形态上层建筑之特点的一种特殊的社会劳动分工,而插入一个特定地方的中介。"③ 作者成为意识形态建构的中介,他既是一个意识形态的消费者,又是一个积极的生产者。在意识形态的宽阔场域的影响下,文本影响作家,作家又制造和写作文本,文本同样成为意识形态的中转站,尽管萨义德接受了意识形态中所蕴含的权力结构、对抗模式以及逐步建构对作者及其文本所产生的影响,但

---

① [美]萨义德:《东方学》,王宇根译,生活·读书·新知三联书店1999年版,第350页。
② [美]保罗·鲍威编:《向权力说真话——赛义德和批评家的工作》,王丽亚等译,中国社会科学出版社2003年版,第67页。
③ [英]弗朗西斯·马尔赫恩编:《马克思主义文学批评》,刘象愚等译,北京大学出版社2002年版,第55—56页。

无论是福柯的权力观念，还是马歇雷的意识形态观念，都被本质化地处理成从自身发端出来，吸纳他者而又衍生自己，形成一个将他者视为中转助推工具的魔咒，与此相反，萨义德却将话语放置在两种对立的政治行为中，没有放弃权力或意识形态的两极对立的古典观念，从而让话语走出福柯或马歇雷所设置的魔圈，为其文本批评并置西方与非西方两个地理空间的权力关系创造条件，"福柯似乎没有意识到，在这个范围内，话语和规则的观点是十分武断的欧洲式的，他没有意识到规训——它同运用大量细节（和人类）的规训的使用一道——如何也曾被用来统治、研究和重构——接下来就是占领、统治、开采——几乎整个非欧洲世界的"①。正是在东方学文本中真实东方的缺场才使得东方学在西方政治权力的运作下得以建构，成为一门学科知识，并在西方的历史进程中，尤其是帝国主义、殖民主义时期扮演着极为重要的角色，如此才能充分理解东方学的内涵及其在西方的意义，并揭穿其中所蕴藏的"知识暴力"与"文化霸权"。

  萨义德认为，需要对文本曾在的产生因素、文本产生时的制约力量以及文本的将来旅程等加以统一到时的考虑，才能达到对文本的洞见，揭示出文本中隐含的历史因素，将文本的真实情况展现出来。"我相信事实本身，可是事实却往往被混淆、被遗漏，被用来装点门面，被遮掩或者被忘却。"② 而在文本曾在的产生因素中，历史文化传统与当时的现实发展情境内化为作者经验意识。对这种经验意识的把握与领悟成为文本阅读与分析的关键所在，既能揭示出作者的写作意图，又能反证出当时的现实情境，进而将历史的真相显现出来。奥斯汀被认为代表了英国文化中的人道主义传统，但萨义德通过对小说文本的解读，揭示出这种人道主义实际上建基于一种东西方关系之间的"地理道德"，曼斯菲尔德庄园的家庭秩序和经济基础依赖于一个"重组"和"内化"的地点：不在

---

  ① ［美］赛义德：《赛义德自选集》，谢少波等译，中国社会科学出版社1999年版，第132页。
  ② ［美］保罗·鲍威编：《向权力说真话——赛义德和批评家的工作》，王丽亚等译，中国社会科学出版社2003年版，第15页。

场的加勒比殖民地国家。在帝国时期的英国小说中，缺场的东方对小说情节、结构及其意义均发挥着不可或缺的作用，小说可以随时随意让人物去东方，同样也可以让他在任何时候回来。这种依赖于非西方世界所建立的人道秩序与贵族制度，以及任意处理东方世界的帝国意识，早已存在于奥斯汀等文学家所反映出来的小说中，成为当时甚至更早时代英国普通民众的意识结构，"帝国是在1870年之后的'帝国时代'里才接管了那些社会，那就是一个过于简单和简化的命题"，而在19世纪早期的叙事中、政治理论中或图画技术中就有那些鼓励乃至确保西方能够随时感受帝国经验的倾向。① 这些早已出现的帝国的思维模式、条件反射与内在意识使得帝国主义的讨论应该推回到18世纪，甚至更早的年代。

萨义德在诸多文化批评文本诸如《理论的旅行》《简·奥斯丁与帝国》等中盛赞威廉斯对批评的独特见解与思想。威廉斯要求将文化当作一个整体的过程来看待，对文本的分析与解读必须同它所从出的社会生活以及制度结构结合起来。所要阐述的不仅是那些伟大的文学艺术作品及其精神思想，还要明确特定的生活方式与其价值意义，寻找和理解某一文化的共同因素。具体说来，文化分析还应该拓展到"生产组织、家庭结构、表现或制约社会关系的制度的结构和社会成员借以交流的独特方式"等诸多生活状态方面。② 在马克思主义文化理论中，威廉斯学到一种"精细的理论感觉"，领会到文学文本与社会生活的种种联系。经验在威廉斯的文化批评中占据重要的地位，它是某种文化当中的成员在其整体生活所逐步形成的一种与其他文化类型的区别的独特的生活方式，经验的"感觉结构"成为其"批评模式中的原初理论"。萨义德没有否定社会经验在文本建构与文学批评中的重要作用，但并没有将其结构化。他引述威廉斯在《政治与文章》中的话说："无论一种政治制度的支配力多么强大，都会牵涉到某种限制和对它掩盖的活动的选择。所以这种支配本来就不可能覆盖所有的社会经验，因此总是潜在地包含着还没有作为

---

① ［英］弗朗西斯·马尔赫恩编：《马克思主义文学批评》，刘象愚等译，北京大学出版社2002年版，第106—107页。

② 罗钢等编：《文化研究读本》，中国社会科学出版社2000年版，第216页。

社会制度或它的初端而表现出来的替代行为与替代意图。"① 在萨义德看来，在帝国主义这种政治制度正式形成之前所表露出的"帝国"经验意识恰恰是他对简·奥斯汀等人的小说批评中所极力寻求的东西。这种经验意识对小说文本的构成起着重要的作用，而小说的广泛阅读则又会促进这样一种经验意识的传播与流布。同样，也是在这种经验意识的考量中，萨义德委婉地批评威廉斯在探讨英国向殖民地输出问题时不甚深入，局限于某种感觉结构中，其"重点和广度并没有超出事情本身实际提供的内容"，只是在《乡村与社会》中才姗姗来迟。②

为了揭示社会经验的复杂性，恢复其被各种社会制度、帝国结构和知识文本等遮蔽隐藏的本来面目，萨义德不遗余力地反对将权力、意识形态与经验结构化的做法，尽管结构内部存在着种种矛盾，有其自身的运作模式，从而表现出与旧有本质主义静态原子性固化的区别，但其封闭的体系依然被认为是一种本质主义的时代改装品。早在萨义德方法论著作《意图：起源与方法》中，他就继承与发展意大利哲学家维科的思想探析了两种讨论"开端"的理论和方法：起源说（Beginnings）与源始（Origins）说。从字面意义而言，"起源"乃普通意义上的"开始"之意，"源始"则是原始性的开端。就其深层意义来说，"源始说"表现在宗教上是一种神创论，如西方基督教文化中的上帝创世说，或者表现出哲学上的形而上学论，如某些古希腊哲学家将世界开端于"原子""水""火"或"数"等之类的物质性或精神性的东西。它们都是一种本质同一化的、永恒不变的开端。开端被定为某种单一性的东西，事物由此发展开来，无论是物质性的还是精神性的东西，它都是人类难以理解的，对其内部的结构以及它如何成为事物的开端，又是如何发展变化的，人类只能对此做出某种想象，而这种想象的真实性根本无法加以证实，属于一种人类智力的推测，是人类进行智力活动以理解事物的预先假定。

---

① ［美］赛义德：《赛义德自选集》，谢少波等译，中国社会科学出版社1999年版，第152页。
② ［英］弗朗西斯·马尔赫恩编：《马克思主义文学批评》，刘象愚等译，北京大学出版社2002年版，第108—109页。

反观起源说，当人们说"开始做一件事情"时才表示事情的正式开端，它是不能脱离与其他事物之间的关系的开端。换言之，人们开始做某件事情，这件事情的正式开端无法脱离事物自身开端状态及其创造者即主体的状况，还有事物自身开端的条件环境、帮助者和对立破坏者等关联性他者情况所组成的全方位处境，任何事物的存在都是一种处境性存在，事物只有在处境中才能显现自身的存在，处境也只有通过事物才能呈现出来，两者是同一的，不可脱离对方而独自存在的，即处境就是事物的处境，事物就是处境的事物，或者事物就是事物的处境，而处境是处境的事物，这就是事物存在的意义。

"起源"是一种进行时态，当下瞬间变化的动态性存在，一个临界乍现的存在，它却赋予自身历史时间性，既蕴含着所有关联性事物，包括创造主体的一切的过去的完结，同时又是新事物自身及其全方位新处境的开端，即事物存在的完结和开端都是同时进行的，自我形塑和自我消除的二元对立融合其中。当运动中的事物完成新事物所要求的质变时，新事物才正式开端，它的开端也就预示着事物自身存在的未来发展、开放，即自身的形塑与完善化，以及与此同时的自身的消亡。因此"起源"必须理解为事物开端性的存在，呈现一种过去、未来共同到来的时空性的当前处境化的进行时态。

如果简要地说出"起源"和"源始"的区别，且不计所忽略的方面，那么很容易将起源定为更强调空间性意义的开端，而源始则表现出一种时间性意义的溯源，并且找出其终极源头的某种东西。事实上，两者的区别并非想象的那么简化，时空对立、排除异己，从一个极端走向另一个极端，相反却是时空交错，非常复杂地关联在一起，显然"起源"说是萨义德用来代替传统的"源始"说，其优处就在于改变了"源始"说时间性意义的偏颇和单一化倾向，它将开端归结为最原始的某种单一化的存在。"起源"说在萨义德的理论中，是与其现世性（worldliness）和人文主义（humanism）等观念连贯起来的。他强调人的处境性的存在，存在是一个世俗化的世界，而人文主义也非某种传统意义上认为的固定的精神观念及其相适应的感知方式，"不是一种用来巩固和确认'我们'

一直知道的和感受到的东西的方式",相反"毋宁是一种质问、颠覆和重新塑形的途径"①,是在一种对过去不断质疑,力图回归真实,不断开放与创造的敞开境界。

正是在"起源"式开端的基础上,我们才能理解萨义德为什么强调自己的人生尤其是早年的经验意识,才能领会他后来所倡导知识分子应该具有的格格不入的流亡意识。萨义德将知识分子定位为一个流亡者、业余者和向权力说真话的人。他在班达战斗性的修辞深处找到了这种知识分子的形象:"特立独行的人,能向权力说真话的人,耿直、雄辩、极为勇敢及愤怒的个人,对他而言,不管世间权势如何庞大、壮观。都是可以批评的、直截了当地责难的。"② 萨义德以这样的方式参与着世界,作为这个世界的见证者,记录这个世界的一切,不至于因历史形势的改变而变形;另外,历史总是被遮掩、被混淆、被遗漏以及被忘却,甚至不惜涂脂抹粉来装点门面,因此知识分子应该总是对现实不满意,也不让自己的思想意识形态化,或做专业化的故步自封,采取批判的立场,游离于权力或中心之外,成为边缘人,从而告诉人们历史的真实情况,引出问题,提出疑问,激发人们的意志,和人们一起向将来走去。就文化而言,知识分子的流亡意识强调对文化的认识不应该固化,局限于地域或族群的限制,囿于某种理论体系或意识形态的立场,它要求人们用游动的眼光、边缘化的态度与业余者的视角谦卑地审视文化的他者,用流亡的自由意识来消除帝国的权力意识,实现多元文化的平等交流与非强制化的自由未来。

(三)东方主义/人文主义

萨义德在1978年发表的《东方学》中探讨西方与中东、印度之间的文化权力问题以及他者的话语表述问题,剖析了作为一门学科知识的东方学是如何转变成具有权力逻辑的东方主义观念的。从时间上说,这种东方主义文化观设定了进化论或进步论的历史叙事,并以进步与落后的

---

① [美]萨义德:《人文主义与民主批评》,朱生坚译,新星出版社2006年版,第171页。
② [美]萨义德:《知识分子论》,单德兴译,生活·读书·新知三联书店2002年版,第15页。

时序划分来编写世界民族的文化史，非西方世界奴隶属于落后阶段，甚至还处于人类的野蛮状态，以此来佐证西方文化的优越与进步。从空间上说，站在西方世界中心性的单一立场上俯视其他地区，将世界地理划分为西方/东方，并与带有政治与权力色彩的其他二元对立的概念，如宗主国/殖民地、文明/野蛮、中心/边缘和发达/贫困等重叠在一起，建构了一种政治的地理学或权力地理的观念。从起源上说，西方人天性纯良，作为上帝的选民，有着天然的种族优势，有着与生俱来的文明基础。① 总之，他们理应成为非西方世界的拯救者、殖民者与侵略者，将西方文明普世化，从政治、经济与文化等方面，全方位地强加于"非我族类"的东方世界，把东方学这门学科知识彻底地意识形态化，变成东方主义话语，最终与轰轰烈烈的宰制非西方世界的帝国行径交织在一起，维护着迄今为止的西方中心地位与帝国角色。

萨义德在1993年发表的《文化与帝国主义》被认为是《东方学》的扩充与发展，是其"续篇"。该书将研究范围扩展至整个世界，"对现代西方宗主国与它在海外的领地关系做出了更具普遍性的描述。"而且其中花了不少篇幅对《东方学》未论及的反帝国主义文化运动进行了历史描述与文本分析。② 帝国主义与反帝国主义的文化运动及其话语表述问题被放置在一个全球化背景下加以考察。出乎意料的是他并没有将殖民地所有的问题都归结于帝国主义，暗示欧洲的前殖民地的所有当代问题都应该归咎与谴责欧洲，而是批评东方文化内部所存在的问题，甚至内部问题比外部问题更为重要，也更值得关注。

区域文化的差别、都市文化与农村文化、中心与边缘、精英与大众、主流文化与非主流文化和国家内部民族文化差异等，它们之间的差异性构成的不仅是文化问题，极有可能转化为政治问题。文化是人类的生存方式，生存方式不同，文化自然存在差异。但差异从文化走向政治，成为一种"精神分裂症的意识形态构架"，在这个构架内，信条、信仰、国

---

① 王敏：《试论萨义德的文化观》，硕士学位论文，新疆大学，2006年。
② [美] 萨义德：《文化与帝国主义·前言》，李琨译，生活·读书·新知三联书店2003年版，第1—2页。

家理想、意识和民族情感等充斥着高高在上的恩赐、虚伪欺诈的笑容以及实质上的权力宰制。"这个世界已被大量的社会经济问题和大量对此具有阻止作用的种种意识形态和信条所包围,而这些意识形态和信条中的大多数,却被欺骗、诡诈和对真理十足的蔑视掩盖起来了。中东很少像现在这样显得如此的帮派化和分裂化,在错综的死气沉沉的政治背景下,犹太复国主义、排外主义以及形形色色的反动的民族主义,都在上面签着自己的名字。"①

近年来,正是由于帝国话语的强力,东方自身身份的不纯不明而导致内心的压抑与身份的焦虑,东方世界开始借助文化的民族特性与第三世界在西方文化宰制下的压抑地位建构自身民族文化的本质,却在世俗的政治实践中成为融入全球资本主义行为合法化的策略,或者成为压制、打击甚至破坏异己力量的权力夺取与维系的手段,推行东方主义的东方做法,这些挑衅、打压与摧毁的"东方的东方主义"行为与帝国行为、东方主义如出一辙,甚至危害更广大更深远,"说得更准确些,第三世界主义抛弃了从前的民族解放目标,把民族文化加以新法西斯主义的具体化;不再为资本主义对世界的建构提供别样选择,反而在全球范围内将资本主义合法化,并复活了法西斯主义"②。这种东方化的东方主义包括坚持一种对抗式的民族属性的诉求,如原教旨主义、纯粹的民族主义,排他性的固守文化的本土与传统意识;他们陷入了东方主义的话语逻辑而不能自拔,采取一种非此即彼的二元对立结构,都是一种本质主义的思维模式。还有甚者,他们有意无意地借用西方的文化理论、文学技巧和话语武器来批判西方,改良并建构民族文化的传统,成为西方文化的本土传销者或代理人。"东方的东方主义"成为东方主义在东方的影子,他们不但没有消除西方的阴影,反而在全球范围内加固了东方主义的权力逻辑。如此,我们到底该如何逃脱文化霸权的陷阱呢?

每一种成熟的文化都有着自己漫长的发展道路。寻求、追溯并认同

---

① 张京媛主编:《后殖民理论与文化批评》,北京大学出版社1999年版,第74页。
② 张兴成:《跨文化实践中的东方主义话语》,《二十一世纪》(香港)2002年6月号。

这种文化的经验意识是必要的，因为它是民族文化的立足之本，也是民族文化得以发展的基石。萨义德引以为豪的是半数以上的巴勒斯坦子民流落在黎巴嫩、叙利亚、埃及、约旦，甚至于西欧、美国和拉丁美洲，他们乡音未改，保留着自己的民族意识。① 吸取民族文化的经验意识，更新自我，促进民族文化创造性发展。本土文化经验意识的兴起离不开某种文化认同的诉求。认同什么，为什么认同是这种本土文化意识分析的关键之所在，将它挖掘出来，彰明其潜隐的目的与内容，促使本土文化朝着一种融合其他文化、创造性发展的轨道前进，防止超越于本土文化意识并以此为基础的意识形态追求与认同上的不良政治权力因素的利用，如一些纯粹的民族主义者、原教旨主义者以及权欲主义者所主张、倡导与所实践的那样，文化成为谋取利益的手段，满足私欲的工具，压制异己力量的法宝，而非以文化自身的发展为目的。

萨义德的文本分析与文化批评构架于东西方两种不同的地理空间上，其特创的"对位阅读"的文本分析法，将空间想象而不是时间叙事作为根基并充分发挥它在文本分析中的特殊效能，构成了其独有的一道文化批评的风景线。它建基于东西方差异的基础上，"差异的逻辑是必要的"，萨义德对照西方文本中的西方在场的单一化逻辑，它"是令人不能接受的停滞和弃绝的逻辑"，并结合东方不在场的逻辑，揭示出西方文本的权力特质。② 但是，文化的差异性却使文化的"海纳百川"很可能成为一种"乌托邦的幻象"。"幻象"的根基在于不可调和的文化差异性。悖论在于：文化融合之路没有尽头，其斗争依然在延伸。破除幻象，真正实现海纳百川，就必须防止文化的相对主义。萨义德的人文主义文化观并非一种相对主义文化观，相对主义将文化差异绝对化而不可理解，更不可能融合发展，萨义德主张在一种平等、自由与宽容等人类基本信条的基础上，是能够取得对其他文化的真正认识，并积极努力寻求理解，与其融合起来创造性地共同发展。萨义德强调文化的差异存在，不仅是民族

---

① ［美］保罗·鲍威编：《向权力说真话——赛义德和批评家的工作》，王丽亚等译，中国社会科学出版社 2003 年版，第 30 页。
② 张京媛主编：《后殖民理论与文化批评》，北京大学出版社 1999 年版，第 75 页。

内部，也包括国家之间，并实现真正意义上的差异沟通，这需要一种良好的心态才能做到，并非相对主义者那样对自身内部的文化宽容，而对异己的文化则加以毫无关心的漠视，排斥自身文化内部的他者因素，人文主义真正要做到的是在文化差异的事实基础上超越二元对立，特别是两者之间的优劣比较，实现多元文化的共存、融合与发展。

  东方主义的历史经验教训与思想意识值得认真吸取，但文化类型依然有其认同与发展的必要。帝国主义话语结构、思维模式与条件反射也应该加以警惕、批判甚至抨击。虽然历史在东西方文化的连接上设置了重重障碍，甚至使这种连接成为不可能，但连接的强调、多元文化的共生、民族文化的相互促进依然具有其强大的政治与现实意义。萨义德的人文主义认为，文化本身就是不同的历史经验相互交织、重叠与融合的，是多元的、异质的、互相影响与相互混合的统一体，没有哪一种民族文化是纯粹的与完全排他性的，因此它质疑一种所谓现代性的普世主义的西方文化，反对本质主义与教条主义，但它并不是一种后现代主义解构式的文化观，而是依然坚守自由民主、平等宽容、历史经验和真实性等人类基本的信条，保持一种面向未来的宏大叙事的现代观念。

  当然，现实世界已经迅速发生了变化，它不再是过去所理解的帝国主义，而是一个去中心的帝国或后帝国时期，由于其深入人心的全球宰制性生产结构的日益顽固，它更是一个全面而又细微的宰制时期。人人都认同这种生产方式，自己压制自己。每一种民族文化的习性与特质都是整个生产结构的一个部分、一个载体。以至于每一个人、每一种民族文化都难逃这整个后帝国时期的生产结构的规范与训诫。而那些深受萨义德影响的后殖民理论家所主张的杂陈、异质和混血等文化类型，与后帝国时期资本主义适合东方口味的生产方式相得益彰。后殖民理论不仅提醒资本主义采取更加灵活多样的方式穿透第三世界社会的重重堡垒，而且成为这种生产结构的有力鼓吹者与保卫者。更重要的是，后殖民理论家鼓吹混血型文化，颠覆纯洁型文化，因为他们已经认识到"后殖民地的学者未必掌握到，他们所执着的本土文化是处在不断的变迁之中，这些变迁在帝国主义散播之下不可避免地发生调整，而且调整中已经吸纳了帝国的文化价值"①。本土文化已经没有自己的知识力量,没有自己的文化领地,也没有自身的话语表述,似乎只能在帝国或后帝国面前束手无策。在跨文化、跨语际、全球化与多元文化共存的现实背景下,无论后殖民理论囿于文学文本的分析,却看不到西方宰制的本质来源于何方,还是其倡导的文化类型契合后帝国时代的全球生产结构而遭到新马克思主义者的批判,萨义德所提供出来的重要意义就在于批判精神,在于对一切权力关系的检视,质疑现实世界的各种符号与文化表述,永远历史化,强调现实经验的复杂性,让事物的本来面目呈现出来,并在此基础上建构消除权力逻辑的知识体系,真正以文化的共存、融合与发展为目的。

三 东方主义:文化霸权理论的延伸

1978 年,作为后殖民主义理论自觉与成熟之作的《东方学》一问世,便在全世界范围内,尤其是在第三世界国家引起了广泛的关注。虽然"后殖民主义理论的直接来源是后结构主义,而后结构主义思潮则是 20 世纪 60 年代西方社会与文化动荡与变化在知识界的反映"②,但是 20 世纪初期的两位理论家——葛兰西的"文化霸权"(又译"文化领导权")理论和法农的"民族文化"理论,尤其是葛兰西的"文化霸权"理论——对后殖民主义的产生和发展起到了积极的推动作用。萨义德(一译赛义德)在《东方学》的绪论中,曾数次提及葛兰西文化霸权理论中的相关内容。可以说,文化霸权是后殖民理论最为重要的概念词语之一,也是后殖民理论探讨的一个重要问题。如果没有霸权理论,这部著作的重要意义是难以想象的,当然也难以获得各国学者的广泛关注。在此,我们不应忽略的一个问题是,葛兰西文化霸权理论与萨义德的东方主义究竟有什么联系与不同呢?分析其异同将有助于我们深入地理解理论本身以及它们之间的联系,对无产阶级复杂的革命斗争、帝国主义的本质

---

① 石之瑜:《从东方主义批判到社会科学的本土化》,《二十一世纪》(香港)2000 年 12 月号。

② 刘康、金衡山:《后殖民主义批评:从西方到中国》,《文学评论》1998 年第 1 期。

与殖民史有更为清晰的认识。

总的说来,东方主义是文化霸权理论的一种延伸,是其权力逻辑在东西方文化、知识、话语与表述等方面关系上一个新方向的拓展,它巩固了西方的意识形态霸权,使文化霸权问题进一步复杂化、顽固化。具体而言,文化霸权理论与东方主义表现为两个方面的相同:古典式的权力模式以及将这种权力模式运用于文化、知识与思想意识中。"权力"概念一直是人们研究的重要话题。在早期研究者对权力的研究中,权力被说成一方对另一方的命令、控制与占有,而另一方只能服从、听命、妥协与丧失自己应有的权益来换取双方的一致与平衡。它强调权力的控制方对反应方行动的"居高临下"的能力,这种能力既来源于控制方对权力资源的占有与支配,同时又能强化这种占有和支配。因此,权力就是控制方凭借对权力资源的占有与支配,在对反应方的命令、压服与强力中表现出来的。

随着权力研究的深入,"零和"(zero-sum)现象得到了权力研究者的关注,它是指双方之间权力的相互影响、此消彼长、总和为零。尽管权力的零和模式摆脱了将权力定为一方对另一方的命令,控制和压服而忽略了弱势方对强势方的质疑,化解与反抗的单向性思维模式,但它并未改变权力分析中的两极思维模式,依然将权力的分析局限于这两极之间的场域,以两者之间的权力资源的转移来构架权力理论,几乎陷入了权力本身的困境。因而,"零和"现象的思考,对权力研究无疑是一种发展、进步,但其模式仍是一种较为古老的思维方式。

20世纪初叶,俄国十月革命取得成功,然而芬兰、匈牙利、德国、法国、保加利亚和波兰等国相继发动的工人起义却以失败告终。资产阶级借此加强了自己的统治力量,疯狂地镇压各种形式的革命活动,欧洲工人运动被迫转入低潮,法西斯主义甚嚣尘上。面对法西斯主义的兴起与欧洲工人运动的衰落,葛兰西开始反思马克思主义理论传播中的经济决定论,强调文化与意识形态的重要性。他接受了意大利哲学家拉布利奥拉"实践哲学"的影响,认为意识形态具有实践意义,是一定的社会团体的共同生活在观念上的表达。葛兰西将革命运动的失败归咎于市民社会在抵抗资产阶级意识形态霸权渗透上的无能,提出要夺取政权,首先要在市民社会进行一场文化和精神上的革命，获取与传统的政治领导权相区别的文化领导权，否则革命不是带来灾难，就是昙花一现。

葛兰西反对经济决定论，反对历史唯物主义关于社会划分为经济基础与上层建筑两大部分以及两者之间的辩证关系的思想，批判马克思主义内部的实证主义思想，重新发掘马克思主义中的黑格尔根源，极为重视革命意识、观念与意志在人类历史中的作用。在此基础上，他开辟了"以实践一元论为其本体论基础的文化学"理论，也就是文化霸权理论。①在本体论问题上，葛兰西为了避免重蹈庸俗唯物主义的覆辙，即物质世界与主体功能的分离，用"实践"代替"物质"，将"实践"作为唯一本体，并将实践哲学与文化斗争相互结合。在回答"什么是哲学"时，葛兰西直截了当地说："哲学是一种世界观，哲学活动也不要看成只是'个人'对于系统的、融贯一致的概念研究，而且也要并首先把它看成改变群众的'心态'，传播哲学新事物的一场文化上的战斗。"② 哲学活动被当成一场文化斗争。他将革命理论运用于文化哲学中，把与实践直接联系的文化概念扩大到指与物质世界相对的整个精神世界，涵盖人类一切精神活动及其成果，使其成为一种世界观。葛兰西非常注重文化与意识形态的巨大作用，希望无产阶级能够及时调整革命战略，与资产阶级争夺文化领导权。为此，他甚至不惜走上否定历史决定论之路，陷入"可以随心所欲的唯意志论的泥潭里去"③。这是葛兰西在重新思考马克思主义的基础上，结合当时欧洲无产阶级革命经验所产生的理论成果。

葛兰西的文化霸权理论讨论了国内统治阶级与从属阶级在文化与意识形态上的权力斗争，萨义德的东方主义也是将权力逻辑局限在两个极点之间的领域内，只不过换成了东西方文化表述之间的权力关系。当然，萨义德并不是没有注意到现代权力研究的积极进展，他之所以如此，是由于他的批判目标（欧洲中心主义）所决定的。东方主义深受米歇尔·福柯权力话语理论的影响，但萨义德并不认同福柯的权力观，

---

① 冯宪光：《马克思美学的现代阐释》，四川教育出版社2002年版，第228页。
② ［意］葛兰西：《狱中札记》，曹雷雨译，中国社会科学出版社2000年版，第260页。
③ 徐崇温：《西方马克思主义》，天津人民出版社1982年版，第220—221页。

将其比作"没有蜘蛛的蜘蛛网"。他也不赞同"流线图"式的权力观,即经过一个个的中介而流动,中介承载权力进而又生发权力这种功能性的所谓"流线图"式的权力观。萨义德在《文化与体制之间的批评》一文中说:"权力既不能同没有蜘蛛的蜘蛛网相比较,也不能同平滑的功能性的流线图相比较,大量的权力仍处在诸如关系、能力这样粗糙的条款中,关系和能力是统治者和被统治者、财富和特权、独裁垄断和核心国家机器之间的关系和能力。"① 显然,萨义德仍然坚持一种古典式的权力观,并将这种权力观运用到东西方(欧洲与非欧洲)文化之间的不平等的地位与关系上。在同一篇文章中,他批评福柯理论中所显现的欧洲中心主义的局限性,"福柯似乎没有意识到,在这个范围内,话语和规则的观点是十分武断的欧洲式的,他也没有意识到规训——它同运用大量细节(和人类)的规训的使用一道——如何也曾被用来统治、研究和重构——接下来就是占领、统治、开采——几乎整个非欧洲世界的"②。

众所周知,从时间上来说,帝国的正式亮相或说起"帝国的年龄",多数历史学家认为是始于 1878 年"攫取非洲"③ 时。在殖民主义时代,欧洲对东方的殖民形式表现为军事侵略、占领土地、颠覆政权,掠夺香油、黄金、象牙和古董等诸如此类他们想要的东西。实际上,19 世纪 70 年代已经是帝国主义的巅峰时期。在此前很长一段时间,甚至数个世纪,西方的文学家、艺术家及东方学家就内存一种霸权意识、帝国结构与中心观念,来从事他们的文艺创作与理论工作,进而形成一整套逐渐现代化的知识体系。因此,从 18 世纪晚期开始,在欧洲对东方的霸权的荫庇下,一个复杂的、欧洲需要的、体现"谋生之道"的东方被呈现出来了,它在学院里被研究,在博物馆里被展览,在殖民当局那里被重构,在人类学、语言学、生物学、种族与历史的论题中得到理论表述,形成了一

---

① [美]赛义德:《赛义德自选集》,谢少波等译,中国社会科学出版社 1999 年版,第 131 页。
② 同上书,第 132 页。
③ [美]萨义德:《文化与帝国主义》,李琨译,生活·读书·新知三联书店 2003 年版,第 78 页。

整套有关东方的文化知识，记载于各式各样的东方学文本以及其他文学文本中。在这些文本中，充斥着欧洲文化的霸权意识，"欧洲文化的核心正是那种使这一文化在欧洲内和欧洲外都获得霸权地位的东西——认为欧洲民族和文化优越于所有非欧洲的民族和文化"①。萨义德在《认知的策略》中论证说，即便是西方学者试图分析中国人的主要心智特征时，其着力说明的实质却是西方人与东方人思维有天壤之别。② 欧洲文化的霸权意识一直持续到今天，形成了所谓的"后殖民时代"，维持着欧洲文化的霸权格局。所以，"要理解工业化西方的文化生活，霸权这一概念是必不可少的"③。

尽管文化霸权理论与东方主义存在着一定的相同之处，体现出理论本身的延续性，但它们仍然存在着巨大差异，表现出各自的独创性。较而观之，萨义德的东方主义与葛兰西的文化霸权理论存在着三个方面的不同。

其一，从早期权力分析模式的两个极点来看，葛兰西更多是从弱势方出发来讨论文化霸权，而萨义德则把心思放在对强势方文化权力的关注之中。

萨义德在《东方学》一书的绪论中对葛兰西"霸权"一词所独具的创造性做了较为正确的理解。他说："当然，人们会发现文化乃运作于民众社会（市民社会）之中，在此，观念、机构和他人的影响不是通过控制而是通过葛兰西所称的赞同（consent）来实现的。"④ 它改变早期权力分析模式中控制方单向性强制的一面，充分考虑到市民社会对统治阶级文化形式的"同意"的一面。

欧洲革命的失败与法西斯主义的兴起，使葛兰西放弃了经济决定论，转而强调文化与意识形态的重要性。在与俄国革命的比较中，葛兰西注

---

① ［美］萨义德：《东方学·绪论》，王宇根译，生活·读书·新知三联书店1999年版，第10页。
② ［美］萨义德：《认知的策略》，卫景宜译，《国外文学》1999年第1期。
③ ［美］萨义德：《东方学·绪论》，王宇根译，生活·读书·新知三联书店1999年版，第9—10页。
④ 同上书，第9页。

意到在欧洲国家的革命事件当中，推翻统治阶级的革命发生了，在政治和经济等方面取得了领导权，但是作为社会主义建设的革命并没有到来，统治阶级又复辟了。他认为这是统治阶级通过文化霸权将市民社会打造成统治阶级最后的、顽固的，也是极为"有效的防御工事"①。在此，他借用了"市民社会"这一概念，将国家分为政治社会与市民社会。他认为，"国家是统治阶级宣扬和维护统治、借以获得被统治者认可的所有复杂的实践及理论活动的总和"②。这个观点可以用一个简单的公式来表示："国家＝政治社会＋市民社会，即强制力量保障的霸权。"③ 只是这种"霸权"已经不是通常所谓的强制性力量与暴力形式，而是一种人们"同意"式的领导权形式，是对"主导价值观念的趋近"，"具有一种社会、道德、语言的制度化形式。"④ 它利用知识、文化与道德上的制度优势以及它们的吸引力、感召力而取得人们内心的赞同，让广大人民群众自发地同意统治阶级对社会生活所做的指导，认同他们的文化意识和精神思想，遵守他们的制度与规则，并将之内化为自己的生活观念和指导原则，其影响力深厚持久。

萨义德在《东方学》中所进行的批判乃是对西方学界，具体地说是对东方学以及其他学科中关于东方的文化表述以及学界所使用的话语及其方式的批判。他把这种话语的分析置入西方与非西方两个权力不均衡的空间中，集中阐述了西方文化霸权对东方世界的想象和扭曲，抨击了殖民主义者的文化暴力。后殖民主义并不关心东方国家的文化受西方控制与反控制的问题，也不关心东方国家的文化实践与历史发展。它认为重要的是西方国家内部的文化体制和系统如何对东方文化实行殖民化，应该集中暴露西方文化在再现表述与话语实践中所体现出来的霸权意识。

萨义德认为，西方重在有权表述东方，产生了一种东方学的权威，虽然这种表述可能不是真实的东方，还可能是东方国家所极力排斥的；

---

① ［意］葛兰西：《狱中札记》，曹雷雨等译，中国社会科学出版社2000年版，第191页。
② 同上书，第200页。
③ 同上书，第218页。
④ 王岳川：《后殖民主义与新历史主义文论》，山东教育出版社1999年版，第13页。

他们甚至不在乎东方存不存在。"权威在此指的是'我们'否认它——东方国家——有自主的能力，因为我们了解它，在某种意义上它正是按照我们所认识的方式而存在的。对贝尔福来说，埃及本身是否存在无关紧要，英国对埃及的知识就是埃及。"① 对东方国家表述上的任意武断，就暴露出在东方学这门被称为知识性的学术研究中所蕴藏的霸权意识。于是，在西方话语的支配下，东方世界随着西方认识方式与权力运作的改变而改变，成为被西方随意肢解与扭曲的"虚构的东方形象"。西方从不顾及东方的实践感受，也不在乎它是否真实存在，就对东方"指手画脚"，活脱脱地体现出一种"老子说了算"的霸道意识。

其二，葛兰西的文化霸权没有将地理空间作为其理论预设，他所探讨的是一国内部的文化霸权；萨义德虽然也是局限于对西方内部学术话语的批判，但其理论预设了一个与西方不同的东方空间的存在。

在《东方学》这部著作中，萨义德更关注西方如何从文本上建构东方这一形象，从而达到歪曲、利用甚至侵略与颠覆东方的目的。尽管萨义德在书中并没有探讨真实的东方，甚至较少涉及西方在文化上对东方的具体的霸权实践行为而更多纠结于西方对东方霸权式的话语实践与文本表述，但他实际上已经将东方这一不同于西方的地理空间作为其理论的预设前提。因为在西方世界中，与自身对立的东方文化视角的设定，乃是一种文化霸权的产物。另外，该书从 1978 年发表至今，已经在全世界范围内获得广泛而持续的反响，其主要原因恰恰就在于切合时代的冷战背景，适时地提出了现今东西方文化交流日益加强与扩大中存在的霸权问题，具有理论的现实针对性。

还需要说明的是，对《东方学》的阅读与理解，我们只有将西方人眼中、东方学研究的东方与真实的东方（尽管很难说清真实的东方）并置在一起时，才能充分理解东方学的内涵及其在西方的意义，并揭穿东方学中所蕴藏的"知识暴力"与"文化霸权"。例如，在简·奥斯汀、康拉德、狄更斯和吉普林等作家的文学作品中，我们可以看到，一块拥有

---

① ［美］萨义德：《东方学》，王宇根译，生活·读书·新知三联书店 1999 年版，第 40 页。

众多生产资料与具备强大生产能力的东方殖民地，对保持帝国以及帝国人民的生活方式起着多么重要的作用。萨义德将这种阅读方法叫作"对位阅读"①。正是这种真实东方权力的缺场，才使东方学在西方政治权力的运作下得以建构，成为一门学科，并在西方的历史进程中，尤其在帝国主义、殖民主义时期扮演着极为重要的角色。

事实上，葛兰西也意识到国家之间、民族之间的"文化霸权"的存在。在历史上，意大利的文学取得过举世瞩目的成就。然而，在20世纪初期，意大利的文学相对于其他国家而言落后了。意大利的报纸杂志热衷于连载外国（如法、英等国）作家的作品，出版社拒绝出版意大利国内作家的作品，因为它们没有销路。不仅没有超群出众的作家，就连那些平庸的作家也只有到国外去寻觅素材才能赢得部分意大利读者的好奇心，迎合意大利民众的低俗趣味。具有讽刺意味的是，受到意大利读者欢迎的外国作家作品，尤其是历史小说，却"以意大利和它的城市、地区、机构、人物的历史变迁为题材"，譬如"威尼斯的历史，还有它的政治、司法和警察组织"②为题材。这些本土题材到了外国作家手里，便散发出它的光芒。

尽管国内存在着外国作家作品占主导地位这一事实，但是夺取国内市民社会的文化领导权的任务限制了葛兰西在不同民族、国家之间的文化关系上做更深入的阐发研究。葛兰西始终是以意大利本土文化情况为基点来阐述文化霸权理论的。为了改变意大利文学的落后现状，葛兰西提出了建立"人民—民族"新文学的主张，号召作家深入人民群众，了解人民群众，跟人民的情感融为一体，肩负起"民族教育者"的使命，完成培育人民群众的思想感情的任务。③为了实现这一主张，葛兰西还积极响应20世纪20年代意大利文艺人士提出的"回到桑克蒂斯"的主张，与以克罗齐为代表的唯心主义文艺思想划清了界限。它是从文化学的角

---

① [美] 赛义德：《赛义德自选集》，谢少波等译，中国社会科学出版社1999年版，第225页。
② [意] 葛兰西：《论文学》，吕六同译，人民文学出版社1983年版，第144页。
③ 同上书，第47页。

度对文学进行分析，侧重文化意义与功能方面的剖析，反对形式主义，以及学院式的"'冷若冰霜'的美学批评"，提倡一种"战斗的批评"①。也就是通过文学作品，对资产阶级的文化霸权开展各种形式的批判与斗争，逐步建立无产阶级的生活方式，用无产阶级的文化思想来领导市民社会，取得文化领导权。

其三，葛兰西的文化霸权理论阐述了市民社会中的统治阶级与从属阶级的文化冲突、对抗以及双方暂时性的妥协，涉及具体的文化实践活动；萨义德将文化与社会实践行为简化为"话语实践"与"文本写作"，解析了话语与权力之间较为复杂的运作关系。

按照马克思对社会结构的分析，文化、思想和价值等意识形态最终受制于经济基础，直接受到政治与法律等上层建筑的影响。列宁在社会结构分析上受制于马克思，认为要先进行政治革命，文化建设是革命成功后的事。葛兰西反对这种观点，主张要先争夺文化领导权。他把文化作为一个对立阶级相互斗争的场所，而不是仅仅把它看作统治的一种工具。在文化斗争的实践场所中，其斗争方式不是一成不变、僵化对立的，而是错综复杂、变化无定的。它甚至可能是一种谈判，其中包括双方的妥协与暂时的屈从。统治阶级为了取得文化的支配权，并不只是采取镇压剪除的方法，相反它有可能与对立阶级、集团以及他们的价值观念进行谈判，甚至将对方的价值观念纳入自己的体系中，对自己的价值观念进行某种调整与修正。对从属阶级而言，为了取得长期的斗争利益，也有可能暂时改变自己的价值观念，与统治阶级达成一致。在此，葛兰西抛弃了文化的阶级本质主义与意识形态的简单对立，将文化作为阶级斗争的场所。在斗争中，双方都可能包含着对方的文化形式与价值观念，从而呈现极为复杂的一面。

与葛兰西不同的是，萨义德在《东方学》中批判了东方学的学术研究与学术机制中的帝国意识形态、东方学的学术话语中权力的无处不在。他将社会与文化过程简化为"话语实践"。文化与权力的连接、共谋在话

---

① ［意］葛兰西：《论文学》，吕六同译，人民文学出版社1983年版，第5页。

语中得到具体的体现。在书中，萨义德具体分析了西方的文学家、艺术家及所谓的东方学家在文本、话语当中所表现出的"欧洲中心论"以及对东方的想象与建构，并塑造东方这个"他者"的形象。在历史的发展当中，东方学逐渐成为一套固定的话语，成为思想的"现成套装"。这使得西方国家一想到东方，脑海中就自然地出现那套能指的东方学话语，而其所指则被遮蔽，在脑海中已经消失了。东方学话语替代了真实的东方，并且这套话语与西方在全球范围的侵略、扩张与殖民融为一体、相互促进。东方这个"他者"永久性地成为西方的一个想象空间，一个陪衬形象，一个话语与权力的角斗场。这就是东方主义。

俗话说，什么样的人说什么话，具有什么样的目的。萨义德从说话者所属的社会地位、文化身份、民族国家出发，直接导出话语内容的实质以及所具有的文化霸权性。按照传统观点，知识真理的有效性是无个性特征的，它不在乎"谁说了什么"中的"谁"而是"什么"，而后殖民主义批评则有意让我们知道，他们不仅在乎"说了什么"，而且更注重"谁"在说。在他们看来，知识已经没有真理性可言，有的只是霸权行径，是一种政治话语与实践行为。萨义德不似福柯从历史事实与话语表述中来分析权力的存在，而是从权力来安排话语。这种话语分析的弊端正是解构主义为人诟病的"语言论症结"所在，也是萨义德沿袭解构主义所得到的苦果。① 后殖民主义忽略甚至贬低丰富的历史内容，把一切都变成了文本解读、文化再现、话语表述及心理冲动和潜意识等，可是话语分析不可能替代对历史与社会现实的深入探究与分析，必须要在话语的背后寻找复杂的历史背景与事实情境，即历史地、客观地分析话语、表述及潜意识冲动等。

萨义德是从西方内部的文化文本出发解构西方中心主义，即从西方国家的知识文本对东方的表述中来研究霸权理论的，因此萨义德对伊斯兰东方国家所给予的"文化斗士""东方文化的代言人""阿拉伯文化的支持者"以及"受蹂躏、受摧残民族的辩护人"等角色称号感到很沮丧，

---

① 胡经之：《西方文艺理论名著教程》（下），北京大学出版社2003年版，第632页。

进而采取模棱两可、忽左忽右的策略。他深受解构主义的影响，反对任何形式的本质主义。解构西方中心主义，并不意味着他主张建立一个东方中心主义。他解构的是西方国家内部的文化文本中在叙述东方时所体现出来的中心主义，并不涉及实际意义上的东方，是属于西方国家内部的学术批评。

在提出一种新理论的背后，总有着理论家的目的。理论有着自身的现实针对性，也有着对旧有理论的历史发展进行的查缺补漏与重新创造。葛兰西的文化霸权理论与萨义德的东方主义都有自己的理论目的，都有很强的现实针对性。因此，我们需要在最后来阐述葛兰西与萨义德各自所提出的霸权理论的目的所在，这也是他们理论的最终落脚点。

通过上面的叙述可知，葛兰西提出文化霸权理论的目的是夺取市民社会的文化领导权。他在1926年首次提出"领导权"概念的《关于南方问题的笔记》一文中就表示："都灵的共产主义者十分具体地给自己提出了'无产阶级领导权'问题，那正是无产阶级专政和工人国家的社会基础。"葛兰西把自己的一生献给了共产主义事业。他从大学时代就从事革命活动，为《人民呼声》周刊撰稿，成为意大利社会党机关报《前进》的编辑，并于1913年加入社会党。葛兰西身体力行，经常在工人阶级运动的前线氛围中生活与斗争，倡导建立了"道德生活俱乐部""工厂委员会"与"新秩序集团"等运动组织，强调对工人阶级进行文化教育，树立民主意识，直接领导工人阶级的革命运动。1921年1月15日，在葛兰西与波尔迪加等人倡导下，胜利召开了意大利共产党的成立大会。在会上，葛兰西当选为意大利共产党第一届中央委员会委员。1924年8月葛兰西被任命为意共中央总书记，直到1926年11月8日被捕入狱。在11年的牢狱之苦中，葛兰西梦寐以求的便是领导无产阶级进行文化革命，推翻资产阶级的腐朽统治，夺取文化领导权，建立社会主义制度，并最终实现共产主义。

葛兰西一开始就认识到，欧洲无产阶级革命的失败是由于市民社会这个统治阶级的顽固堡垒未被攻破。市民社会一旦接受了某种文化与价值观念，就会与这种文化构成千丝万缕的联系，相互促进，将这种文化加以定型、稳固和体系化。这种文化深入市民内心深处，难以根除，成为革命成功的一道稳固的障碍。文化与意识形态在革命实践中的这种重要性使葛兰西提出了颇具特色的文化霸权理论。这种理论强调夺取文化领导权应该作为无产阶级革命的首要任务，甚至是最终任务，这是葛兰西用自己一生的革命实践换来的经验总结，也是他积极思考与勇于探索的重要理论成果。

萨义德在《东方学》中仅仅探讨西方与中东、印度之间的文化权力问题以及他者的话语表述问题。1993年的《文化与帝国主义》被认为是《东方学》的扩充与发展，是其"续篇"。萨义德本人认为《文化与帝国主义》将研究范围扩展至整个世界，"对现代西方宗主国与它在海外的领地关系做出了更具普遍性的描述"①。其中花了不少篇幅对《东方学》未论及的反帝国主义文化运动进行了历史描述与文本分析。从1978年的《东方学》到1993年的《文化与帝国主义》直至2003年去世前的各种访谈，萨义德的文化批判的目的逐渐显露出来。

帝国主义与反帝国主义的文化运动及其话语表述问题被放置在一个全球化背景下加以考察，充分显示出萨义德对现实问题的严重关切与透彻分析。在知识体系与文化实践中，帝国主义"话语结构""思维模式"与"条件反射"等堕落现象应该加以警惕、批判与抨击，但萨义德文化批判的目的并不在这里，他要建立的是一个多元共生、平等交流、相互包容以及共同提高的全球文化语境。"人类应该像巨大的容器，以一种开放的姿态，像大海一样尽可能地容纳一切。"不同的文化类型应该从"对方寻找到各自的伙伴，向着更美好的方向前进"，"这一蕴含着乌托邦色彩的意象"② 正是萨义德理论的最终的现实目的。虽然历史在东西方文化的连接上设置了重重障碍，甚至使这种"理想连接"成为不可能，但连接的强调、多元文化的共生、民族文化的相互促进依然具有其强大的政

---

① ［美］萨义德：《文化与帝国主义·前言》，李琨译，生活·读书·新知三联书店2003年版，第1页。

② ［美］保罗·鲍威编：《向权力说真话——赛义德和批评家的工作》，王丽亚、王逢振译，中国社会科学出版社2003年版，第41页。

治与现实意义。

在跨文化、跨语际、全球化与多元文化共存的现实背景下，萨义德以古喻今、借古鉴今，切入文化现实，为这些现实与当下问题提供了来源、理解与解决方法，提供了在一种更大的视野范围来重新思考这些问题的可能性。这些有着重要价值和意义的思考促使我们应该警惕、反对与排除一切形式的文化霸权，包括葛兰西"同意"式的霸权和东方主义式的话语霸权等，换言之，"文化霸权，不管它是东方的还是西方的，第一世界的还是第三世界的，对内的还是对外的，个人的还是群体的，历史的还是现在的乃至将来的，都必须加以批判与检审。"① 实现不同文化之间平等的对话与交流，让每一种文化都能在一个良好的土壤环境中茁壮成长，这是我们应该努力的方向，也是本书的写作目的所在。

第四节 东方主义与知识权力观、文明冲突论的变异关系

一 东方主义对知识权力观的接受及其问题

萨义德在其成名作《东方学》的绪论中就提及了福柯与葛兰西的巨大影响。"我发现，米歇尔·福柯（Michel Foucault）在其《知识考古学》（The Archaeology of Knowledge）和《规约与惩罚》（Discipline and Punishment）中所描述的话语（discourse）观念对我们确认东方学的身份很有用。我的意思是，如果不将东方学作为一种话语来考察的话，我们就不可能很好地理解这一具有庞大体系的学科。"② "在任何非集权的社会，某些文化形式都可能获得支配另一些文化形式的权力，正如某些观念会比另一些更有影响力；葛兰西将这种支配作用的文化形式称为文化霸权（hegemony），要理解工业化西方的文化生活，霸权这一概念是必不可少

---

① 张兴成：《跨文化实践中的东方主义话语》，《二十一世纪》（香港）2002年6月号。
② ［美］萨义德：《东方学》，王宇根译，生活·读书·新知三联书店1999年版，第4页。

的。正是霸权,或者说文化霸权,赋予东方学以我一直在谈论的那种持久的耐力和力量。"① 概言之,没有福柯的话语理论与葛兰西的文化霸权理论,也就无法理解东方学,萨义德也不会提出东方主义。萨义德自《东方学》(1978)后,在"东方主义三部曲"的其他两部《巴勒斯坦问题》(1979)、《报道伊斯兰》(1981)中暴露出更多的意识形态色彩;1983年出版《世界·文本·批评家》这部论文集中有篇《文化与体制间的批评》对福柯的文本理论进行了批判性剖析;在福柯去世后,萨义德撰写了《福柯与权力的想象》(1986)谈到了权力的反抗,另外还有多次的访谈都提及福柯的缺陷。总的来看,萨义德越来越远离福柯的话语理论并表现出强烈的不满,却加大了对葛兰西意识形态色彩浓厚的霸权理论的认同力度,同时抛弃了过去东方化的马克思主义观,而对其给予了肯定与赞扬,这其中出现的变化及其背后的缘由都值得深入的研究。

瑞士语言学家索绪尔提出语言学研究的转向,作为语言声音形象的能指与事物意义的所指构成一套封闭的体系,语言作为符号系统的存在决定了内部各要素的价值和各种具体化言说的意义。索绪尔切断了语言符号与外界现实的联系,语言有自身的运作体系,是一种深层的结构,具体言说行为的意义不是来自现实事物的给予,这种观点影响了结构主义,但索绪尔的能指秩序与所指秩序的对应性关系削弱了语言符号的差异性与多样性而遭到了解构主义的批判,事物的意义变得无法确定,只是一系列能指不断地滑动,在此有与现实事物和所指秩序等两个层面的脱离,最后集中到能指撒播中。话语的提出及其含义的赋予主要是由福柯完成的。在他看来,这些语言学研究转向所带来的成果可以运用到知识的陈述与言说当中去。话语是理解与阐释世界的结构性框架,作为一套规则而存在的,它决定了知识的陈述,规定了知识的范围、主题与对象,同时也确定知识的可能性,界定真理的标准。在此福柯的话语理论并不想让现实事物、所指秩序逃离,而是想把它们纳入其中。换言之,

---

① [美]萨义德:《东方学》,王宇根译,生活·读书·新知三联书店1999年版,第9—10页。

能指秩序、所指秩序与现实事物不再区分，它们都统一存在于话语中，即现实事物、价值意义与知识构成等都由话语决定的，并且处于话语中，是由话语生产出来的，在话语之外，现实事物没有任何意义，在此话语表现出自身具有的权力性。具体地说，福柯的话语理论对东方主义具有什么影响呢？

1. 知识的话语化

按照西方传统的知识观，知识作为客观事实的反映而具有真理性，作为一门学科的东方学理应成为真实反映东方世界的知识体系。然而经过福柯对知识的话语角度的考量，知识的真理性、客观性与科学性都遭到了怀疑。话语切断了知识与外界事物的联系，其中的主题陈述、范围限制、前提条件和对象设定等知识要素都成为其自身的派生物。这种观点让作为一门学科知识的东方学转变成一套东方主义话语，即萨义德所强调的对东方文化表述的话语化，才能理解东方学。东方学不是关于现实的东方，它与真实的东方毫无关系，甚至根本不存在真实的东方，"东方"只是话语建构而成的，关于东方的表述就是东方。话语成为知识构成的规则与运行的结构，并使其在结构内自洽而只具有内指性，萨义德不仅不相信东方学能够表述真实的东方，而且即便是东方人也无法描述真实的东方，当萨义德的批评者让其书写真实的东方时，或定义真实的东方，或为真实的东方寻找证据时，他只好束手无策，甚至毫不理会来自这方面的批评声音，即便寻找到了真实东方的表述证据，也毫无说服力。这不仅是因为现实世界的复杂性与相对而言的主体体验的狭窄化与情绪性，更在于知识的这种话语性，而话语与现实无关，萨义德无法证明谁更了解东方，谁知晓真实东方的知识。人类表现现实事物，首先是植根于语言，而所谓的真理，不过是一种语言表现，是由语言建构出来的。

语言由于自身的运作脱离了现实事物而使自身衍生开来，只有语言的真理，而没有历史的真理。语言自身的运作在于一系列修辞学的运用，比喻、拟人与象征等诗性方式使语言的真理得到了修饰、美化与进一步的巩固，成为一种不可动摇的经典而让后代再次阅读、阐释、承袭及相互征引。东方学作为话语的存在，就在于东方学家不断地将东方学知识美饰、延续与强化，形成千百年不变的对东方世界的看法，尽管也有东方学家对东方学的质疑与批判，但其在有意无意间，最终都落入了东方主义的话语圈套，在此可以看出话语作为一种排斥性与本质化力量的存在。它让知识成为一种概括化的总体叙事，不再接受外部现实的刺激，甚至面临再大的刺激也无动于衷，它只着重于自身的美饰与强化，从而失去了与真实复杂的现实世界的联系。

萨义德接受了福柯知识的话语化的观念，并以此来刺痛作为知识体系的东方学学科，达到对知识自身所展现出来的排他性与本质化的话语权力的警醒，所谓知识的真理性、客观性、科学性与合法性，真实正确地再现现实事物的观念也都成为一种语言的幻象，系统化地自我欺骗与伪装，实际上它仅仅是由话语建构出来的产物。而由话语决定的陈述与表征所形成的知识体系，却构成了对人类与世界的一种规训，允许、规定或禁止人们的言说，说话成为压制性的行为，并让人类失去了对现实世界的真实书写，使纷繁复杂的历史经验永远隐藏在话语的规约下，让海德格尔的真理自行的敞开和现象学的事物自身的呈现成为一种乌托邦的幻象。当社会实践、组织制度、政治环境与公共政策等非语言以及非话语行为都纳入话语当中，都被当作一种语言来处理时，就会成为一种知识管理技术，从而使权力渗透社会的各个角落。

2. 实践的话语化

知识的话语化将人类学、语言学、历史学、政治学、文学和哲学等所有的学科知识都纳入话语体系中考察，"文学形式、科学命题、日常句子和精神分裂症的无意义等无一不是陈述，不同的只是它们没有相同的尺码，不可任意地缩减和使它们的话语彼此等值。那些逻辑学家、形式主义者或解释家都不曾达到这一点，都不知道科学和诗同样都是知识"。（德勒兹语）[①] 尽管话语体系存在着差异，但都是话语角度的剖析，萨义德在《东方学》中同样将不同的学科文本与知识陈述都统一到东方主义这一话语下进行考量，它们在话语的支撑下不断自我衍伸，反过来又加

---

① 杜小真编选：《福柯集》，上海远东出版社1998年版，第560页。

固了东方主义。这种知识的话语化为实践的话语化提供了基础，因为这些不同的学科知识跟社会实践有着千丝万缕的联系，福柯将话语与现实事物切断联系后，其必然会走向将社会实践话语化。知识和与之相连的实践都被纳入话语中，话语决定了知识，也就决定了实践。在萨义德看来，西方不同的学科知识与社会实践都被帝国话语整合在一起，轰轰烈烈的帝国行径与东方学互相连接，相得益彰，既维持着帝国的统一，又不断地巩固帝国主义。

  福柯强调文本或话语的实践性来批判德里达文本内在的封闭与神秘的运作，萨义德认为他"对文本性的兴趣是呈现一个被剥去其神秘和解释性要素的文本，这么做是通过使文本假定它同机构、官方、媒介、阶级、学院、社团、群体、行会以及意识形态确定的党派和职业有着密切关系，福柯对文本或话语的描述试图通过这种描述的详尽和细致来对这些所有文本为之服务的特殊利益进行再语义化、富有说服力的再定义和再确定"①。社会实践被看作话语实践，非话语行为被纳入话语行为，非话语条件被还原为话语条件。在福柯看来，尽管有关精神病的医学话语有其自身的言说方式、主题范围和意义陈述等话语建构的因素，但同时非话语的因素，如经济、政治与体制等方面的利益因素都被纳入这一医学话语的建构中，由这一话语衍生出来，而这些物质性力量的在场又强化了话语的决定作用。正如萨义德在分析东方学文本时所说的那样，"这样的文本不仅能创造知识，而且能创造他们似乎想描写的那种现实。久而久之，这一知识和现实就会形成一种传统，或者如米歇尔·福柯所言，一种话语，对从这一传统或话语中产生的文本真正起控制作用的是这一传统或话语的物质在场或力量，而不是某些特定作者的创造性"②。也就说，话语不仅生产知识，而且生产现实，有着各种社会机构与组织制度等实践行为的结果，这些物质性力量让话语实现自身的再生产而不断地巩固与扩大，并且使得这一原本是知识陈述之结构性的话语成为一种历

---

  ① ［美］赛义德：《赛义德自选集》，谢少波等译，中国社会科学出版社1999年版，第122页。
  ② ［美］萨义德：《东方学》，王宇根译，生活·读书·新知三联书店1999年版，第122页。

史积淀下来的物质在场而散发出巨大的力量。

将语言置于现实之上,具体事物、实践行为和公共政策与制度机构等都纳入话语之中,由话语决定,围绕话语而运作并建构起来,历史被融进话语中。很多重大的历史事件无非是围绕着一些概念或术语所进行的,比如,自由、民主、平等与信仰等,这些话语决定了历史,借助于事件来实现自身的再生产。通过话语,福柯将实践与语言的沟壑填平,社会实践的权力因素也被建构其中,实践的权力与话语的权力结合在一起,话语控制着某些话题的谈论及其方式,也影响着各种观念投放到社会实践中,规范着人们的行为和言说方式,排斥那些话语之外的行为与方式,而社会实践的权力使话语得以顺利流通,实现自己的再创造,历史、社会实践与话语再也无法分开,"一个陈述的'深层结构'必须要被看成长期且产生于历史之中的论述(discourse,即话语),所形成的元素、前提与结论交织而成的网络,这些论述已经常年附着于社会形构沉淀下来的历史,而构成一个主题与前提的储存器"①。霍尔在此说明,话语产生于历史之中却反过来决定了历史,正如马克思所讨论的,人类创造了机器,却被机器控制而物化自己,而任何意识形态的概念都应该彻底地历史化,用历史主义来代替本质主义。但福柯并不这样认为,历史、社会实践不过是话语决定的,是话语不断实现自身再生产的实践,于是无形的话语才拥有了物质性的权力存在。帝国成为一种物质的、具有巨大力量的话语存在,宰制着话语场域中的一切人事。

3. 话语的权力性

在福柯的话语理论中,权力一直是隐藏在背后的力量,但它迟早会显现出来。知识看起来客观公正,并分门别类,具有科学性。但实际上越来越专业化的知识遗漏了那些处于类别之间的缝隙地带,知识成为庞大的体系也无法全部涵盖复杂的现实经验,可福柯并非着意于此,他将所有的不同专业化的知识都看成由话语所决定并建构起来的陈述体系。

---

① M. Gurevitch 等编:《文化、社会与媒体:批判性的观点》,唐维敏等译,台北远流出版事业股份有限公司1994年版,第97页。

将知识话语化的目的在于两点：一是知识并非随着历史现实的变化而不断更新，话语决定了知识的一切，包括其主题、范围、条件及其未来走向等，并切断了与现实事物的联系，在自身的领域内不断地衍伸以实现自身的再生产；二是尽管话语可以利用修辞学或诗性的表述来达到自身的不断变化，但依然是处在话语的可控内，话语规定了言说方式与文本陈述而具有排他性，否则话语有可能溢出其可控的范围而遭到破坏。同时，福柯通过话语将语言与实践联系起来，实现实践的话语化。它表现出两大特征：第一是将社会实践形式化，建构出话语决定的知识体系；第二是社会实践行为被当作话语的实践，也就是说话语通过知识体系来达到对社会实践的干预作用，从而创造出新的物质性现实力量，实现自身的不断再生产。因此，话语的权力性就与知识的话语化、实践的话语化联系起来而表现在四个方面：第一在于话语的控制性，它能控制知识体系的生长，同时控制社会实践的发展；第二就是建构性，话语能将社会实践形式化，组构成一整套的知识体系，也能将社会实践围绕话语建构起来；第三是排斥性，话语规定了知识体系的话题与范围等构成因素，也使各种观念投入社会实践用以规范现实世界，把那些不符合规范的行为与言说都遮蔽起来甚至加以排斥；第四在于话语自身的生产性；话语能不断地借助于、围绕于自身的社会实践的建构与现实的创造，知识体系的修辞学和诗性的运用来实现自身的再生产。话语的权力性让这个无形的结构性力量获得了自己的表现形式与建构的方式，并在社会实践中呈现一种物质性的在场力量。

正是由于知识的话语化与实践的话语化，让语言、知识与社会实践通过话语联系起来，并越来越暴露出权力的重要性，话语使它们都沾染上权力因素，相比于早期的福柯注重话语分析的知识考古学，后期的福柯则关心权力系谱学，并最终探讨了在无处不在的权力网络中人类的自由及其感性限度的问题，回归到古希腊的斯多亚主义上来。具体地说，福柯对权力问题的思考与重视是以《规训与惩罚》的出版为代表性开端的，也正是在此，萨义德表明了自己与福柯权力理论的分离，他认为福柯就是从此书开始步入歧途的。换句话说，萨义德接受了福柯的话语理论,却不接受其权力理论。萨义德曾经批评德里达的文本观念,认为其批评局限在文本内,而福柯则能跳出文本,与外在机制联系起来,在文本内外进进出出,这与萨义德寻找历史真实,展现复杂现实经验的历史主义批评有其吻合之处。平心而论,福柯在这方面的批评典范恰恰是《规训与惩罚》这部著作,而萨义德却坚持认为从此书开始,与福柯分道扬镳,这其中的原因何在呢?

福柯曾经表示:"权力和知识就是在话语中相互连接起来的。"[①] 话语、权力与知识纠结在一起。早期的福柯关注话语的分析,而晚期的福柯则倾向于权力的阐述,但这两者并非截然分开,话语自身就存载于生产权力,而权力让话语成为可能。福柯的权力理论让文本分析进一步走向外界事物,某种现象成为知识的对象,这是权力关系造成的,话语有能力控制它,但话语并非权力的附庸,不同的话语形式既能生产权力,同时也能削弱权力,既能强化权力,也能损害权力,这是否说明本质上有对抗权力的话语存在呢?完全不是,权力、话语与知识一样,并不存在正确与错误、真理与谬误和中心与边缘等二元对立的本质关系,权力关注的是其应用和效果,发挥的功能,权力自身是怎样获取与运用开来的,以及如何控制与转变的,换言之是在具体的、局部的环境关系中存在着不同的策略,发挥不同的功能而已,并不存在一种本质化的、普遍性的关系。因此福柯主张在局部、具体的环境或事物联系中探索权力的转变关系。如在性经验、监狱、工厂和精神病院等特定情境中对具体权力关系的深入剖析,这种剖析曾得到萨义德的高度称赞,但当福柯抛弃了具体的权力关系(复数的权力)的分析,而转向用本质化的权力观(单数的权力),即"权力无处不在"的观点贯穿到所有的社会分析中时,萨义德认为其做法无异于一种庸俗的唯权力决定论的批评,这让人想起了机械马克思主义者的经济决定论,他们忽略了其他因素的考量,以及它们之间的作用与反作用的关系。具体地说,萨义德在下列方面与福柯就权力理论发生了分歧:

---

① [法]福柯:《性经验史》,佘碧平译,上海人民出版社2005年版,第66页。

（1）权力的主体性

美国学者克利福德在对比萨义德与福柯的理论区别时说："萨义德的人本主义视角与他们取自福柯的方法并不和谐，因为福柯坚决批判人本主义。"① 这句话应该成为解答福柯与萨义德权力理论分歧的关键所在，人本主义在此不是指对人的关心与否，是否采用人文立场，准确地说应该是主体性，福柯坚决反对的是主体性概念，而不是他对人类不关心，没有人文主义的立场与关怀。福柯的话语、权力观念都与作者与主体无关，他对谁在说话，谁有话语权，或者谁拥有权力，谁没有权力等说法都提出了质疑，"并不意味着它（权力）是主体个人选择或决定的后果。我们不要寻找主导权力合理性的领导部门"，权力不是真实的实体，而是一种关系，"权力不是获得的、取得的或分享的某个东西，也不是我们保护或回避的某个东西，它从数不清的角度出发在各种不平等的和变动的关系的相互作用中运作着"②。福柯在《规训与惩罚》中对"全景监狱"进行了详细的技术分析，表明了权力的关系性外的另一项独特看法，即权力的技术性或机制性，它是一项细致入微的日常生活化的治理术，对其的剖析当然应该在局部、具体的技术安排和管理层面进行，而不是集中在主观意志或愿望动机等心理因素的考量，要抛弃旧有权力分析模式中的纯理论性与普遍性，这是福柯对权力理论发展性的贡献，但是萨义德并不认同这种权力分析模式，或者准确一点说无法将其彻底贯彻到东方学话语的剖析中，反而在考察东方学家的言说时不停地挖掘其背后隐藏在心理动机内的帝国意识与权力欲望。

按照福柯的观点，话语建构的主体不是一种物质化或实体性的主体，比如，某个东方学家、阶级主体、领导集团等，它只是一种位置关系，位置是流动的，而非固定不变的，在话语分析中作者的身份无关紧要，反观萨义德却非常强调单个文本或作家的重要性，"福柯认为，从一般意义上说，单个文本或作家无关紧要；但根据我自己的经验，我发现对东

---

① ［美］保罗·鲍威编：《向权力说真话——赛义德和批评家的工作》，王丽亚等译，中国社会科学出版社2003年版，第30页。
② ［法］福柯：《性经验史》，佘碧平译，上海人民出版社2005年版，第61页。

方学（也许仅仅限于东方学）而言情况并非如此。于是，我在分析时使用了文本细读的方法，其目的是揭示单个文本或作家与其所属的复杂文本集合体之间的动态关系。"① 东方学家因其具有的社会地位、文化资本与知识权威等主体性特征而在东方学话语的建构中扮演着重要角色，抛开这种权力主体性来剖析东方学话语是不可思议的，东方学话语的研究首先就要考虑谁在说话，说给谁听，有什么背后利益，说话的目的是什么，其言说又是如何传播的，并逐渐形成一套话语控制的知识体系的，是真话还是假话等。也许是因为萨义德对福柯的话语、权力理论缺乏主体性的厌恶与批判，反而使自己的分析陷入了逻辑的困境，任何西方身份的东方言说都受控于东方学话语，两者直接等同起来，于是这样的结论也就顺理成章了：每一个对东方发言的欧洲人几乎都是种族主义者与帝国主义者，彻头彻尾的民族中心主义者。

（2）权力的反抗性

在对权力的主体性批判中，福柯认定主体并非与权力相向而坐，它只是权力的一个重要结果，主体与其位置是等值的，都是由于差异、不平等与不平等关系的连接点，而权力就是内在于这些关系中，包括经济过程、认识关系与性关系等。"权力无所不在：这不是因为它有着把一切都整合到自己万能的统一体之中的特权，而是因为它在每一时刻，在一切地点，或者在不同地点的相互关系之中都会生产出来。权力到处都有，这不是说它囊括一切，而是指它来自各处。"② 尽管福柯看到了抵制或反抗权力的存在，但在各种不同力量的相互关系中只是出于对手、靶子、支点或把手的作用，即它并不外在于权力，也就是说难逃权力的关系陷阱。实际上，萨义德接受了一方面福柯的"权力无处不在"的观点，以此来批判西方对东方世界的全面宰制关系，这其中包括政治制度、经济贸易、军事行动以及文化表述等；另一方面也可以看出，萨义德的权力看法依然立足于古典观念，即设置两个端点以及它们之间关系的作用与反作用的关系。

---

① ［美］萨义德：《东方学》，王宇根译，生活·读书·新知三联书店1999年版，第31页。
② ［法］福柯：《性经验史》，佘碧平译，上海人民出版社2005年版，第60页。

萨义德认为，福柯"权力无所不在"的普遍化观念否定了反抗的可能性，从而导致政治的绝望而无为的宿命。在福柯去世后所撰写的《福柯与权力的想象》一文中，萨义德说福柯的"权力总是在压迫、降低抗拒。如果你想要从他的书中获得一些可能的抗拒模式的观念，根本就找不到。在我看来，他沉浸于权力的运作，而不够关切抗拒的过程，部分原因在于他的理论来自对法国的观察。他根本不了解殖民地的变动，对世界其他地方所出现的有异于他所知道的解放模式，他似乎也没兴趣"①。福柯对伊朗革命不符合其理论与预期模式而相当失望，接着萨义德将自己与福柯对比，"他像一种不可抗拒的、不可规避的权力的抄写员。而我写作是为了反对那种权力，因此我的写作是出于一种政治立场"②。罗兰·巴特在《作者之死》中曾经将"作者"称为"抄写员"，因为构成文本的所有一切都早已存在，只需抄写员将其汇集起来，文学创作不是在其他文本基础上的创造，而是在其他文本之间不断地征引，与作者的个性心理和人生经历与文化背景等毫无关系，文本借助于作者这个抄写员而不断地实现自身的书写。现在萨义德认为福柯也将包括自己在内的人类说成权力的抄写员，同巴特"作者之死"一样表明其"人之死"的主张。

权力的普遍化与宰制性让福柯忽略了权力的使用，而只是关注权力自身的获取、控制与运用，萨义德认为："这就是他与马克思主义相左所产生的最危险的后果，其结果是他著述中的那种最难令人信服的方面。"这是因为权力的使用一方面要考虑使用者，即主体性问题，而非权力自身的再生产，这是萨义德所强调的，即无论权力是如何可能的规训与控制，"仍旧存在着来源于是谁把握着权力，又是谁统治着谁之中的可以确定的某些变化"③；另一方面，权力的使用就要包括反抗权力的问题，压

---

① ［美］萨义德：《知识分子论》，单德兴译，生活·读书·新知三联书店2002年版，第111页。
② 同上书，第126—127页。
③ ［美］萨义德：《世界·文本·批评家》，李自修译，生活·读书·新知三联书店2009年版，第392页。

制与反抗、帝国主义与反帝国主义、西方与东方和霸权与反霸权等，总之权力的双向流动，正是萨义德在《文化与帝国主义》一书中所着力阐述的，这也是其"对位阅读"方法论在文学批评实践中的具体运用。而马克思主义同样将权力设置在物质生产资料拥有者的手里以及统治者与被统治者、资产阶级与无产阶级等之间的压制与反抗的主体性斗争中，可以肯定地说，这只是福柯与萨义德、马克思相区别的两个方面，还有一个重要方面就是权力的历史性。

（3）权力的历史性

在萨义德看来，就算西方社会发生了天翻地覆的变化，进入后现代社会，权力形式已经构成网状结构，来自四面八方，以毛细血管式的日常生活化的方式来运行与传播的，但依然存在着统治者与被统治者、西方与东方和政治力量与市民社会、帝国殖民与附属受殖之间权力关系上整体的以及赤裸裸的二元对立。在后现代主义解构自由、平等、民主、国家与民族等宏大叙事而开始走向一种微观的、游戏的政治学时，萨义德坚称世界还存在着对这些宏大叙事的肆意践踏，对许多非西方国家地区而言，这些宏大叙事的实现依然障碍重重，成为一件遥不可及的理想之事，不管历史社会如何变迁，自由、民主与平等的人文观念与伦理精神是人类应该坚守的基本信条，在此基础上才能架构起全球伦理的秩序与体系。

在说到马克思与福柯的区别时，萨义德还强调了权力的历史性问题。如果权力被普遍化与文本化而不考虑主体性及其所处的历史环境，那就如同庸俗的经济还原论者一样成为权力的还原论者。尽管人们同意福柯的权力微观物理学，但阶级斗争和阶级自身的观念，是无法同国家权力的攫取、经济控制、帝国主义战争、从属关系以及对权力的抵抗一起"还原为19世纪那种过时政治经济学概念的地位"[①]。当然，在此需要注意萨义德批评的针对性，不是福柯对具体的、局部的不同权力形式的微

---

① ［美］萨义德：《世界·文本·批评家》，李自修译，生活·读书·新知三联书店2009年版，第392页。

观物理学与技术的分析，而是福柯独特的权力历史性的观点。尽管在某种程度上缺乏萨义德东西方权力关系的宏观的、直接的甚至带点简化的剖析，但萨义德本人还是非常称赞这种分析无与伦比的细致。

福柯认为，权力根本没有单一的形式，而是权力关系的历史，也就是说权力虽然有着各种不同的机制或技术，以及诸如图表列示、生活管理、日常询问和整体布置等微型化的表现，并且在不同的具体情况下有不同的表现形式，如果将权力看作一种关系，那么它们便构成了权力自身属性的历史，是权力关系在历史上的不同表现形式，即实现了权力自身的再生产。福柯对权力历史性的独特观念与萨义德所说的权力历史性相距甚远，萨义德坚持福柯将权力本质化，是一位权力决定论与还原论者。也就是说作为力量关系的权力决定了其他一切。萨义德权力的历史性则表现为，其一，权力关系的历史，不是权力自身属性的生产与再生产史，他将权力看成两个主体力量之间的关系，因此其权力的历史性便表现为权力主体之间的转换史，或者说是不断消除权力的历史，即东西方的关系逐渐向着平等的、宽容的与自由的非权力世界而不断地发展；其二，萨义德在《理论旅行》中指出，理论是一种意识形态，虽然每位读者都有自己的理论立场，它甚至有助于对事物或现象的深刻理解，不需要任何理论就能很好地解读那些伟大的文本，是十分荒谬的，但理论却无法"穷尽它所出自或它被植入的情境"，批评就是一种对作为意识形态的理论的历史化解构活动，它不断揭示出理论所遮蔽、扭曲以及漏掉的社会现实，批评意识就是要"感觉和意识到那些具体经验或与理论冲突的阐释对理论的抵抗和反动"①。也就是说，权力的历史性就是要将权力观念不断地回归到历史现实，要从历史现实来考量权力，在权力理论与现实经验之间寻找并揭示出错位、缝隙、遮蔽和歪曲等它们之间的复杂关系。萨义德发现福柯"低估了历史上诸如利润、野心、观念、对权力的绝对热爱等动机力量，而且也不寄兴趣于历史并不是一个同质的法

---

① ［美］赛义德：《赛义德自选集》，谢少波等译，中国社会科学出版社1999年版，第153页。

语世界版图，而是不平衡的经济、社会和意识形态之间的一种复杂的交互作用"①。福柯让它们成为权力关系的替代物，而没有真正看到它们之间的现实结构与互动关系，以及所产生的巨大影响，在这点上福柯不如马克思，在某种程度上更不如葛兰西。

萨义德在《东方学》中对将马克思的言论纳入东方学话语内予以批判性考察，在后期对福柯权力理论的批判中，马克思主义重新获得萨义德的青睐，很大的原因就在于马克思主义对于社会历史、物质经济与意识形态的分析角度以及统治者与被统治者和资产阶级与无产阶级等两者之间的权力主体观念，但萨义德既批判马克思主义的东方学话语性，又要防止其庸俗的继承者所倡导的经济决定论与还原论。在这种情况下，葛兰西的霸权理论和分析方法更得到了萨义德的欣赏。萨义德将福柯与葛兰西进行了比较，"人们在福柯那里未见到的东西是类似于葛兰西的对霸权、历史的障碍、关系整体的分析，这种分析是从一个积极介入的政治性工人的角度做出的，对这个工人来说，对发挥作用的权力的充满魅力的描写绝非是在社会中改变权力关系的企图的替代物"②。在萨义德看来，葛兰西的权力观念既保留了福柯理论的特点又能避开其缺陷与失误。葛兰西将武力与强制的政治统治权力与靠相互谈判与妥协、吸引拉拢，甚至诱惑，以及各种从众心理，对公众人物的钦慕而取得同意的领导权区别开来，这样权力既卷入了经济利益与政治压迫，又涉及各种知识、观念、价值与文化的领导，既有公共政治领域的权力斗争，也有市民社会日常生活的权力化，接近福柯权力来自下层的观念和权力的微观物理学，甚至逐渐具有了权力的网状渗透与组织结构化的特点，这是其权力市民社会化所带来的影响，另外葛兰西还看到了权力的积极性，而不似传统权力政治化的消极观念，也就是说如果无产阶级要取得最终胜利，就必须在市民社会中开展领导权的斗争，转变其价值观念，使其具有新

---

① ［美］萨义德：《世界·文本·批评家》，李自修译，生活·读书·新知三联书店2009年版，第393页。
② ［美］赛义德：《赛义德自选集》，谢少波等译，中国社会科学出版社1999年版，第132页。

型的精神思想，唯有如此才能确保革命的成功，否则革命即便在政治领域甚至在经济领域都取得领导地位，也不过是昙花一现，因为市民社会这座最坚固的文化堡垒没有被攻破。为了夺取领导权，无产阶级革命必须调动一切力量，即便在取得领导权后也必须持续甚至强化价值观念上的领导地位，以实现权力的生产与再生产的统一。

毫无疑问，葛兰西的霸权理论既强调权力的政治化与意识形态性，同时也关注权力主体之间的转换，涉及权力的实施者与组织结构的影响，文化价值观念的作用，以及在市民社会中权力的日常生活化，这成为萨义德所心仪的权力观念。但是我们不能忽略萨义德所接受的权力话语性的影响，"'话语理论'与'意识形态'理论的内在冲突，让赛义德左右为难"①，即文化权力的话语化与意识形态化让萨义德陷入了两难处境，出现了种种难以圆满解答的矛盾性问题。

这些问题包括：（1）按照文化的意识形态化，萨义德挑选了英、法等国的东方学研究，而有意忽略了较少殖民色彩的、更为客观公正的德国学者的研究，同时又根据文化的话语化，在整体上认为东方学研究受制于东方学话语，从而将东方学研究内部各种不同的、复杂的甚至是分歧的声音遮蔽起来；（2）福柯的话语分析从原则上说与事实无关，切断与现实的联系，如果将东方学作为一种话语，那么它不涉及真正的东方；甚至不承认东方的真实存在，而葛兰西却非常强调意识形态的社会实践性，主张一种绝对的历史主义。这就导致了两者的矛盾：一方面不存在真正的东方；另一方面却又要承认东方的现实；（3）文化的话语性强调整体秩序内的运作，话语建构了主体性，福柯的权力理论认为即便是抵制与反抗，也绝不是外在于权力，权力是一种关系，不是真实的主体，它并非两个主体力量之间的整体对立，而文化的意识形态化则承认权力主体之间的对抗与转换，即萨义德陷入了东方话语整体上的宰制性与西方/东方两个权力主体之间对抗的逻辑困境；（4）一方面西方在东方学话语内无法逃脱其决定性与压抑性；另一方面萨义德却又认为有些当代学

---

① 赵稀方：《赛义德：理论的内在冲突》，《批判与再造》（台湾）2007年第4期。

者，如伯克、诺丁森以及吉尔茨等人虽然接受了严格的传统训练，却能打破东方学话语所带来的成见，文化的话语化使前者得以形成，而文化的意识形态性却迫使萨义德不得不举出对抗性例子来加以证明；（5）文化的话语化与意识形态化的矛盾使得"话语"与"意识形态"经常交织或混杂在一起而无法辨别其中的决定作用，话语被纳入意识形态，意识形态又被圈进话语内，导致帝国意识形态与小说文本之间无法确定谁决定了谁。本来话语可以统摄一切，让不同的事物围绕它而运作，但意识形态却要求事物之间的区别及其在此基础上压制与反抗和决定与被决定等关系的认定。

萨义德将自己的文学批评方法称为"对位阅读"，也许正是这种对位性，才能确保自身不依附于其中任何一方的力量，能够按照一种不受制于专业化的业余者角度来审视与考量，因为在这种对位性的缝隙中，才是自己自由的空间。有着在两种文化甚至多种文化的夹击间生存体验的萨义德试图让自己成为一个永恒的流亡者，始终抗拒，不被收编，游离于任何力量之外，不断检视各种权力，敢于向权势说真话，在别人看来，矛盾是难以解决的苦恼，而萨义德却认为，矛盾才是自己的栖身之地，他质疑理论，怀疑真理，批判权力，反对任何形式的本质主义，为的是返归复杂的现实经验：不同文化类型不断交织、重叠，依赖于补充的历史真实，并在此基础建立一幅宽容、平等与共享的多元性的全球文化图景。

二 文明冲突与文化融合的抉择问题

自亨廷顿发表《文明的冲突？》以来，世界形势的发展似乎正在实现其预言，尤其是"9·11"事件的爆发，使"文明冲突论"有了最直接的最典型的例证，引发了第二次关于不同文明关系的热议，亨廷顿的观点产生了广泛而深远的影响。"9·11"事件让两位潜在的对手、两个不同领域的专家，进行了相互之间的意识形态批判。作为白宫的高级谋士、政治理论家的亨廷顿如同以往，将萨义德称为"理论上的伊斯兰原教旨主义者"，尽管萨义德多次声明自己反对任何形式的本质主义，并拒绝了伊斯兰国家赋予其东方文化的支持者,甚至是代言人的角色,而萨义德则在2002年10月22日出版的《国家》周刊上直接点名道姓批判亨廷顿的"文明冲突论",称其为"无知的冲突",两者存在着严重对立,很难想象出现一场"'基于理性交往'的面对面的论争"[①],但仔细考量这场论争及其背后的文化或文明理论,我们会发现他们之间并非表面上的势不两立,而是存在着各种相通性因素。

(一)萨义德对文明冲突论的批判

从1993年以来,亨廷顿分别发表《文明的冲突?》《如果不是文明,那又是什么?——冷战后世界的范式》,最后以著作出版的《文明的冲突与世界秩序的重建》,从疑问、反问到问号的消除,逐渐确定文明冲突的存在。亨廷顿依据主要的宗教根源与语言差异,将世界文明分为七个文明,可能也存在八个文明,而冲突就在于这七八个文明之间,其中最主要的冲突集中在西方文明与伊斯兰文明上,以及将来的儒家文明上,他担心伊斯兰文明与儒家文明联合起来对抗西方文明。不同的文明存在着差异与对立而引发竞争与冲突,因为文明是个体、民族或国家身份认同最本质的根源所在。

萨义德依然使用自己相当熟稔的反本质主义批评方法,对亨廷顿关于文明的划分进行了批判,当然这种批判是站在一种简化的后殖民立场上,而没有深入去探索亨廷顿提出文明冲突的背后所存在的复杂原因。这种后殖民立场主张文化之间的共存、混杂和交融。换句话说,萨义德与亨廷顿都是站在各自的立场上进行诉说的,这两条平行线并不存在立场上的交集,其实这两者不过是一个硬币的两面,他们的区别在于一个从反面思考;而另一个则正面观察。具体地说,萨义德对亨廷顿的批判表现如下:

(1)本质化的思维方式。亨廷顿世界文明划分及其冲突的论述,都是建立在一个暧昧的概念的基础上,这个概念当然指的是文明,任何定义性的总结和概括都有可能遮蔽或忽略掉现实世界的复杂性与多样性,

---

① 程巍:《否定性思维——马尔库塞思想研究》,北京大学出版社2001年版,第349页。

都可能存在一种本质化的思维方式或意识形态化的做法,在萨义德看来,对现实世界的观察、思考与分析,无法离开主体的立场,而理论则是我们深入研究的必备工具,但无论立场还是理论,都存在着意识形态化的可能,文明冲突论是一种非常典型的被意识形态化的理论,或立场化的做法,"没有阐述每一种文明的内在动力和多样性,没有关注当我们以一种宗教或文明的姿态进行言说时其中可能包含的巨大的煽动性和全然的无知"①,即亨廷顿没有去详细剖析文明的内部因素,而且也没有考虑这种划分所存在的巨大争议,既显得无知、于事无补,又挑动起每个文明的紧张神经,萨义德层层深入地分析了这种本质化立场或思维方式所带来的问题与后果。

(2)僵化的二元对立。亨廷顿不仅将文明内部的复杂与多样置于事外而不加考虑,将无数庞杂的世界用七八个文明加以标签化,而且还运用一种二元对立的方式,将西方与伊斯兰世界对立起来,进行残酷的斗争,一方战胜另一方,完全忽略了西方文明与伊斯兰文明不断交往、互相促进、共存共融以及相互重叠的现实。在此,萨义德将亨廷顿纳入其早期极力批判的东方学家之中,其文明冲突论又是一套新时代的东方主义的话语存在。这种东方学话语陈陈相因,相互征引,而包括亨廷顿在内的当代东方学家不仅承袭既有的话语模式,而且不断地寻找新的资源和理论加固其存在,无论是诸如贝卢斯科尼这样的政治家,还是如同亨廷顿这样的知识分子,他们都难以脱离东方学话语的权力逻辑,其言论又成为这种权力逻辑的生长点,实现西方霸权意识的再生产。

(3)抹杀文明交流的历史与现状。用一种本质化的思维与僵化的二元对立来维持和巩固西方的霸权意识,以及对伊斯兰等东方世界的贬斥。包括媒体在内的西方世界总是将恐怖主义与宗教原教旨主义的矛头指向东方世界而完全忘记了它们同样存在于西方世界的事实。在这些全球性的罪恶活动中,原始的激情与专业化的技术知识相互交织,并不存在只有东方人才使用或者只有东方世界才具有的事实。在当今世界,全球化

---

① [美]萨义德:《无知的冲突》,刘耀辉译,《国外理论动态》2002年第12期。

进程的加快,技术知识、经济贸易与各种理论和文化等都逐步在实现同存共享与互补促进等的局面,在历史上,同样存在伊斯兰世界与西方世界的文化贸易、科学技术等诸多方面的交流与沟通,但是这些互相交流的历史与现状却被亨廷顿所放弃,从而固守于自身世界与其他世界的区别以及在此基础上的彼此冲突的不断确定。亨廷顿没有去寻找文明之间本来的真正面目,却在为一直存在的东方学话语辩护与加固,用一系列的罪恶观念与说辞为持续至今的轰轰烈烈的西方针对东方行为的目的而开脱,成为其不断强化这一目的的共谋者。

(4)毫无裨益的异己仇恨。在亨廷顿的首部著作《士兵与国家:军民关系的理论与政治》中就表示,美国作为自由主义国家很少关心外国势力的威胁,直第二次世界大战时期珍珠港事件的爆发打破了美国人的美梦,因此美国更应该关心国家安全而不是自由价值,该书充斥着军国主义的色彩。现在亨廷顿改头换面,用文明冲突论来替换军事斗争的说法,用文明的认同来取代安全的考量,除了激起西方世界的不恰当情绪,即仇恨异己外,对现实毫无帮助。将西方与东方世界贴上意识形态化的标签,强化各地区各民族的自我防范意识与怨恨情绪,搞乱世界的心智,为我们理解这个互相依赖的、互相重叠的现实世界增加了更多的障碍与困难,无助于事情的解决,反而增加了不稳定的因素,在历史上,文化或文明都是在一种相互交流与共享、相互叠加与促进中发展起来的,我们依然要沿着这一基础继续前进,共创一个美好的、没有权力逻辑的文化或文明的世界。反观"文明冲突论",不过是为"世界战争论"披上了一层面纱而已。

萨义德坚持认为,"9·11"等问题的出现,是西方世界延续东方学话语的恶果,西方国家缺乏与东方世界的真诚的交流与对话,它们往往成为歧视、压迫和剥削的霸权者,或者是东方世界国内傀儡政权的扶持者,而没有与真正的东方世界的底层进行有效的交流沟通,展开一种积极的平等对话,甚至从来没有去了解他们,而是囿于东方主义的话语存在,两者之间的文化表述与文明交流被中断,无法真正进行,也许同样的情况也存在于东方世界,既然存在一种西方世界的东方主义,也有一种东方世界的西方主义,对此萨义德感到了文化多元共存、相互交流促进的局面难以实现,它们就像以色列与巴勒斯坦一样,而正是在这种文化交流的中断处,亨廷顿提出了文明的冲突论,对东西方文化关系的问题,与萨义德的解决之道不同,亨廷顿则坚持固守自己的文明,强化文明的认同,如此才能确保甚至加强西方世界的力量。亨廷顿为文明交流的中断添油加醋的认同强化的方式,是萨义德不愿意看到以及所极力反对的可能引发新一轮战争的悲观的未来景象。

(二)亨廷顿"文明冲突论"的由来

对萨义德指名道姓的尖锐批评,亨廷顿并没有拉开架势给予直接的回击。但在骨子里,亨廷顿确实在很多方面都与萨义德持一种相互敌对的立场。萨义德专心于批判任何形式的霸权,并将其上升到一个本质主义的哲学化高度,是一个地地道道的左派人士,在亨廷顿看来,这些左派人士只知道批判与破坏,而不知道维护与建设,而且萨义德的文化共存融合的预想带有乌托邦式的幻象,面对当今世界的全球化和移民浪潮,萨义德力图扫清各种文化、政治与身份等方面严守壁垒的障碍,为民族、国家与文化的交织和混杂而喝彩,这也是萨义德自身人生体验与骑墙于两种甚至多种文化之间的身份密切关联,学术研究在某种程度上可以被设想研究者在为自己立此存照,反观亨廷顿则没有这种多种文化交织的身份焦虑,他出于一个美国白人的立场,要回答的是一个移民越来越多,文化价值观念越来越混杂的国家靠什么来维持与增进民众的凝聚力,这就需要强化文明的认同,准确地说,就是强化西方国家的文明认同。在此包括两点:一是西方国家内部的认同问题,这就需要用西方文明去同化其他移民入地的非西方文明,而不是被移民文化将自身既有的文明体系冲得七零八落,不能容忍异质文化对主体文化进行分裂,而再也无法产生大多数所需要的认同性,让自身处于危险的境地,"西方的中心问题是,除了任何外部挑战之外,它能否制止和扭转内部的衰败进程"[①];二是西方国家

---

① [美]塞缪尔·亨廷顿:《文明的冲突与世界秩序的重建》,周琪等译,新华出版社1998年版,第350页。

之间的认同问题，亨廷顿将全球文明划分为七八个类型，目的在于要强化西方国家之间的文明认同，使西方国家能够凝聚在一起，共同对付来自其他文明的任何挑战。在此，我们需要回答为什么亨廷顿放弃了国家或民族的认同，而采用一种相当古老的宗教为主的文明认同方式。

很显然，在整个西方历史上，民族和国家等不过是近代的产物，就身份认同而言，当然应该采用一种最为古老的认同基础，这样才能做到认同的广泛性、内在性与持久性，宗教正是基于此才被亨廷顿作为认同的最终根源；另外就现实来说，随着全球化时代的加快，民族和国家的概念被打破与分解，欧盟的建立就是显著的例子，开始形成一种超过国家和民族的区域集团，从而增加在竞争中的力量，文明成为这些区域联合体的维系所在，亨廷顿适时提出文明的认同，让西方国家聚合起来，共同对付来自其他区域或国家的威胁；尽管世界形势的改变，不同文明之间能够迅速交流与相互作用，"民族之间的相互作用——一般来说包括贸易、投资、旅游、媒体和电子通信——的增长正在产生一个共同的世界文化"①。但亨廷顿列出数据例子证明国际贸易等方面的交流频繁与扩大，不仅没有减少战争发生的可能性，反而使不同区域与文明之间的摩擦与冲突不断发生，这是一把双刃剑的表现，既增长了相互了解与交往的共同作用，但同时也赋予文明认同以更大的重要性，因为自身的文化只有在与他者及其镜像中才能得到确认。正是这些现实状况的改变与西方世界的困境，使亨廷顿提出了文明认同基础上的冲突论，具体地说，其内在的缘由包括以下几点：

（1）安全的考虑

在亨廷顿早期著作中，他考察了美国的国家安全问题。在过去的年代里，地理环境是国家安全的重要保障因素，美国土地广袤且物产丰富，经济保持稳定地增长，其良好的地理优势又使得美国人不用担心周边局势的紊乱。在这一时期的美国完全可以两耳不闻窗外事，过着一种悠闲、

---

① ［美］塞缪尔·亨廷顿：《文明的冲突与世界秩序的重建》，周琪等译，新华出版社1998年版，第56—57页。

富足与自由的生活。随着现代化的战争到来，尤其是第二次世界大战时期的珍珠港事件，让美国突然感觉到外部力量的强大到可能或足以对自身安全造成威胁。地理环境对国家安全所构筑的作用在全球化时代越来越不重要，民族、国家与意识形态等以往民众依赖的认同正逐渐消解，如果其他方面所带来的凝聚力与认同感，西方世界就必然会面临着无法保持自身主体性的危险。为了加强国家的认同性，出于安全考虑，有必要通过树敌来确保民众的向心力与凝聚力，不断地加强自己的势力，以便发挥先发制人的效果，再说有敌人才有朋友，强化自身的盟友关系，保持民族或国家间的有效整体性以对抗共同的敌人，在此文明可以扮演关键的连接角色。在冷战结束后，美、俄意识形态的对抗已经不存在了，在民族国家纷纷独立和多文化共存的时代里，即便没有敌人，美国也必须塑造一个假想敌，来保持美国不断进步，站在制高点上确证美国的安全。

（2）自由主义的误区

亨廷顿认为，美国继承了从其英国的祖辈而来的自由主义，这种自由主义在某个时期因地理环境的优越而牢固地确立。这种自由主义对美国的负面影响在两个方面：一是对内方面，完全无视确保国家安全所需要的军事力量与权力制度，这些被认为是有悖于自由的主张，同时使美国成为一个移民国家，大量不同族裔的人来到美国，并且形成各自为政的文化族裔圈，但是这些文化圈又在同一国家内部，导致美国的价值观念难以取得认同，早已形成的文化认同也会被冲垮，自由主义者却不断地欢呼这些隐藏着潜在危险的时刻到来。在哲学文化上西方世界蔓延着一种解构主义的思潮，这股潮流对所有的宏大叙事都进行毫不留情的批判与解构，这些宏大叙事就是近代以来西方世界所形成的，在那时被当成人类基本信条的自由、平等与民主等文化价值观念，将美国拖入一种游戏、破坏和拼凑，没有历史性与固定性的，不存在真实与真理的彻底的虚无主义境地中去；二是对外方面给美国造成了巨大的困难，美国按照自由主义等普世价值标准来处理对外关系，从而陷入一种两难境地中，一方面它承认对方的自由与权利，不能诉诸武力来解决问题，而自由主义的主张也是排斥武力压制之道，这就无法确保甚至获取美国国家的核心利益；另一方面它又要求对方实行普世价值原则，否则便要考虑制裁的处理，为了普世价值原则比如人权问题的解决，不惜动用武力推翻对方的政权，但如果没有国家利益的获取又会使美国饱受财力的损失，长此下去，美国不仅无法扮演推行普世价值观念的关键角色，而且还会危及美国的安全和发展。按照亨廷顿的观点，美国就应该放弃解放或拯救那些野蛮、腐朽或堕落的文化与地区，直面现今世界的文明冲突，不断地加固自身的文明认同，在西方世界中实现其高度的统一。

（3）少数族裔的问题

由于交通和通信的便利，现代世界移民浪潮一浪高过一浪，这些移民与原住民的关系成为难以解决的棘手问题，哲学家泰勒提出"承认的政治"，在少数族裔权利的基础上解决移民和多元文化的问题。亨廷顿同意泰勒的"承认"的重要性，文化或文明的认同与依靠是人类的价值意义的存在之本，但亨廷顿并不同意过于强调少数族裔的认同权利，这会冲击到原住民已经形成的文明认同体系，引发国家内部的民族和文化冲突，甚至存在分裂的可能。在亨廷顿看来，美国已经是个多民族的、不同文化类型的国家，其移民可能带来的负面影响远远超过其他国家，美国或西方世界引以为豪的文明体系正在受到不同移民文化的冲击而消解，如何才能确保甚至强化西方世界的文明优势，就必须在内部巩固文明的认同以及在体制等方面的高度统一，实现西方世界内部在同一文明体系内的高度同质化；简言之，就是要积极建设，采取相应的方法同化移民文化，使其改变文化价值观念或将其纳入西方文明的体系。亨廷顿注意到，这种同化或纳入并非易事，因为文明涉及族群最内在的认同根源，即改变宗教信仰，因此亨廷顿特别提出文明冲突而非文明认同，其目的就在于引起美国政府和民众的高度关注，尽管在萨义德看来，亨廷顿的文明冲突论危言耸听，除了挑起激烈的对抗情绪别无他用。双方都在指责对方的观点于现实无补，都是一种非理性的、情绪化的幻想表现。

（三）多元文化背景下的共同抉择

审视萨义德与亨廷顿在文化或文明的冲突表现，除了简化的"左派"与"右派"、"激进"与"保守"、"公共知识分子"与"政治家"、"非美裔的流亡者"与"正统的白人身份"等方面的立场区分外,还应该检视这些学术冲突背后更为深层的本质,即对当今世界的文化现状如何,该向何处去的思考。其实,萨义德与亨廷顿都承认当今世界多元文明共存的现实,尽管亨廷顿将全球文明划分为七八个类型为其冲突论定下基础,冲突并非是无处不在的,而就集中在几大文明之间,暂且不说亨廷顿将全球文明予以归类简化的做法确实忽略了现实文化复杂的交织性,这种交织不仅体现在时间上的错位与接合,而且还有空间上的杂陈与融通,他强调从认同的角度来审查文明时,就已经潜隐了冲突的观点,即必然带向文明的冲突论。在萨义德看来,认同是件危险的事情,因为要界定并且固化自我,犯上本质主义的弊病,带有话语的力量压制并侵犯他者。因此在他们都看到多元文化的事实前,亨廷顿认为这会导致冲突,因为文明是认同的深层根源,文明的对话不容乐观,尽管亨廷顿在《文明的冲突与世界秩序的重建》的中文版序言里表达了自己的期望,即唤起人们对文明冲突的危险性的注意,将有助于促进整个世界上实现文明的对话。萨义德则认为在多元文明时代突出矛盾与摩擦,固化二元对立的关系而导致更多的冲突,甚至这些冲突随时都可能转变成大规模的战争,因此学者更应该强调文明间的共存共享,自由、宽容与平等地对待其他文明。

在萨义德与亨廷顿的观点冲突中不可忽视亨廷顿对文化与文明的区分。对文化的内涵,亨廷顿认为,它是"人们的语言、宗教信仰、社会和政治价值观、是非观念和好坏观念,以及反映出这些主观因素的客观体制及行为范式"[①]。文化主要是指影响人们生活的体制、观念与行为方式,这种观点并无特别之处,甚至与萨义德也没什么差别,真正体现其创造性的是文明的观念,亨廷顿是从文化组合的角度来给文明下定义的,也就是说在一个文明体系下会有很多不同的文化,它们组合文明,并且是最高层次的组合,再也没有比它更高的了,即文明是人类文化最高层

[①] [美]塞缪尔·亨廷顿:《我们是谁:美国国家特性面临的挑战》,程克雄译,新华出版社2005年版,第27页。

次的组合，再往前推导就是野蛮了，文明是人作为人的本质特征，人首先要成为文明之人，否则与禽兽无异，在不少学者认为"9·11事件"证实了亨廷顿的文明冲突的预言时，他却认为此次事件纯属野蛮对文明的仇恨与破坏。实际上，亨廷顿强调的文明认同在某种程度上就是人作为人的认同，因此这种认同当然是最广泛意义的认同，人作为人的本质特征并非固定的某个单一的特征，相反人类有不少方面比如宗教与语言等超出动物，这些方面采取不同的组合方式与内部构造的区别，形成了不同的文明类型，即亨廷顿所强调的全球文明中的七八个类型。如果认同只涉及立身之本，那么萨义德则固守近代以来的诸如自由、平等与民主等现代观念，尽管这些观念在后现代主义看来属于宏大叙事而遭受批判与解构。

　　但让人不解的是萨义德反对文明的普世化，质疑现代性与全球伦理的建构。换言之，一方面他坚持虽然西方处于现代或后现代社会，但依然有许多地区和国家没有现代价值与观念的权利，西方世界的伦理秩序与价值观念的建构却依赖对东方世界的压迫与殖民，也许自由、平等与民主等现代人类的基本信条只适应于西方世界的内部，而从来没有将其扩散到作为异己力量的东方国家，东方世界既没有获得西方国家的尊重，也难以获得拥有这些现代价值和观念的权利；另一方面，萨义德坚决反对文明的普世化，认为此举不过是西方化，而对现代性的质疑也表现出对西方文明的抗拒，现代性的普遍性抹杀不同文化之间的差异，进一步巩固西方的文化霸权。简言之，萨义德既坚持自由、平等与民主等人文关怀，同时又害怕这些现代价值的西方化。在这种矛盾中，或许萨义德认为自由、平等与民主等价值观念不是西方特有的，也不是现代观念，而是人类普遍的基本信条；或许他并没有反对西方文化，而只是批判西方文化中的权力因素，尤其是在对待东方世界所表现出来的霸权上；无论如何，萨义德坚持作为人类基本信条的价值观念，同时它们又是最高的要求，至今都没有实现，甚至一直被人当作乌托邦式的幻想；亨廷顿同样如此，坚持人作为人的文明认同，这是最基本的，同时也是最高的要求，与其说文明认同是亨廷顿开出的治疗全球化疾病的药方，还不如说是许多民族国家,尤其是那些非西方国家都会采取的药方。

表面上看,亨廷顿的药方是针对西方世界的,维护与强化西方固有的文明体系以解决当今西方世界越来越严重的移民与多元文化所带来的问题。亨廷顿提出"文明冲突论"确实有着基督教文明在世界多元文化时代所面临的被肢解从而丧失主体地位的焦虑与忧思,出于对西方文明和美国本土文化认同,甚至国家安全的考虑,但这不是说亨廷顿积极主张西方文明的普世化和现代性观念的广泛流布,"对于西方人而言,世界越是加速西方式的现代化,普及西方价值观和制度,世界便越安全,从而西方文明体内或国内也越安全"①。这种观点是有问题的。亨廷顿明确表示西方文明并无普世性,现代性并不等于西方化,他不像萨义德那样反对西方文明的普世性,现代性就是西方化的主张,而是直接予以否定,甚至反过来说恰恰是因为东方国家的现代化,才使得很多国家反对西方文化而复兴本土文化,从而导致文明冲突的加剧。现代性或西方文化的普世性,并没有让其高枕无忧,反而是在身边安放了定时炸弹,等到非西方国家实现了现代化,这颗炸弹就要爆炸。也就是说,亨廷顿与东方学话语区别在于他不承认西方文明的普世性,而殖民帝国话语与东方学话语都将西方文化的优势强加于东方世界,从而拯救他们。在某种程度上,亨廷顿放弃文明普世化的观点促成了本土文明的再次兴起与认同感的强化,从而增长了它们之间的文明冲突。亨廷顿意识到,没有国家或民族会放弃文明的认同,谁都不希望自己的肌肉上长出不属于自己的东西来,文明的认同在全球化时代难以实现,同样会成为最高的要求。只不过萨义德的最高要求是一种书生意气的要求,而亨廷顿则属于政治家立足于实际的最高要求。

萨义德对全球化的忧心在于全球化等于西方化,尽管他反对一切形式的本质主义,但其理论主张还是得到广大第三世界国家的赞同而促进了本土文化与民族主义的兴起,亨廷顿对于全球化的忧心是破坏了文明

---

① 杨生平、张慧慧:《亨廷顿"文明冲突论"再评析》,《北京行政学院(学报)》2009年第2期。

的认同体系，并且他直接否定西方文明的普世化，这些观点无疑对本土文明的蓬勃发展推波助澜。说到底，文明的冲突与融合不过是一个硬币的两面，很容易正反两方面翻来覆去。萨义德早年还在抱怨东方主义话语的存在让西方创造了东方，同时他还在警惕那些东方世界的西方主义以及东方人的东方主义，总之在他看来，文化交流根本无法进行，因为不同文化的表述不过是话语建构的产物，根本不存在事物的真实而成为自说自话，进一步巩固早已存在的那套陈述话语，转眼间萨义德就多元文化的共存融通展开了论证与冀望。亨廷顿在文明认同的基础上提出文明冲突论，到了结尾他冷不丁还是要说一句，警惕文明冲突的危险性，文明冲突论有助于文明对话，通过"避免原则""共同调解原则"和"共同性原则"等"来寻求和扩大与其他文明共有的价值观、制度和实践"，发展一种建立于共性基础上的世界文明。①

　　萨义德认为多元文化的共存与相互尊重有助于文明的对话，而亨廷顿则表示文明的冲突也有助于文明的对话。换言之，文明的冲突与文明的融合都不是问题，是冲突还是融合，首先取决于对不同文明的理解，即文明的对话才是首要的问题。在此我们主张：（1）理解文化或文明必须首先要回到事物本身，回到原初的处境中，无论是理解本己的文化，还是与异己的文明进行对话，这些文明或文化体系包括许多不同的观点，这些观点的形成肯定有其现实的处境以及事件的冲击影响，只有抛弃先在的观念结构，使用纯粹意识让事物自身作为事件性的存在显现出来，才能正确地理解事物；（2）回到文化或文明交流的原初处境中体会不同文化之间的关系。每个不同的文明或文化都有可能接受了外来文化的影响，在外来文明刚刚进入本土环境时的平等性、原始性与惊叹性，双方才有可能真诚地对待异己文化，如泰勒所称赞的明末徐光启与利玛窦的合作关系就值得当今世界文化关系的借鉴，让我们时不时地回到交流的源头处反思和检视当今的文化交流与碰撞所出现的问题；（3）坚持人类

---

① ［美］塞缪尔·亨廷顿：《文明的冲突与世界秩序的重建》，周琪等译，新华出版社1998年版，第370页。

基本信条基础上的文化对话关系。即萨义德所固守的现代价值观念，实现文化之间平等与自由、相互尊重的交流。（4）文化交流需要在尊重对方，甚至相互妥协的基础上冲突起来，文化之间有冲突，才有深入的剖析与思考，做一个"和事佬"的文化交流根本无助于自身文化的发展，因为它得不到其他文化的诘问与反驳，也就无法实现自身文化的再创新，同时也是对其他文化的不尊重，真正的文化交流在于彼此尊重的基础上通过深入的讨论，理性的分析，互相补充、相互促进，使文化产生变异，只有这样文化的双方才能获得创造性发展。

第五章 文化霸权论的实践变异

第一节 文化霸权与文化批评

一 葛兰西的霸权理论与文化批评

改革开放以来,建立以马克思主义为基础的文学批评体系一直是文艺学工作者的一个目标。在建设这项"批评工程"中,西方马克思主义是我们不可或缺的一项理论资源。西方马克思主义理论家所做的工作就是面对各国文艺出现的新情况,进一步挖掘马克思主义的批评资源,并与当时的现实背景、文艺状况相结合,形成一套有效的阐释体系,回答现实文艺中出现的新问题,指引文学理论、艺术创作的健康发展。

西方马克思主义文艺批评在 20 世纪 60 年代出现新的动向,雷蒙·威廉斯、特里·伊格尔顿和弗里德里克·詹姆逊等著名理论家都已经从文化的角度阐释文学艺术,而葛兰西的文化批评成为其直接的理论源头。追本溯源,我们首先要梳理葛兰西文化批评的精髓,才能对这次转向有个透彻的理解,才能对其以后的发展做出深刻的理论把握。于此,才能使之更有效地服务于我们的文学理论与批评建设。

(一)人民性是文学作品的批评标准

葛兰西对文艺批评问题的思考是从意大利文学的现状开始的。正是由于当时意大利文学不景气的状况引起了葛兰西对这一问题的深深思考,他要从中找到落后、衰败的原因所在。他发现意大利作家的文学作品不受读者的欢迎,一个最重要的原因是意大利作家、文学家的作品在文学创作上缺乏人民性。在历史上，意大利的文学取得过举世瞩目的成就。然而，在20世纪初期，意大利的文学"一落千丈"。意大利的报纸热衷于连载外国的作家作品。具有讽刺意味的是，这些受到意大利读者欢迎的外国作家的文学作品，尤其是历史小说，却"以意大利和它的城市、地区、机构、人物的历史变迁为题材"。譬如以"威尼斯的历史，还有它的政治、司法和警察组织"① 为题材的作品就深受意大利读者的喜爱。国外作家也非常热衷于描写这些意大利读者感兴趣的题材。

相反，意大利国内出版社却拒绝出版意大利本土作家的文学作品，因为它们没有销路，不受读者的欢迎。特别令人惊讶的是，即使意大利本土作家与国外作家一样，描写威尼斯等各大中城市的风土人情及它们的历史传统，但他们所写的这些类似于"科学普及读物"的作品还是不受本国读者的青睐。在意大利文坛上没有超群出众的作家，而那些平庸的作家为了生活，也只好到国外去寻觅素材，描写国外的历史风貌与人情世故。可是，这些文学作品丝毫没有艺术技巧与审美价值，只是满足部分意大利读者的好奇心，迎合意大利民众"偷窥"的欲望与趣味。

葛兰西对此感到非常痛心：一个有着悠久文学传统的国度竟然没有一位作家堪与国外作家比肩，却依靠国外作家的作品和到国外"猎奇"的作品来维持本国的文学现状。他大声质问道："为什么意大利缺少像弗拉马利翁这样的作家？为什么没有法国和其他国家那样的科学普及读物？"意大利文学的衰落是由于意大利文学缺乏人民性。在意大利，作家不是来自人民，即便是出身于人民，但依然与人民有着很大的隔阂，与人民毫无联系；他们不了解人民的愿望，不懂得人民的生活，更不会深入群众，关心人民的疾苦，领会人民的内心感受，甚至对人民群众怀有深深的敌意，害怕人民群众。一句话，作家"像是悬吊在空中的、脱离人民的阶层。而不是人民的组成部分，他们没有担当起应当承担的职能"②。因此，这些作家不理解人民所需要的审美价值与艺术理想，而只

---

① [意] 葛兰西：《论文学》，吕同六译，人民文学出版社1983年版，第144页。
② 同上书，第50页。

是追求与建设自己在文艺观念上的"空中楼阁"与"象牙之塔"。

意大利人民喜爱外国作家作品。从这种文学现象就可以说明意大利不存在一个精神和思想上的民族统一体,人们的精神和思想已经体现零散化与寄生性的特点。葛兰西认为要利用文学作品的美学标准——人民性的要求,使群众团结在一起,成为民族统一体。在葛兰西看来,民族和人民是同义词:"在许多语言中,'民族的'和'人民的'这两个词语是同义词,或者说几乎是同义词(在俄语、德语、斯拉夫语、法语中如此)。"只是在意大利,"'民族的'这一概念就其思想内容而言,含义极其狭隘,至少说它不等同于'人民的'这一概念"①。因为意大利的艺术家脱离人民群众,不深入了解人民。

葛兰西深刻地认识到这些作家、艺术家由于受资产阶级的思想影响,高高在上,鄙视人民大众,不肯与之为伍,甚至还利用文学艺术向意大利人民灌输资产阶级的思想文化和精神意识,达到禁锢人民的言论和思想自由的目的。因此葛兰西非常希望利用文学艺术,即建立"人民—民族"的新文化来促成一场"强有力的、自下而上的人民政治运动或民族运动"②。它要求意大利的作家作品与人民性联系起来以解决民族与人民的"分离"问题,把文学与艺术的审美与批评标准最终归于人民性,具有人民性也就具有了民族性。通过这种用人民性作为美学标准的"人民—民族"的新文化运动,可以形成意大利精神与思想上的民族统一体,来彻底打碎剥削、压迫人们的资产阶级文化制度。

(二)霸权观念下的文化含义

葛兰西将人民性作为文学艺术作品的美学与批评标准,来改造旧文学与旧文化,建立一种"人民—民族"的新文化,它与葛兰西从市民社会开始文化革命的理论有很大的联系。在他看来,俄国由于市民社会尚未开化,处于原始阶段,而欧洲各国的市民社会已经成为一个稳固的统一体,所以欧洲的无产阶级革命不能像俄国一样,只能从市民社会开始

---

① [意]葛兰西:《论文学》,吕同六译,人民文学出版社1983年版,第49页。
② 同上。

争夺文化领导权，否则，欧洲革命还将以失败告终。实质上，葛兰西建立"人民—民族"的新文化，就是夺取市民社会的文化领导权，因为文化成为市民社会得以形成及结构稳定的基础性联结，正是文化才使市民社会由一个松散的组织变成了一个稳固的统一体。如果不夺取市民社会的文化领导权，市民社会还是资产阶级的文化思想与价值观念占统治地位，那么无产阶级革命可能还会遭遇失败。在此，文化在葛兰西的革命理论占有重要的地位，它与一般文化概念的含义是不同的。

在西方，英文中文化（Culture）这个词是由拉丁文 Cultura 开始的，原义为"耕作"，即通过"耕作"，人由动物变成了人，由于耕作方式与社会环境等方面的不同，人变成了具有不同"灵魂"的人，也就是说人类在漫长的历史发展过程中形成了具有不同类型的文化，在不同类型的文化中生存与发展。英国19世纪人类学家泰勒的"文化"概念虽然包含着广泛而复杂的内容，是一种广义上的文化含义，但它仍是目前通常的含义用法。他在《原始文化》（1871）中说："文化或文明，就其广泛的民族学意义上来说，乃是包括知识、信仰、艺术、道德、法律、习俗和任何人作为一名社会成员而获得的能力和习惯在内的复合整体。"① 很多学者在泰勒文化的含义的基础上，概括出文化的三层内容既包括人类对象化劳动所产生的事物以及在此事物中所包含的人的情感、思想与意志，比如艺术品、商品等，又有调节人与人、人与社会、人与自然之间关系所形成的有一定物质形式的准则与组织，如法律条文、教育制度和政治组织等，还有就是人的精神心理状态，包括价值观念、思维方式、审美趣味、道德情操、宗教情绪和民族性格等。

葛兰西的"文化"含义，深受桑克蒂斯的影响。20世纪20年代，意大利文艺界有人提出"回到桑克蒂斯"的口号，葛兰西立即做出积极的响应。弗朗西斯科·德·桑克蒂斯是19世纪意大利文化批评家，他坚决反对学院主义、形式主义等文艺批评观，主张文化批评。通过对文学艺术的文化批评，唤醒市民社会，用无产阶级的文化思想来领导市民社会。

---

① ［英］泰勒：《原始文化》，连树声译，上海文艺出版社1992年版，第1页。

桑克蒂斯曾说："缺乏力量,因为缺乏信仰。缺乏信仰,因为缺乏文化。"葛兰西在继承和发展桑克蒂斯的文化思想和文艺批评观的基础上解释了文化的内涵:"它无疑是指彻底的、统一的和在整个民族普及的'对生活和人的观念',是某种'世俗宗教',是某种'哲学';它应该名副其实地成为'文化',即应该产生某种道德、生活方式、个人与社会的行动准则。"①

葛兰西是为了无产阶级革命的目的,清楚地表述了他的"文化"一词所包括的特定内涵。这种特定内涵主要体现在:(1)它更多地表现为一种精神性的观念准则,它告诉人们应该怎样生存才有价值和意义,应该具有怎样的道德准则与生活方式,应该参与什么样的行动。而人类对象化的结果与产物以及在其中所蕴含的意味、思想,人类心灵与物质世界结合的以物质形式出现的条文准则与结构组织,这些都不是葛兰西的"文化"概念所最为关心的内容,或者它们都被纳入价值与意义体系中发挥自己的工具性作用和用来表征作为观念形式的文化的物质载体,即获得客观化的存在。(2)它是市民社会成为统一体的联结力量。它本身也是彻底的、统一的以及在整个民族普及的一种观念体系。这种观念体系使民族、社会与群众形成一个统一体,各种组织力量集中在这样一个观念的指导下,为着一个共同的目标而迈进。(3)作为一种具有凝聚作用的观念体系,葛兰西更强调一种新型的文化,不同于旧有的文化,更不是统治阶级用于统治人民的文化。它是为无产阶级革命服务的,由无产阶级政党、有机知识分子与市民社会的互动中共同形成的,其重要部分可以说是一种无产阶级的世界观、人生观与历史观,其目的是引导人民推翻资产阶级的统治,实行无产阶级专政。(4)为了防止观念体系的僵化运用,葛兰西特别指出文化是当下实践的,不是一种空洞的思想、准则,是一种与实践紧密相连的概念体系、哲学思想。就新型文化而言,它能指导无产阶级的革命实践,为无产阶级革命的成功做思想上的准备。在无产阶级取得革命胜利后,它仍然指导着人民群众的实践,指导着人

---

① [意]葛兰西:《论文学》,吕六同译,人民文学出版社1983年版,第2页。

民群众的生活、行为和道德等各个方面。葛兰西认为，即使无产阶级取得了革命的胜利，依然要实行文化领导权，在这个问题上丝毫不能放松。

（5）葛兰西所说的新型"文化"应该在无产阶级革命的过程中首先建立起来。在这个问题上，他不同意列宁的观点。列宁认为要在革命成功后，才来建设无产阶级文化。葛兰西则认为，如果不夺取市民社会的文化领导权，革命可能不会成功，尤其像在欧洲各国，其市民社会的结构比较稳固，形成了一个统一体。在此，葛兰西阐述了一种新型的文化观——"人民—民族"的文化观，其目的就是获取市民社会的文化领导权，并最终获取政治领导权。

（三）葛兰西的文化批评

葛兰西建立"人民—民族"的新文化，将人民性作为文学与艺术作品的审美和评价标准，来一场自上而下的民族运动，形成民族统一体，夺取市民社会的文化领导权。他提倡文化学批评，将文学作品的人民性与文化联系起来，乃是有助于此项任务的最终完成。葛兰西的文化学批评阐述了艺术的本质，文学与艺术的目的，作品、作家与人民的关系，"文化阶级"统一战线的形成，通俗文学的重要性，文学批评的态度等问题，倡导对文学作品进行文化角度的深入剖析，即强调文学作品的文化价值、精神观念的创造以及对无产阶级革命的功用，并以实际例子来说明，形成了一套较为完整的文艺批评的理论体系。

在葛兰西时代，文学艺术的现代主义得到了迅猛的发展，逐渐形成了一股强大的文艺思潮。现代主义强调艺术的自主性和自律性。现代派艺术家和理论家不满于现实社会中对统一性、理性化和意识形态化的过分要求，他们用文化的现代性来对抗社会的现代性、审美的现代性对抗现实的现代性，以及用低俗的现代性对抗高调的现代性；强调文化和艺术的自律性要求以及对现代社会中科层制、理性工具化的拒绝。而另一些文化批评家和理论家则认为文化和艺术只能具有半自律性：一方面，它有自身的发展轨迹和运作规律，对现实社会有一定的批判性的影响作用；另一方面，它又摆脱不了现实社会对它的规范和约束，现实社会与各种政治意识自始至终都制约着文化和艺术的产生、发展、流通以及读者的接受、消费。在文学艺术的周期性的生产与消费的过程中,贯穿着一种意识形态的文化霸权。既然文化、艺术与意识形态、现实社会有着双方之间的深刻影响,就可以利用文化和艺术来达到对现实社会的改造目的,法兰克福学派无疑发展了这一思想。马尔库塞力图通过提倡"新感性""新理性"等人的心理模式中的感知和认知模式的彻底改造,塑造新型的人类,来实现人的自由解放和思想革命的成功。

葛兰西反对现代主义中"为艺术而艺术"、艺术纯粹自律化的文艺思想。同时,他也反对庸俗唯物论者对文艺的审美特性和艺术规律的蔑视和否定。他说:"艺术就是艺术,而不是'预先安排的'和规定的政治宣传……这一概念以最彻底的方式提出了问题,促使文学批评更加切实有力,更加生动活泼。"艺术本身应当是"文化政治"与"纯艺术性质"的结合①,文艺的自律性应从这一角度去考虑。这种文艺本质观与克罗齐"艺术即直觉"的唯心文艺观划清了界限,与后来西方马克思主义理论家,包括法兰克福学派有着某种契合,但葛兰西并没有像马尔库塞那样过多地谈论感性心理模式的审美革命,以至于要取消政治革命,放弃政治领导权。他认为,任何时代的文艺既作为工具使用,其本身又是目的。当它作为工具使用时,它是各种意识形态的跑马场,得到冠军总是占统治地位的思想意识,但不能排除其他马匹的存在与斗争。因此,革命需要文学艺术,需要对其自身进行美学与批评改造,倡导文学艺术的人民性与民族性的审美标准,来感化群众、市民社会,使市民社会接受一种新型的文化思想、价值观念,获取市民社会的文化领导权。当然,文学艺术中人民性与民族性的美学评价标准,不是凭空而来的,它需要作家深入人民群众,了解人民群众,想群众之所想,喜群众之所喜,体验群众的情感,跟人民的情感融为一体。只有这样,才可能使自己的艺术作品具有人民性与民族性。这种作品在群众之中被接受,就会培育出一种新型的思想情感,使作家完成"民族教育者"② 的使命。

---

① [意]葛兰西:《论文学》,吕六同译,人民文学出版社1983年版,第13—14页。
② 同上书,第47页。

葛兰西既不主张将艺术过分的意识形态化，强制他人接受价值观念，也不同意现代艺术中，把艺术仅仅作为个人情感与审美空间的"象牙之塔"。他借用了"卡塔希斯"这个术语表述了自己的文艺观。"卡塔希斯"（Katharsis）是亚里士多德在《诗学》中使用的一个术语，意思是"净化"。它作为一个美学概念在西方广为流传。在亚里士多德的论述中，它指的是悲剧可以调节人们的内心情感，太强的感情淡化，太弱的感情强化，维持感情上的平衡。因此经过悲剧的这种"净化"作用后，能使人们的内心情感做到适度平和。葛兰西重提"卡塔希斯"的口号，并把这一词语"用来指涉从纯粹经济的（或利己主义的——感情的）要素到伦理——道德要素的过渡，也可以说是从结构到人们头脑中的上层建筑的更高层次的思想构建。这也意味着从'客观到主观'和从'必然到自由'的过渡"[1]。换言之，就是要求艺术通过社会实践活动，使群众在心灵和思想上来一次脱胎换骨的变化，彻底地摆脱了统治阶级的文化霸权，提高人们的文化道德水平和阶级情感意识，使人民自由解放。文学艺术应该上升到一个伦理——道德的高度，而不仅仅作为个人狭小空间的审美演绎。

在市民社会中建立"人民—民族"的新文化，夺取文化领导权，是葛兰西倡导文化学美学的重要目的。在市民社会中，人民群众的文化水平可能达不到一定的审美高度，缺乏深刻的理解能力，他们所喜爱的是一些通俗文化与科普读物。葛兰西非常重视这类深受人们欢迎的通俗文学。通俗文学指的是在报纸、期刊、电影的支持下，深受群众欢迎的惊险小说、侦探小说和犯罪小说等。他希望意大利有像弗拉马利翁这样的通俗作家，同时又批评尼赞"不懂得如何提出所谓的'通俗文学'的问题"，而"这却是关于新文学问题的极其重要的组成部分，因为它是精神、道德革新的表现：唯有从报章连载小说的读者当中，才有可能挑选出为建立新文学的文化基础而必需的、足够的公众"。面对喜爱通俗小说的大众，无产阶级作家该如何争取呢？葛兰西认为，要建立一支文学家

---

[1] ［意］葛兰西：《狱中札记》，曹雷雨等译，中国社会科学出版社2000年版，第280—281页。

队伍，他们在艺术水平上能与"连载小说作家匹敌而毫不逊色"，还"必须抛弃许多偏执的成见，但尤其需要考虑到，不仅不能确立某种垄断，相反的，应该反对现存的维护出版商利益的庞大组织"①。也就是说，必须争夺文化领导权，反对资产阶级对报纸和出版等组织机构的控制，与资产阶级争夺通俗文学市场。因此，葛兰西的文化批评不仅要求作家、艺术家深入群众之中、市民社会之中，而且要求他们团结一致，促成统一战线的形成，即"文化阶级"自身要统一起来，共同对付自身的敌人。这种"文化阶级"统一战线的形成必须以人民性和民族性作为基础，葛兰西说："至关重要的是要求对待人民阶级采取新的立场，确立关于'民族的'新观念，这新观念不同于'议会右翼'的观念，而是更加广泛、较少排他性和'警察'气息。"② 要像桑克蒂斯那样，正是为此创立了"语文社"，促成那不勒斯一切知识分子和文化人士在文化思想上的团结协作。

葛兰西把桑克蒂斯推为"实践哲学的文学批评的典范"，克罗齐也"相形见绌"③。这种"文学批评的典范"就是文化批评。意大利批评家桑克蒂斯坚决反对学院主义、形式主义等文艺批评观，主张对文学艺术进行文化批评，即从"文化学的角度对文学艺术进行分析评论"，对文学艺术"进行文化性质、功能的分析"。葛兰西继承了桑克蒂斯的文化批评理论，在批评实践中贯彻其中的原则与观念。皮兰德娄是意大利著名的戏剧家，是一位主观唯心论者。葛兰西跳出了纯艺术批评与美学批评的圈子，从历史的、道德的和文化的角度对皮兰德娄的戏剧进行批评。他指出，在皮兰德娄的戏剧中，艺术手法的怪诞、异乎寻常的戏剧冲突和人物性格的荒诞等，并不是其价值所在，"皮兰德娄的重要价值，在我看来，是属于思想和道德方面的，就是说，在更大程度上是属于文化方面，而不是属于艺术方面"④。真正引起观众心理震动的是皮兰德娄在剧中对教会势力、

---

① [意]葛兰西：《论文学》，吕同六译，人民文学出版社1983年版，第17页。
② 同上书，第2—3页。
③ 同上书，第6页。
④ 同上书，第120页。

旧有思想和陈腐的价值规范的激烈抨击,引发了炸弹般的效果。

因此,文化批评应该是一种战斗式的文艺批评。它必须与对旧社会批判的火热的现实斗争联系在一起,是新旧两种世界观、意识形态的争斗,是在政治批评和道德批评领域,克服和战胜某些观念意识、精神信仰和某种人生观、世界观的斗争。文化批评强调文艺批评不能是纯文艺批评,因为纯文艺批评"阻碍了文化斗争固有的目的付诸实现"。文化学的文艺批评应该充满炽热的感情,旗帜鲜明地与旧文化进行斗争,"德·桑克蒂斯的批评,是战斗的批评;它不是'冷若冰霜'的美学批评,而是一个各种文化相互斗争的时代的批评,是截然对立的世界观相互冲突的时代的批评,即对艺术地映照出来的各种情感的历史真实性和逻辑性的分析和批评,是同这一文化斗争紧密交织的。显然,这正体现了德·桑克蒂斯的深邃的人性和人道主义,并使得这位批评家时至今日仍然深深赢得人们的爱戴之情"①。当然,文化批评所强调的斗争态度也不是一成不变的。基于革命和建设的不同时期,葛兰西提出夺取文化领导权和建设文化领导权的区分,文艺批评应随时代的区分而改变态度。葛兰西认为文艺批评的第一个目标是争取无产阶级文化的生存权利,力求"人民—民族"的文学文化能够生存下来,并深深扎根在人民群众的心里。这一时期的文艺批评"必须以鲜明的、炽热的感情,甚至冷嘲热讽的形式,把争取新文化的斗争,即争取新的人道主义的斗争,对道德、情感和世界观的批评,同美学批评或纯粹的艺术批评和谐地冶于一炉"。随着革命和斗争的进一步发展,夺取文化领导权的任务基本完成后,文艺批评的性质便不再是战斗式的批评,目标也"不再是争取文化生存的权利,而体现为追求文化的完美"。批评的态度也由"奋发的热忱和豪迈的激情转化为心灵的泰然自若","冷嘲热讽"也转化为"温厚的宽容"。②

总之,文化批评在本质上注重"文化政治"与"纯艺术性质"的结

---

① [意]葛兰西:《论文学》,吕六同译,人民文学出版社1983年版,第5—6页。
② 同上书,第6页。

合，主张作家、艺术家不能脱离人民群众，要把"自己的根子扎在实实在在的人民文化的 humus（法语：沃土）之中；人民的文化要有自己的风格、自己的倾向和诚然是落后的、传统的道德与精神的世界"①，肩负起"民族教育者"的使命。在此基础上，一切知识分子和文化人士应该团结起来，形成统一战线，建设无产阶级通俗文学，反对资产阶级对报纸和出版等组织结构的垄断，与资产阶级争夺通俗文学市场。同时，文化批评强调从文化性质与功能的角度进行文艺批评。在争夺文化领导权时期，文艺批评性质是现实的、战斗的和革命的，批评情感也应该"鲜明炽热""冷嘲热讽"的；建设领导权时期则要求文艺批评的宽容性，其情感也是"温厚的""泰然自若的"。文化批评与"人民—民族"的新文化观融合在一起，为的就是从文化上发动无产阶级革命，夺取无产阶级在市民社会中的文化领导权，将革命引向成功，并在建设社会主义国家中一直保有这种文化领导权。

（四）文化批评的意义

葛兰西的文化批评既有美学形式上的考虑，又有文化上的功利目的。当然，它最终要服务于无产阶级夺取领导权与建设领导权的任务。葛兰西一方面强调文学、艺术本身所具有的性质，即纯艺术性质，即在审美层面上，艺术的审美经验排除人类对事物实用功利的考虑，这就是艺术无功利的思想，如此艺术才是艺术，而非"政治宣传"。艺术有着自己特有的创作规律，不是靠某个政治概念、意识形态的规范强加而成的，只有尊重艺术的自律，才能创作出优秀的文艺作品，同样也能使"文学批评更加切实有力，更加生动活泼"。在另一方面，葛兰西又注重文学、艺术作品要有人民性与民族性，并将人民性与民族性作为艺术作品的评价标准。艺术作品不是个人游戏自乐、审美快感的"象牙之塔"，囿于这种狭小的天地中，无疑是坐井观天，不知道艺术的广阔天地。这样的艺术作品不过是个人式的"无病呻吟"与"情感宣泄"，没有优秀作品所散发出来的艺术魅力与思想价值，因为没有切近现实社会，艺术家也没有与

---

① ［意］葛兰西：《论文学》，吕六同译，人民文学出版社1983年版，第17—18页。

人民的情感诉求与价值要求融为一体，体会不到人民所特有的审美方式与内心需求，不能反映艺术家所处时代的广阔社会背景以及人类历史的群体文化意识，这种作品也发挥不出艺术特有的社会功用，这是艺术功利性的一面。

葛兰西在谈到自己的实践哲学时说："我想，在某种意义上，可以这么说，实践哲学等同于黑格尔加大卫·李嘉图。"① 对精神与物质、意志与实践两个方面，葛兰西并不偏废其中的任何一方，而是试图将两者融合起来。文化批评既要考虑艺术的功利性，也要关注其非功利性，也就是说，要注重文艺作品自身的规律性和文化价值功用，将其运用到社会实践中去。艺术作品来源于现实社会与人民群众之中，又必须回到那里接受检验，以唤醒人民群众接受无产阶级的新型文化价值观念，打破旧有的政治秩序与文化禁锢，开拓出拥有自己的文化与价值的新社会。艺术、哲学等并不仅仅解释世界，它要改造世界。葛兰西将统括艺术、哲学等的文化概念作为一种世界观来使用，与马克思主义有"异曲同工"之处。马克思在确立一种新的世界观时，曾经明确地指出："哲学家们只是用不同的方式解释世界，问题在于改变世界。"② 在这种意义上说，文化批评就不可能是一种有关纯粹文化与艺术的美学分析，而是一种无产阶级革命与建设的世界观。

葛兰西将文化的概念运用到文学批评中，在结合艺术无功利性与功利性思想的基础上，成功地提出了一种特有的文化批评，作为文学批评的新范式。并且他将这种文化批评运用于社会实践当中，联系人民群众的日常生活，提高普通民众的文化水平与审美能力，改变客观世界，改善自身生活的物质条件，实现物质世界的极大丰富，从而追求与实现人类的最高价值——自由。马克思在《1844年经济学哲学手稿》中多次强调："自由的有意识的活动恰恰就是人类的特性。"人与动物的根本区别就在于人"使自己的生命活动本身变成自己意志的与自己意识的对象"③。

---

① ［意］葛兰西：《狱中札记》，曹雷雨等译，中国社会科学出版社2000年版，第313页。
② 《马克思恩格斯选集》（第1卷），人民出版社1995年版，第57页。
③ 马克思：《1844年经济学哲学手稿》，人民出版社2006年版，第57页。

作为人类最高价值的自由，同时也是文学、艺术的最高价值所在。马克思主义文艺批评也充分认识到了这一点，其"艺术价值观的核心，它的审美理想不是别的，而是追求最高价值的人生和艺术的自由"①。在马克思与葛兰西看来，自由不仅是个人式的自由，更重要的是人类的自由。换言之，艺术家不能仅囿于个人狭小圈子内的自由书写，还要有自由的实践，在与人民群众日常生活的互动实践当中，实现共同自由的目标。因此，审美现代性不能仅仅着眼于个人式的自由反抗与解构，它还需要一种人类共同的自由建构。在这种意义上说，文学艺术的审美价值必能与认识价值、社会价值结合起来。一方面，作家、艺术家创作艺术作品一定要深入了解现实社会，理解人民的所思所想，将人民性与民族性作为作品的美学标准；另一方面，在艺术创作中，艺术家应该充分发挥自己的创造性，使个性得到充分的表现与发展，在创作与读者的接受中，文学、艺术能够提供一个审美无功利的场所，使个人的心灵愉悦畅快，人类的本质力量得到确证。最后，文学、艺术要有一定的道德社会价值。艺术品应该起到一定强度的"净化"作用，要让市民社会认识到统治阶级腐朽的道德价值与伦理观念，在无产阶级的"有机知识分子"以及他们的作品、艺术品的影响下，推翻旧有的道德伦理，树立无产阶级的伦理观念，提高市民社会的道德水平，向着人类的最高价值——自由的目标而前进，这正是葛兰西文化批评的终极意义，而其历史意义则表现在对后世巨大的影响上。西方马克思主义文学理论的发展经历了几十年的风风雨雨，其中的经验教训，值得我们弥足深思，认真吸取，而作为其源头的葛兰西的文化批评是我们不可忽视的一笔有价值的遗产。

二　后殖民主义下的文化批评

20世纪90年代以来，随着后殖民理论登陆中国，引起了学界的广泛关注。后殖民理论因而盛极一时，成为当红理论，至今仍未有衰减的趋势。正当学界为后殖民理论所再次引发的东西方之间的文化霸权问题进

---

① 冯宪光：《马克思美学的现代阐释》，四川教育出版社2002年版，第112页。

行激烈的论争时,一种批评范式——文化批评在这次理论风潮中悄然兴起。这种批评范式并不陌生,但是它在当今后殖民语境下具有什么特征呢?这是学界应该回答而没有严肃认真回答的一个问题。任何批评范式都需要加以检视,进行鉴别性的批判。对其自身的缺陷与遮蔽的问题有较清醒的认识,以免在运用这种批评范式时重蹈覆辙。

(一)文化批评的方法论起源

文化批评又一次在后殖民理论的软翼下发端出来。这就要求我们的清理与批判工作必须从萨义德开始,从其接受的哲学方法论开始。很多学者都认为,早期理论著作《开始:意图与方法》与后殖民理论的方法论关联密切。萨义德早年曾致力过日内瓦现象学理论的研究。书中深刻省思了作为现象学还原的"开始"观念、"开始"之认定与所需的条件,并以小说文学文本佐证之。在书中所表露出来的批评理论与方法明显是对传统现象学文学理论资源的梳理与重构,虽无过多的独创之处,但它为萨义德今后的理论发展准备了理论与方法论基础。现象学理论认为,人的思维活动是一种意向性行为,人类能够直观事物的本质。现象学的任务是还事物以本来面目,为此它采用"悬置"的方法,将后来由伽达默尔所深入论述的阐释学的"前见""前理解"悬置起来,并将事物所产生的历史发展与社会现实背景、其他事物之间的联系也悬置起来,以便人们能够对事物的本质进行直观,使事物还原到它的本真面目。现象学理论斩断了文本与现实世界的联系,直接面对文本。它要求批评家悬置作者的文化心理结构与历史知识背景,直接关注于他的文本陈述与话语表达,并不探究话语产生的土壤条件。因此受现象学理论影响的文化批评很容易在自恰的文本世界里"绕圈子",再也回不了光怪陆离的与复杂多样的现实世界。

话语在西方文化词典中,其意义为演讲、讲话和论文等。后来作为一种与文学类别相联系的概念而出现,诸如小说、散文与诗歌等文类话语是不同的。话语与权力、政治等相联系的现代意义是由法国思想家福柯赋予的。福柯认为,话语是知识与权力相结合的产物,而权力就内在于知识关系,通过话语的遮蔽、压制与贬斥其他形式的经验内容而表现出来,知识真理与其说是从客观事物被人类发现出来的,与其本质规律相符合,毋宁说是权力运作下的人为产物。"所有门类的知识的发展都与权力的实施密不可分。"① 于是,关于自然、人类以及人类社会的一切知识都是权力运作的产物,都是由话语建构起来的,话语联结了知识与权力。

萨义德接受福柯话语理论的影响,"我的意思是,如果不将东方学作为一种话语来考察的话,我们就不可能很好地理解这一具有庞大体系的学科"②。据文献记载,"Orientalism"一词是在1796年由霍斯沃特首次使用的,是指西方学者对东方世界各个方面进行考察与研究的诸门类知识的总称。萨义德赋予"Orientalism"一词以"东方主义"这一具有浓厚意识形态的含义,并就此展开详细的论述。在他看来,这一词语具有两层含义:作为一门学科的《东方学》是其表面现象,而东方主义则是其内在本质。福柯从历史文本、档案材料中寻找出权力话语,排除客观性,注重的是知识内部的非连续性范型转换以及知识话语与权力之间复杂关系的考察。萨义德将话语理论应用到东方学这门学科知识的考察中,陷入了话语分析中排除客观性的陷阱,在一种从权力到话语、从话语到权力的简易循环圈中得到欲望宣泄与目的满足。"福柯关于话语的概念从原则上说不重视它与真实情况的关涉性,这迫使萨义德不能够论证说,他自己对东方或伊斯兰文化的理解要比所谓的东方主义者的理解更符合真实情况。"③ 一切理论都来自现实生活语境,即所谓理论的世俗性(Worldness)④,但其批评方式则导致《东方学》的论述文本化(Textualized),脱离了东方学真正的历史发展面貌以及它所表现的社会与现实世界。

萨义德将所有文本同等对待,忽视文学文本独特的内蕴气质与美学旨趣,将其纳入东方主义的权力框架中,进行同质化、非历史化的处理,寻找霸权意识与帝国主义话语,加上浓郁的东方情结与经验意识的作祟,

---

① [法]福柯:《权力的眼睛——福柯访谈录》,严锋译,上海人民出版社1997年版,第31页。
② [美]萨义德:《东方学》,王宇根译,生活·读书·新知三联书店1999年版,第4页。
③ [荷]福克马、蚁布思:《文学研究与文化参与》,俞国强译,北京大学出版社1996年版,第134—135页。
④ 赵一凡:《萨义德与美国文化批评》,《外国文学研究》2004年第3期。

其文化批评不得不削足适履，出现一定的偏颇。按照康德的知识观，知识真理是没有任何个性特征的。换言之，知识的真理性不因个人的权力、喜好、性格特征与所处社会地位而加以改变。知识真理是人类对客观事物的观察与发现而传播开来，是符合客观事物本质规律的见证。古典时期知识的真理侧重的是"谁说了什么"中的"什么"，看"什么"是否符合客观事实。萨义德认为与其关注"什么"，还不如关注"谁在说"，直接从权力位置出发，围绕权力来安排话语，剪裁资料，进行自己的话语分析与文化批评，遮蔽了文本知识中所包含的社会历史与现实内容的复杂性与含混性。

萨义德多次提及葛兰西的文化霸权理论，足见其影响之深。葛兰西提出文化霸权理论有其现实与理论上的原因。葛兰西比较欧洲革命的失败与十月革命的成功，开始反思当时马克思主义传播中的经济决定论，挖掘马克思主义的黑格尔根源，重视文化与意识形态的重要性。意识形态具有革命实践意义，它不是一种个人的成见，而是一定社会团体的共同生活在观念上的表述，共同的生活观念使资本主义的市民社会融为一体，成为革命成功的重要障碍与资产阶级反扑革命的主要力量。葛兰西的理论有其现实的针对性，但过分强调革命的文化与意识形态的重要性，而不注重革命的物质基础与所需的社会条件，从革命的哲学根基上掉进了"可以随心所欲的唯意志论的泥潭里"①。

由于强调文化与意识形态的重要性，葛兰西反对形式主义等各种学院式的批评方式，主张对文学作品进行文化学角度的分析，进行文化功能、性质与效用的分析，即"必须以鲜明的、炽热的感情，甚至冷嘲热讽的形式，把争取新文化的斗争，即争取新的人道主义的斗争，对道德、情感和世界观的批评，同美学批评或纯粹的艺术批评和谐地冶于一炉"②。在评析皮兰德娄的戏剧中，艺术手法的怪诞、异乎寻常的戏剧冲突和人物性格的荒诞等并不是其价值所在，其价值应该是皮兰德娄在剧中对专

---

① 徐崇温：《西方马克思主义》，天津人民出版社1982年版，第221页。
② ［意］葛兰西：《论文学》，吕同六译，人民文学出版社1983年版，第6页。

权势力、旧有思想、陈腐的价值与道德规范的激烈抨击。文化批评成为政治文化、思想道德和价值观念等意识形态上的直接交锋，是政治斗争在文化文学上的表现。萨义德不仅接受葛兰西文化霸权理论的影响，也继承了其文化批评的观念模式。"我依然相信审美的独特地位，但是，那种关于'文学是一个自治领域'的认识是过分简单的错误认识。一种严肃认真的历史研究必须从这样一个事实出发，即文化完全卷入政治之中。"① 将所有文本统统纳入政治话语中，从政治与意识形态的角度加以观照。文化批评从葛兰西的国家内部政治斗争拓展到国家、民族之间的外部斗争，批判的对象由资本主义与资产阶级转化成欧洲中心主义与西方文化霸权，文化批评沦为一种意识形态批评，甚至一种纯思想战线上的狂热抨击。

（二）文化批评的政治内涵

后殖民理论的成熟作品《东方学》于1978年发表，便迅速引起全世界的广泛关注，然而在第一世界与第三世界中却有着截然不同的反应。在美国等西方国家，萨义德遭到了更多的指责与谩骂，是"恐怖教授""反犹分子""谋杀的帮凶""说谎者""疯狂的煽动者"②，甚至持极端思想的青年与激进组织扬言要对他处以极刑。在伊斯兰与阿拉伯世界，《东方学》却被认为对其社会与文化政治系统的辩护词。既然西方文化与现实世界充满了权力纷争与霸权意识，学术并非一方净土，那么阿拉伯世界有理由认为，他们的文化与现实世界才是有序的、文明的，有自己的优越性，甚至是完美无缺的。萨义德完成了对西方文化文学中所蕴藏的霸权意识以及与侵略行径共谋的批判，却为东方世界留下空白，这个空白恰好可以成为东方世界的民族主义者的发挥场所，他们积极推行民族主体性的诉求努力与自身文化的本位建设。因此，萨义德获得"阿拉伯文化的支持者"，"受蹂躏、受摧残民族的辩护人"的美誉。③ 无论是西方

---

① 于冬云：《纪念赛义德》，《国外理论动态》2004年第1期。
② [美] 保罗·鲍威编：《向权力说真话——赛义德和批评家的工作》，王丽亚等译，中国社会科学出版社2003年版，第280页。
③ [美] 萨义德：《东方学》，王宇根译，生活·读书·新知三联书店1999年版，第431页。

学界的指责与谩骂，还是阿拉伯世界的称颂与褒举，背后潜藏的不是学术的真理性内容辨析，而是政治立场与民族情愫的畅快表达。在萨义德受到第三世界不适宜的褒扬后，一些冷静的学者开始反思后殖民理论，他们发现这种理论与学术研究属于新的殖民主义话语，根本无助于东方世界从西方知识霸权的话语笼罩下剥离出来，创建一个"真正"东方的种种努力。①

《东方学》造成的影响不只是学术与理论问题，更多的是政治与民族问题。面对萨义德在书中挑战西方知识体系的真理与公正性问题，西方学者坚持东方学作为一门现代学科与知识体系的正确性与合理性，符合东方世界的客观事实。萨义德著作所使用的材料并不是《东方学》这门学科中所全部拥有的，它只是其中一小部分材料，并不是主要材料，甚至不是一些较为重要的材料，因此无关大局，挖掘出一些新的材料，也难以撼动整个知识与理论体系的有效性。另外，萨义德很少甚至根本不接触西方的东方学者，并不了解他们的所思所想，其研究建基于僵死、陈旧的历史文本上，缺乏对《东方学》真正全面的了解。萨义德只是"用整整一本肤浅的作品来谈他所说的'东方主义'，但却从未研究过以东方主义者著称的主体，他对东方主义进行无情的批判，但却从未与东方主义者有过任何的接触"②。在西方学者看来，萨义德的《东方学》并不是一本科学性的知识著作，而是他别有用心的政治表述。

萨义德在《东方学》中指责东方学在话语与文本的封闭圈内从事东方世界的研究，在东方主义话语内自我满足，它并非对东方世界的真实再现，而是一种带有政治色彩的自我主观表述。但西方学者敏锐地发现，萨义德对东方学的批评与指责陷入同样的困境。如果要证实东方主义话语的荒谬与歪曲，那么必须要拥有一个参照系，即所谓真实的东方世界。换言之，萨义德需要证实自己所理解的东方世界一定比东方主义者更符合东方世界的实际情况，然而他"没有兴趣——更没有能力——解释真

---

① 宋明炜：《后殖民理论：谁是"他者"?》，《中国比较文学》2002年第4期。
② ［美］保罗·鲍威编：《向权力说真话——赛义德和批评家的工作》，王丽亚等译，中国社会科学出版社2003年版，第277页。

正的东方和伊斯兰究竟是什么样的"①。他依然站在西方中心的立场上来从事文化批评与文学研究,其所倡导的后殖民主义仅仅局限于西方文化内部的学术批评,根本无涉于东方世界的文化实践与真正的东西方文化之间的交流与碰撞。因此萨义德对其著作在世界,尤其是在阿拉伯与伊斯兰世界所产生的误读与作品形象的改塑,感到非常沮丧。

在西方学者的眼里,萨义德充其量只是幼时在巴勒斯坦和埃及的一些零碎的、幼稚的生活体会,缺乏阿拉伯与伊斯兰世界的"历史、文学与文明方面的知识",那他"只有通过流行的以民族主义辩护为特征的作品来体会它们"②。萨义德承认"文学是一个自治领域"的说法是简单的错误认识,包括文学在内的文化完全卷入政治之中,这才是历史与理论研究的出发点。《东方学》绝不是一种"纯学术的随想",即不是一种学术性的知识话语与科学研究,而是与整个西方社会的权力运作、公共政策与霸权行径有着不可分割的联系。萨义德没有摆脱民族中心话语的窠臼,反而落入自己批判的陷阱,他甚至认为欧洲人要么是帝国主义者,要么是种族主义者,或者民族中心主义者,这种情绪化的过分宣泄,使得学术研究充斥了浓郁的火药味,弥漫着硝烟气氛,其话语表述传达出一种偏执狂的症状,掩盖了学术研究所应该具有的客观性与历史意识,而流溢为随意的羞辱谩骂与政治欲望的赤裸展示。无论作为学科知识的东方学还是萨义德的批判,都摆脱不了政治因素与权力话语的干预,学术论争变得杂陈不堪,成为民族、国家与区域之间的政治较量。在西方学者与萨义德进行批判与反批判的过程中,我们要强调的是文化批评的陷阱所在。知识的客观有效性已经荡然无存,剩下的是持有各种不同政见与价值观念之间的无是无非、相互矛盾的争吵与谩骂。

萨义德从不否定自己东方情结的重要性,并在自传性作品《乡关何处》中有意夸大,杜撰少年时期一些表现自己东方经验的情节。他认为事实是否虚构并不重要,重要的是巴勒斯坦整个民族的经验意识:放逐

---

① [美]萨义德:《东方学》,王宇根译,生活·读书·新知三联书店1999年版,第426页。
② [美]保罗·鲍威编:《向权力说真话——赛义德和批评家的工作》,王丽亚等译,中国社会科学出版社2003年版,第277页。

天涯、流离失所、四处流浪以及无家可归。西方世界对阿拉伯人的待遇是不公正的。东方人总是遭到白眼，受到侮辱与歧视，被各种文化定见、种族主义与意识形态网络重重地压得喘不过气来。然而他毕竟在美国接受教育，进入美国的学术中心，成为一名颇有名望的学者。这种尴尬处境所表现出来的矛盾、对抗、焦虑、无奈与调和贯穿于萨义德几乎所有的著作中。他采用殖民历史的政治角度来看待西方的东方学研究与重新书写西方文学史，成为一种意识形态与文化政治的表现。其文化批评直接从说话者所属的社会地位、文化身份、民族国家出发，直接导出话语内容的实质以及所具有的文化霸权性，使文学批评受制于意识形态与政治态度，而忽视文学批评应该具有的历史意识、社会背景与文学家对文学审美层面的深刻关注，无视东方学家在追寻知识的客观真理性与探索、描述东方世界的现实状况所付出的真诚努力。当文化批评用作家与学者所具有的政治态度与意识形态来剪裁丰富的文学内容、审美追求与文本所蕴藏的深远的历史社会现实时，已经从一种学术性论争转化为一种政治性斗争了。

（三）文化批评的社会目的

萨义德文化批评的目的并不是用来指导东方世界反帝反殖的文化实践，也不是过分支持东方世界的民族运动，更不是为了东方世界中盲动的民族主义而鼓噪呐喊，而是批判西方文化文本在叙述东方时所体现出来的中心主义与霸权性。严格说来，它只是西方学术内部的政治批评，即刺痛整个以自我为中心的西方学术界与知识界，使《东方学》对东方的误读出现裂缝，达到对整个人文学科，对所有文化知识彻底批判与全面反省。在被称为《东方学》"续篇"的《文化与帝国主义》著作中，萨义德将研究范围从西方与中东、印度之间的文化权力与话语表述问题扩展到整个世界，并对《东方学》未有论及的第三世界国家反帝反殖的文化运动做了历史评述与文本分析。其文化批评的目的已由对西方文化霸权的深刻批判转为建立一个多元共存、平等交流、相互包容与共同发展的全球文化生态。不过，萨义德很清楚地认识到这更具有一种乌托邦色彩，它难以使类似于以色列与巴勒斯坦之间的民族冲突与文化矛盾得以彻底平息。

　　萨义德强调文化多元共存尽管不是万灵良药,但其毕竟保持不同文化的异质性,改变着人们的各种观念。如果说萨义德的文化多元主张更多地注重于将他者文化作为认识客体、学习对象并改变自我观点而加以认可的话,那么霍米·巴巴和斯皮瓦克等人,尤其是霍米·巴巴则更着意于这种文化多元与文化差异的共同融合所产生的新质文化体系的建构。他并不满足于只是一味地批判西方,而是积极建立一种新的文化特质。既然西方文化存在着霸权性,需要东方文化的本土力量予以化解,因此他们倡导折中的文化特质,既承认西方文化的先进性存在,又不放弃本土文化的特性,这也就是后殖民理论所倡导的文化杂陈、异质与混血现象。斯皮瓦克同样关心文学文本的政治性,即对文学文化进行政治性解读,达到政治干预的目的。受解构思潮的影响,她小心翼翼地谈论着认同,因为解构"首先是对人们不能不要的东西的不懈批判",然而"解构没有说不存在主体,不存在真理,不存在历史。解构只是质疑认同的特权化,以至于有的人被认为掌握了真理"①。斯皮瓦克在"持续一贯地探讨真理是如何生产"的基础上再来讨论文化身份的认同与建构、文化形象的书写与塑造。从社会历史语境分析的角度出发,修正第三世界国家"臣属"的历史记忆,抹去"臣属"的殖民化色彩,还"臣属"的真面目。

　　其他后殖民主义者在一定程度上弥补了萨义德文化批评所带来的局限性。不似萨义德那样将目光集中在西方文化自身内部的文本表述与话语实践上,而是关注第三世界国家、少数族裔文化混杂的社会事实,这些文化受到殖民地国家文化的深刻影响,但在与本土文化的冲突融合中,产生与原体文化似与不似之间的"他体"文化。"他体文化"形成于文化文本翻译的模棱两可性与语言交流的杂糅上,存在于话语体系的有意识的、创造性的误读、混杂与模拟之中,其功能首先是作为一种解构策略

---

① [美]阿尔弗雷德·阿特亚加:《在差异中结合——斯皮瓦克访谈录》,郝田虎译,《国外文学》1999年第3期。

而存在的，即不存在纯粹的、没有杂质的同质文化体，西方文化没有任何理由去肆意贬低东方文化而抬高自己的霸主地位。当今的文化定位并不是来自西方文化中心，而是来自文化的边缘地带。我们正是"从那些遭到历史审判——征服、宰制、流散、移居——的人那里学到最长久的生活和思想的经验教训"①，形成自身的文化建构，产生新型的世界主义。但是，新文化形象建构理论是否真的就解决了西方文化的霸权问题呢？

福柯曾经按照自己的理论将社会类型划分为三种：帝王统治的专制社会、法律调和的契约社会与权力网状的技术社会。所谓"技术"是指一种统治技术，这种社会没有一个权力中心，可是权力却渗透社会的各个层面，无处不在，交织在一起，就像一张没有蜘蛛的蜘蛛网，捆住了每一个人，不是人控制权力，而是权力控制人类，人受权力支配，转而又生发与增进各种权力技术，促进权力的进一步渗透。人类成为权力蜘蛛网线相互交织处的、维系整个网线系统存在的点状型工具而已。在今天后殖民语境中，过去那种以某个帝国或帝国集团为中心的帝国主义已经不存在了，这不是说以前的帝国主义国家换成了另外一些国家了，而是指原来的帝国所采取的统治与霸权方式发生了天翻地覆的变化，人们面临的是一个去中心的帝国，一个具有全球性生产秩序的帝国。它吸收、消化各种本土文化，制订出符合"东方智慧"与本土文化习性的发展规划、经营模式与运作程序，提供具有东方风味的"西式餐点"，真正符合后殖民理论家所倡导的混血、杂陈与异质现象，后殖民理论的文化建构不仅没有形成新型文化，反而成为帝国文化的同谋者。一方面，每个人成为帝国利益的获益者，如足不出户就可以享受互联网所带来的种种便利与制作精美的好莱坞影片；但是另一方面，每个人又成为帝国利益与帝国宰制的维护者，宰制者就是帝国秩序中的每个人自己。

后殖民语境中的文化批评仅仅满足于对西方文化霸权的激愤严词与在文化文本中的意识形态批判，仅仅满足于民族主义情绪的畅快表达，

---

① Homi Bhabha, *The location of culture*. London and New York: Routledege, 1994, p.172.

囿于一种自恰的东方主义式的话语规范内而回不去复杂的社会现实，甚至流于后结构主义的语言游戏与空洞的理论较量，看不见宰制的力量与压迫的本质来源于何方，对貌似真理的西方思潮的生产运作与自身的认同机制缺乏透辟的分析与把握。因此，应该"回到马克思"，回到其倡导的社会与历史分析方法，透过这些表面的文化宰制与意识形态力量，深入这些现象的经济基础与社会条件。今天，好莱坞的电影、动画等"文化快餐"走向全球，其精美的制作来源于经济的强大后盾，吸引着全人类的"眼球"，携带着文化价值观念的霸权渗透，东方世界接受其文化与价值观念并非在于其先进与优越性，而是来自那种日益加固的全球性生产结构的宰制力量。对东方世界而言，需要在经济与社会分析的基础上，明确自己的位置，产生对自身思想与理论的全面批判，并在此基础上建立自己的应对体系与实践行为，而不是重蹈覆辙，误入歧途：与西方进行意识形态的强力角逐，而放松或转移对自身经济与社会问题的检视；由文化与意识形态的殊死斗争而遮蔽、放弃对西方文化全面与深刻的理解以及在此基础上的理论创新与实践运用。

第二节 文化霸权与文化书写

近二十年来，世界文坛的格局出现了一些新的变化。比如，殖民地国家文学承继宗主国留下的文学痕迹，感受其文化优势，却又对殖民地的本土文化难以释怀，产生阐释与建构自身文化的焦虑与困惑，出现前所未有的文化认同危机。这些后殖民作家的文学作品给世界文坛带来一股新鲜气息，特别是20世纪90年代以戈迪默（Nadine Gordimer）、沃尔科特（OerekWalcott）、奈保尔（V. S. Naipaul）等人为代表的作家相继荣获诺贝尔奖而举世瞩目，因此，对其文学作品中所表现的文化书写进行研究，具有重要的意义。

（一）抵抗性文化书写

在西方文学所塑造的形象长廊中，最耐人寻味的莫过于东方形象的塑造。因为这种形象在绝大多数文本中，特别是与西方自身形象相比较时，总是遭到贬低与排斥。福楼拜在东方之行中邂逅一名叫库楚克·哈内姆的埃及舞女，库楚克的放荡与麻木给了他以"无尽的遐想"，东方人成为一群只知肆无忌惮地展示"它们的性的动物"①。康拉德在小说《"白水仙号"上的黑家伙》写道，"白水仙号"遇到的海上灾难是因为船上有个"黑鬼"韦特，韦特死后"白水仙号"的船员们便脱离了苦海。鲁宾逊在荒岛上四次惊恐地看着"食人生番"的血淋淋场面……总之，在各种文学文本中，西方人普遍地认为自己有理性，爱好和平、文明、宽宏大量、合乎逻辑，具有男人的勇敢，有能力保持真正的价值、优越与进步等，而东方人则专制、贪婪好色、落后野蛮，生活无规律、整日脏兮兮的，充满女性气息。在这些歪曲、大肆贬低的"他者"形象的笼罩下，殖民地作家深深感受到阐释自我形象的焦虑情怀，对西方的"他者化书写"满怀一腔愤怒。他们在建构自身良好、健康的形象前，首先将怒火也发泄在对西方形象的恶意贬抑上。如阿里·沙利亚蒂与贾拉尔·阿里·艾-阿赫迈德将西方文化与本土文化截然对立，称"西方是敌人，是一种疾病，是一种邪恶"②。西方人狂妄自大、暴力凶杀、家庭观念淡薄、性开放以及各种各样稀奇古怪的疾病和工业化所带来的严重环境污染等都是殖民地作家深恶痛绝的东西，也是他们作品所极力书写的西方形象及他性特征。意味深长的是，与萨义德的《东方学》一样，艾-阿赫也在1978年出版了一本《西方主义》，像东方学家狂贬东方那样，在对西方文化的无理性发泄与民族欲望的无限膨胀中，指责世界的大部分罪恶来自西方。

仅仅指责、贬低甚至恶意谩骂西方是不够的，后殖民作家又从另一方面揭示西方殖民者对殖民地国家所造成的巨大灾难，它使殖民地人民生活在水深火热之中，从而彰显西方殖民者的邪恶本性以及由此而造成的殖民地灾难性的生活状况。在西方侵略者被赶出殖民地之后，关于当地奴隶与下层人的叙述、受难心灵的自传、狱中苦难的回忆录、西方在

---

① [美]萨义德：《东方学》，王宇根译，生活·读书·新知三联书店1999年版，第242页。
② [美]萨义德：《文化与帝国主义》，李琨译，生活·读书·新知三联书店2003年版，第39页。

殖民地罪恶活动以及殖民地生活常态的见证日记等相关与类似的文本开始在东方世界盛行，展开了与西方帝国的文化历史、霸权表述、他性书写以及所谓具有科学性的学术话语等方面的积极对抗。例如，艾米·西赛尔的加勒比版《暴风雨》就是与莎士比亚的戏剧争夺对加勒比的再现，"《暴风雨》的每一个来自美洲的新讲述都是那个古老故事的当地版本，在正在展开的政治与文化历史压力下获得新的活力和反映"①。这些当地人的叙述、回忆录、自传及见证日记，强调受压迫者的共同经历，使其自我属性得以表述与成形，成为民族团结乃至向更多处于同样境地的受殖者进行宣传的方式与途径。

在西方作家的文本中，对东方世界的风景描写数不胜数。然而殖民地作家注意到，除了这些西方作家尽情展示东方世界的异域情调与神秘风味以引诱西方人海外冒险、寻宝探奇外，还采用了一种鸟瞰式的观察与描述方式，"凝视"这块神奇的土地，用一套西方旧有的风景词汇来命名它的神秘莫测，将它分门别类。南非黑人作家所罗门·普拉杰在小说《姆胡蒂》中将这种描写挪用过来加以变形，也采用扫视全景、鸟瞰战场的描写，嘲弄地模仿殖民者的"凝视"模式。殖民地作家认为自己有权再现属于自己的东西，甚至只有他们才能再现殖民地的日常生活，并以此抵抗那些殖民者单一化、标准化的形象描述。在一种浓烈的民族情结的支撑下，尽管这些作品"创造了对立的意义范畴，却仍在采用殖民者的权力语言，所以他们在努力接近真实自我的时候，却反倒有可能摆出一副殖民者的权威架势"，支持原本压制他们的文化书写体系与象征模式。②

在与西方争夺话语与文本再现时，有一个极为有趣的现象值得关注。一些后殖民作家针对那些表现西方殖民扩张意识的经典文本，进行颠倒性复制，以此达到对西方他性叙述的霸权解构。《鲁宾逊漂流记》所产生

---

① ［美］萨义德：《文化与帝国主义》，李琨译，生活·读书·新知三联书店2003年版，第303页。
② ［英］博埃默：《殖民与后殖民文学》，盛宁、韩敏中译，辽宁教育出版社1998年版，第118—119页。

的巨大影响是无法估量的,进入后殖民时代以来,它一直被认为西方帝国与殖民意识的经典再现,对这样一部著作进行移置、戏仿与解构自然能增加后殖民文学文本的批判分量,由于它的巨大影响,后殖民作家自视可以引起西方世界不再漠视东方存在,做起了取得话语权与文本再现权的"白日梦"。特立尼达作家萨缪尔·塞尔封在《孤独的伦敦人》与《升天的摩西》中戏拟了《圣经》中带领希伯来人逃离埃及统治的英雄摩西,将自己作品的主人公也称为"摩西"。摩西是个从身处边缘地位的加勒比海移民到帝国中心伦敦的黑人。作者颠覆了《鲁宾逊漂流记》的文本结构,策划了文明的反向运动,鲁宾逊去了荒岛,摩西却移民到宗主国;鲁宾逊与星期五的关系被置换成黑主子摩西与白仆人鲍勃的关系。作者通过摩西,试图向西方世界展示真正的加勒比海文化。鲍勃忠厚老实,从来不听人们议论黑人,他迫切地希望能够学习黑人的生活方式,这真可谓是又一个"星期五"。更具有讽刺意味的是,摩西发现鲍勃是个文盲。鲁宾逊对荒岛黑人叽里咕噜的"鸟语"颇为反感与厌恶,便教星期五学说文明话。现在鲍勃成了野蛮人,摩西成了文明人,摩西随口教的一句话竟然是"当时殖民统治者用来教化殖民地人的教科书上的,而教科书上的这句诗又取材于特立尼达民谣"①。小说的结局却是摩西最终返回了自己的家乡,回归了自己的文化传统。摩西在两种文化之间界限分明,他完成了自己的光荣使命,接下来该是固守文化传统的时候了,尽管它不可避免地带上了西方的文化因子。

实际上,文化作为一种已经形成的、固定的、本质主义的东西只能在与异质文化的竞争中展示自我。如果说帝国主义时期是西方民族性在国内外不断发展、形成与扩张的时期,那么后殖民时期则是本土民族性反向复制西方民族性形成的历程。殖民地作家戏仿西方殖民文本的叙述结构,移置其意象,嘲弄其视角,解构、批判其霸权话语下,但是他们的思维装置与文本建构并没有打破、否定与超越黑格尔"主/奴"关系的权力模式,依然采用西方在地域区分、差异确定基础上的文化塑形模式,

---

① 任一鸣、瞿世镜:《英语后殖民文学研究》,上海译文出版社 2003 年版,第 65 页。

充其量不过是将"主/奴"的位置颠倒而已,另外,这些作家所采用的戏谑、复制和移置等解构策略与批判思想,直接来自宗主国的理论成果,没有摆脱与宗主国理论和文学实践的相互依存关系。

(二)认同性文化书写

西方文学对东方世界的"他者化""东方化"的文化表述与话语塑形,致使殖民地作家展开了一场争夺对东方世界的话语表述与文本再现的"拉锯战"。无论是痛斥西方的邪恶,还是深入西方文本内部进行颠覆性的霸权解构,都没有亲自塑造东方形象更有说服力。确然,在西方霸权的全球逻辑下书写自身文化已经成为殖民地作家所面临的重大课题。

实质上,重塑自我形象涉及文化身份认同的问题。换言之,也就是说究竟应该按照什么样的思维模式与目的形象来重塑自我的文化身份呢?在普遍的受殖者看来,西方侵略者在殖民地所犯下的罪行罄竹难书,但是也不乏受殖者褪去自己的种族肤色与民族文化品格,而积极向西方世界靠拢,为此他们不惜歪曲自己,否定真我。《紫色》中的聂蒂踏上非洲大陆时,便看见有些非洲人将自己的肤色、发色以及穿着都打扮成欧洲白人的样子。西方殖民者也经常运用一些花招与骗术,利用东方人寻求向西方同化的心理,分化瓦解黑人团体,甚至使部落之间兵刃相接,而自己却坐收渔翁之利。这类故事在后殖民文学中也是屡见不鲜的。可以肯定地说,如果没有东方世界的"崇洋"心理,西方殖民者是不可能轻易成功的。生殖器崇拜一直是许多民族的原始信仰与图腾,它象征着本部族生生不息的活力以及征服自然与其他部族的伟大力量。有关性的描写在后殖民文学中占有很多的篇幅,如大江健三郎在小说《饲育》中便展现东方对西方人的阳具崇拜,日本小男孩全然被美国白人那耀武扬威的性器以及所体现出来的雄性荷尔蒙震慑住了。

在西方文化的历史长河中,确实也表现对东方艺术与民族特性的浓厚兴趣,一度还出现崇拜东方的心理行为。但西方始终是在文化利用的支撑下俯视东方文化的。让人可悲的是,东方人开始揣摩西方的心理需求,积极寻找西方文化的疾病,从西方文化的健康需要出发,重新配制与发明自身的文化传统。"儒家及其代表的中国究竟是什么并不重要,重要的是西方文化出了哪些问题与毛病,西方文化需要什么样的疗救办法,我们儒家就'生产'什么样的药丸。"① 西方则充分利用竞赛、评奖和颁发奖杯等方式来满足东方急切地确证自身存在和优越的精神自恋与心理需求。于是,拉什迪、奈保尔等获得布克奖、诺贝尔奖之后,便可以与君特·格拉斯、米兰·昆德拉等当代西方文学大师相提并论。张艺谋获得西方的电影大奖其实也不过是"白色"笼罩下的"个人主义的英雄神话"。如果说儒家文化的重新发明有其正面利用价值的话,那么张氏影片所发明的一系列"文化传统",诸如野合、抢亲、窥淫、纳妾和点灯临幸等,纯然满足西方人的偷窥心理与看客要求,展现了所谓"民族文化"的野蛮与落后。令人不解的是影片不仅在西方,而且在国内也颇具市场规模,广受欢迎,被其改编的原小说也出现了销售热潮,人们争先购买,津津乐道。

为了对抗西方的话语霸权与文化殖民,在殖民地或半殖民地,如印度、非洲、伊斯兰世界的大部分地区,中国、印度尼西亚及菲律宾等地区,遭受西方贬低、压抑与否定的文化品性与民族特征重新崛起。这些殖民地文学家肯定自己的民族历史、崇拜民族语言、追求文化传统与消逝的价值观念,乃至对它们的全盘肯定与盲目认同。在这当中,"黑人性"概念最为典型,也是当时颇为流行、影响深远的一个概念。它是由赛萨尔、桑戈尔与杜波依斯等"理性和诗意地发展起来的"②。在小说《紫色》中,聂蒂踏上非洲大陆,看到非洲各大城市都是黑人来来往往,其欣喜、自豪的心情便油然而生,她终于回到了自己的家园。过去因黑人地位低下、横遭蔑视而造成的心理阴霾一扫而空。深受杜波依斯影响的艾丽丝·沃克通过聂蒂满怀激情地叙述黑人的皮肤在阳光下闪闪发亮,眼睛有炫耀的神采,令人眼花缭乱,具有魔术性。作者在描述主人公茜莉的全部历程及心理嬗变中,选取了索菲亚、莎格与聂蒂三位女性作为陪衬人物。莎格是个浪荡的女黑人,作者安排她走上了另一条"解救"道路,她依靠出众的色相在白

---

① 张兴成:《民族幻觉与中国人的自画像》,《书屋》2004 年第 6 期。
② [美] 萨义德:《认知的策略》,卫景宜译,《国外文学》1999 年第 1 期。

人与黑人之间获得自己的生存权利与自我地位。莎格与茜莉的"姐妹情谊"诱发了茜莉的性意识，使茜莉注意到身体的美学力量，这种自我意识的觉醒便产生一种解放的效应。作者有意让茜莉承继了非洲的民间艺术，在西方获得经济成功与人格独立的事实，彰显出一条对非洲传统文化的认同之路。在小说的结局，茜莉的成功将主要人物集中在一起，共同建构了一个"紫色乌托邦"：一个黑人自主的家园。

像"黑人性"等这些民族性、种族性观念，确实为反帝反殖以及民族意识的觉醒、国家独立运动起到了积极的推动作用。但是仅仅停留于此，而缺乏对自身社会的反思意识、民主观念与自由精神，只会重蹈西方的霸权覆辙，落入殖民者的逻辑圈套。如20世纪初叶，日本文学家参与建构了"家国"观念，将社会冲突与现实矛盾归咎于西方的现代性，批评西方文化与价值观念的普适性，倡导自身特有的家庭观，维护家国的亲情与统一。酒井直树认为："某种地方主义和对普遍主义的渴望是一枚硬币的两个侧面。特殊主义、普遍主义不是二律背反而是相辅相成的。"① 日本将普遍性与特殊性相互置换、相互发明，面对东亚诸国，却将其特有的道德观念普遍化。"黑人性"观念甚至被发展为认同民族文化身份的另一条途径：将西方人肆意贬低，极力否定，对落后、腐朽的民族形象与文化品性加以珍视与弘扬。"黑人性"尚有其积极意义的一面。更为极端的做法则是将那些残缺不全、锈迹斑斑、谁见了都会却步的陈旧古董重新展现出来，在一种精神胜利与文化自恋中自娱自乐，誓与西方文化一较高下。自1840年鸦片战争以来，中国的知识人士便开始探索救国救民的道路。其间，在中西方文化的交流与碰撞中，文化重塑一直是知识分子最为关注的话题之一，其风波至今未减。在晚清陈季同《中国人的画像》与辜鸿铭《中国人的精神》等书中，著者极力为纳妾与缠足等文化传统辩护，甚至流露出对这种文化传统灭绝的失落之情。与多数中国小说所展现的对西方阳具崇拜相反，旅英作家虹影在小说《英国情人》中让闵大展示中国传统的神秘房中术，使其英国情人贝尔享受到"帝王"式的快感。无

---

① 张京媛主编：《后殖民理论与文化批评》，北京大学出版社1999年版，第388—389页。

论是对西人阳具的崇拜激动之情，还是施展中国传统的房中术，行为者都是东方女性，东方世界是女性的世界，东方形象是女性形象，反衬的却是西方雄性形象与帝王的霸道。有意无意之中，东方的文化认同与自我塑形之路却是一条"自我东方主义化""自我他者化"的道路。①

（三）混合性文化书写

纳丁·戈迪默在小说《七月的人民》中塑造了一个叫竹奈的黑人，竹奈内心非常矛盾，他一方面留恋西方白人世界的现代化生活；另一方面又难舍与自己同胞的族裔情缘和血缘亲情。许多后殖民文学家除了拥有竹奈式的矛盾外，还有难以释怀的双方文化。西方文化在文学的思维语言、技巧观念与结构模式等方面拥有较大的优势，而本土文化则在神秘意象、想象世界与原始活力等方面具有独到之处。在对抗性文化书写与认同性文化书写陷入西方霸权的逻辑装置的情况下，将西方文学与本土文化结合起来的混合性书写不失为一条看起来较为光明的路：既承认西方文化的优势影响，又不放弃本土文化的特性。杂陈、混血与异质原本是前（后）殖民地人民对自身的身份认同感到焦虑与不安的原因。他们在宗主国文化与本土传统文化的双重检视下，既不能完全认同殖民者文化，也不能完全认同受殖者文化，因为他们集两种或多种文化影响于一身，苦于找不到身份认同的一致之处。在后殖民理论家所倡导的杂陈、混血与异质等文化书写理论的引导下，殖民地文学家开始了新一轮文化书写与话语表述实践。像后殖民理论家萨义德和斯皮瓦克等人一样，戈迪默、沃尔科斯、拉什迪和奈保尔等殖民地作家都在西方国家接受过高等教育。他们在自己的小说与文学评论中，都试图探索多种文化共存与合拍的各种可能因素，一些作家甚至力图结合多种文化体系，剥离原有文化体系的不良成分，吸取其中的精华，而创造出一种充满活力的新型文化。沃尔科斯曾用比喻说，他的梦想就是"将单一身份的护照撕得粉碎，将家族的族谱扔进民族大联合的欢乐旋风之中"②。在澳大利亚的本

---

① 张兴成：《民族幻觉与中国人的自画像》，《书屋》2004年第6期。
② 任一鸣、瞿世镜：《英语后殖民文学研究》，上海译文出版社2003年版，第4页。

地土著与西印度群岛的作家中,如凯文·吉尔伯特、维蒂·依西米拉和穆德鲁鲁等,他们强调杂交,用白人的文本形式来叙述本土的故事,将本土文化与侵略者文化创造性地编织在一起。

在西方文学的殖民文本中,读者经常看到西方白人滔滔不绝地说话,而身边的黑仆却猥琐地低着头,一声不吭地听令主子的发落与呵斥。在这些文本中,殖民地人们很少靠说话来表现自己。西方文化殖民与话语霸权就是依赖东方这个他者的沉默或缺席而逐渐形成的。发出自己的声音,无论是对抗的声音,还是认同的声音,抑或多声部的合奏,乃是殖民地作家的当务之急。作品文本是由语言构成的,故事也是由语言来叙述的。因此如何在两种或多种语言文化中进行选择与组合成为他们首先要考虑的问题。这些作家所受的西式教育,使他们熟谙西方文学的语言规范与叙述技巧,他们多数用英文进行写作,以便作品能够产生更大范围的影响,让更多的西方人了解本民族的文化传统与自己的创作技巧。然而一种文化孕育一种语言,一种语言也催生一种文化,英语在深入描述本土文化时往往难以称心合意,而且用英文写作在本民族中难以产生广泛的效果。语言的矛盾与尴尬一直伴随着后殖民作家的文学创作,如穆德鲁鲁在《马莱边医生忍受世界末日的处方》中索性直接使用不加任何翻译与注释的文莱语汇和诗歌象征,并声称"自己是在'为征服了他们的人民的人'写作"[1]。他们明知不合适,却有意为之。真正使用纯粹的英文或本土语进行文本写作几乎是不可能的事实。与其被动地接受这一事实,生硬地夹杂一些除了本地人外,其他人都难以识认的词汇,还不如在创造性的转换与嫁接中进行自身的文化书写。塞尔封在《升天的摩西》中创造性地对"标准英语进行戏谑和变形摹写",巧妙地渗入了加勒比海的语言文化传统,使作品的"叙述节奏卡里普索小调化和语汇的克里奥尔化"[2]。塞尔封力图破坏西方语言的纯粹性,解构其中心地位,使标准化、规范化与制度化的英文出现裂缝,继而将富有生机的本土语

---

[1] [英]博埃默:《殖民与后殖民文学》,盛宁、韩敏中译,辽宁教育出版社1998年版,第207页。

[2] 任一鸣、瞿世镜:《英语后殖民文学研究》,上海译文出版社2003年版,第63页。

言置放进去，以便作品能够灵活而有效地反映本土的民俗风情与文化品性。塞尔封利用语言与文化的差异，其目的却是弥合两者的差异与距离。如前所述，这种组合语言的方式，曾是殖民者征服殖民地所普遍采用的手段之一。后殖民文学家在认识装置与逻辑架构上从来就难以或者说根本没有逃脱西方霸权的逻辑陷阱。

综观后殖民时期的文学创作，更多地展现了对文化共存与融合的幻灭和悲哀，而不是对这个乌托邦的盲目颂扬和殷殷期待。《七月的人民》堪称文化共存与融合失败的经典范例而具有文化书写史的独特价值。戈迪默并没有简单地把白人与黑人不能和谐共处的原因归咎于两种文化价值的差异，而是寻找到了更具实质性的原因。斯迈尔斯由于战火的殃及而丧失了自己的经济基础与社会地位以及依靠两者而建立起来的现代化生活方式。竹奈所深深眷恋的是这种现代化的生活方式而不是"白色"所表征的文化品性。简单地说，竹奈难以释怀的乃是经济资本，而不是象征资本与文化资本，竹奈将斯迈尔斯一家安排到自己家乡的部落以求避难，满心希望斯迈尔斯有朝一日能重返权威中心。斯迈尔斯一度受到黑人部落首领的青睐，却并不是因为他所代表的西方文化能与黑人和谐共处，而是有其利用价值，可以用来剪除其他部落。戈迪默在小说中直接地展现了文化共存与融合的困境。斯迈尔斯的妻子因无法于黑人部落共同生活，而毅然抛弃家人，搭上那架不知开往何处的直飞机。东西方的裂缝、黑白间的界限依然是这样的分明。

在拉什迪的小说《午夜的孩童》中展现了同样的矛盾与困境，集中了三种不同的民族文化与宗教信仰的萨利姆未老先衰，丧失了召集各个身怀绝技的午夜孩子们的魔力，其向善崇真的理想也屡遭破坏，而湿婆的罪恶欲望却回应了印度教的"末世"宿命论："人类正面临着一个漫长的黑暗时代，人欲横流，罪恶遍地。"[①]《黑色的弥赛亚》通过韦亚基这个人物表达了两种宗教信仰并存且嫁接的愿望：将白人宗教里污秽的东西清理掉，留下永恒的真理，同本民族传统融合在一起。可是韦亚基通过

---

① 任一鸣、瞿世镜：《英语后殖民文学研究》，上海译文出版社2003年版，第161页。

教育活动来实现其理想的目的并未实现。恩古吉试图通过宗教和爱情来弥合差异并不现实，他在一系列小说及其人物塑造中充分表达了这种尴尬与失败。奈保尔苦苦追寻在各种不同文化面前相互妥协的道路，然而其作品表现精神无根性、内心无归宿与异化漂泊感的主题思想，则证明他并没有找到有效途径。然而，更大的问题还在于，后殖民作家既是后帝国主义结构的建构者，也是其创造物。后帝国结构一方面维持甚至强化政治、经济、军事等方面的巨大差异，这样帝国的强大力量足以使东方依然处于被宰制的地位；而在另一方面，它却又在隐藏着这种带有霸权色彩的差异，主要是通过文化的多元共存与相互融合，甚至在适当的时候，西方主动表现要接纳殖民地文化，给这些文化以一定的地位，来制造一种"其乐融融"的假象。文化始终是帝国与后帝国时代西方霸权者的一张面具，其"变脸表演"吸引着殖民地观众，为其喝彩叫好，而在不知不觉中，这些观众的钱包却变得越来越干瘪，自身的权利越来越丧失。后殖民作家在将自己作品的主人公遣回殖民地时，自己却在西方大都市享受安逸的现代生活，这恰恰反映了在文化共存与相互融合的背后，却是双方经济差距的加大以及这些作家对百病缠身的殖民地的失望与悲哀。这些西方大都市因其包罗万象，却成为一个真正的大帝国。于是，后殖民理论家所倡导的文化书写方式与后殖民作家的文化书写实践，在其有意无意之中，又与西方霸权的全球逻辑构成一种共谋与同犯，巩固了西方的霸权主义。

在现代主义与后现代主义艺术中的拼贴、戏仿、神秘化以及接纳并重视殖民地的原始艺术，多元文化共存，其实是后帝国主义霸权结构的产物以及这个帝国形式的建构者。从西方帝国的文化书写史来看，西方对东方世界的"他者化"表述是为了自身现实的需要，随着西方霸权意识的逐步增强，包括文学在内的文化知识开始与公共政策、政治权力、帝国意识形态以及殖民侵略行径熔为一炉，展开其自身秩序化、结构化与扩张化的进程，在科学理性的进一步推动下，形成了一整套针对殖民世界的话语规范。这套话语规范既有严密的体系性，又有强劲的伸缩性，使殖民地国家进行自身文化书写的方式陷入了困境。

在后殖民文学作品中，无论是对抗、认同还是混合的文化书写模式，都未能破除西方对东方的文化塑形模式。在民族主义支撑下的对抗与认同，不仅没有超越西方"主/奴"关系的文化书写模式，反而按照西方的文化需求来"生产"与"配制"文化传统，作为医治西方文化疾病的"药丸"，甚至在满足西方的"偷窥"欲望中发明与创造腐朽落后的"文化风情"，并对一些本应该抛弃的东西加以认同。在混合性的文化书写中，依然采用殖民教化的语言模式，其书写实践又与后帝国时期经济发展的经营模式相得益彰，成为帝国霸权的"同谋犯"。

在今天这个光怪陆离的现实世界中，我们应该去除西方的话语规范，不再使权力逻辑支配我们的文化书写，重新体验我们的现实生活，回到人们的日常生活世界，在此基础上产生一种对自身地位、思想与话语方式全面而深刻的批判以及反思与重建，解决现实与思想中的各种问题，将人民特有的现实经验通过具有独创性、现实性的语言书写出来，逐渐驱除"他者化"的文化表述以及文化身份书写的焦虑，重建自身在现实与实践基础上的文化形象。因此，回到人们的社会生活，强调文化书写的人民性、实践性与体验性有其重要的价值意义。

第三节　文化霸权与文化研究

20世纪70年代，阿尔都塞与葛兰西对西方学术理论界产生过巨大影响。在葛兰西的思想理论中，对文化研究影响最大的正是其文化霸权理论，它直接启发萨义德的后殖民主义理论，形成一整套涉及东西文化关系的系统理论。不仅如此，它还被后来的西方马克思主义引入文化的生产与消费以及日常生活的文化实践的剖析和批评。那么，葛兰西文化霸权理论究竟产生了哪些影响呢？

约翰·斯道雷认为引入葛兰西的文化霸权概念是对通俗文化概念自身的重新思考，是在两种对立的理解通俗文化方式的激烈碰撞中的重新思考。这两种方式是："第一种传统方式把通俗文化看作资本主义文化工业强加的文化，是为利润和意识形态控制服务的，为建立统治地位和强加含义（也就是法兰克福学院派、结构主义、后结构主义的某些流派、政治经济学）服务的文化。这是作为'结构'的通俗文化；第二种传统方式把通俗文化看作从社会底层自然出现的文化，来自人民的'声音'、'纯真'的工人阶级文化（也就是文化主义的某些流派、社会历史学/'历史源自底层'）。这是作为'动因'的通俗文化。"①

　　这里，通俗文化就是大众文化。文化研究的发轫作品被认为霍加特的《文化的用途》。当时知识界的普遍看法是，随着国家福利体制的建立，人民生活的提高，工人阶级逐渐消失而归入中产阶级的行列。英国的左派人士便是在这种情况下来证实工人阶级的存在，确认他们的政治和文化身份。霍加特不同于利维斯将17世纪作为理想社会，而是赞赏20世纪30年代的工人阶级文化，并满怀激情地描绘了这一文化全景。在书中，他详尽地描绘了工人阶级生活的各个侧面，工人聚会的酒馆、工人娱乐的俱乐部、工人喜爱的报纸、工人当中流行的故事以及他们的私生活和家庭生活等。就像哥伦布发现新大陆一样，霍加特津津乐道于工人阶级文化的发现，好像这种文化就保存滋养在某个隐蔽的角落，等着人们去发现。文化主义者认为大众文化是底层社会"土生土长"的文化。批评家的任务就是去发现这种与主流意识形态截然对立、独立成长起来的文化，阐明它的价值，将之发扬光大。

　　在经典马克思主义理论中，意识形态一词有两种含义：其一是某个阶级或社会集团所共有的思想价值体系；另一种就是与客观真实或科学知识不相符合的思想信仰系统，也就是错误的意识或虚假的意识。如果说文化主义取得是马克思主义的第一种含义，那么结构主义取得就是另外一种含义。结构主义受法兰克福学派的影响，它要告诉人们的是，大众的文化形式和实践，都是经过主流意识形态的包装，娱乐形式的背后是险恶用心的目的内容，表面的华丽掩盖了内在的恶毒，提醒人们注意其隐藏的权力关系，看清统治阶级的真面目，防止类似机制的发生，从

---

　　① ［英］约翰·斯道雷：《文化理论与通俗文化导论》，杨竹山等译，南京大学出版社2001年版，第2页。

而起到警惕统治阶级的文化霸权和武装大众头脑的作用。但结构主义却受到葛兰西追随者的尖锐批评,他们认为这一切只不过是要揭示"其他人"是"文化傻瓜"①。看起来,文化主义和结构主义恰恰证实了列宁关于"两种民族文化"的论断,只是与列宁所说的"两种民族文化"在文化形式上存在不同,它们都集中于大众文化上。也就是说,大众文化在文化主义者眼中是纯洁的工人阶级的文化,而在结构主义看来,大众文化隐藏着主流意识形态晦暗不明的对大众的思想灌输、诱导和压制。

文化主义、结构主义都在试图理清大众文化的含义,真正的生产者是谁?假如是统治阶级,大众文化就经过统治阶级意识形态改头换面的灌输,用来钳制和禁锢人们的思想自由,泯灭个性,压制主体性与主观能动性的发挥,与统治阶级达成思想意识上的一致,成为马尔库塞所说的"单向度的人"。这是结构主义的观点。文化主义则相反,大众文化的生产者是大众,大众文化反映了人民群众的需求,表达了人民群众的心声,体现大众的主体性和思想自由,它是一种与统治阶级文化势不两立的、真正的大众文化。大众文化研究陷入了两种对立的研究范式而不能自拔。结构主义思想上的偏颇和文化主义的乌托邦思想,都是批评者诟病之处。托尼·本内特对文化主义与结构主义所表现的阶级本质主义进行激烈的批评,并指出从政治上看,它们在文化和意识形态领域中的观点相差不大,只是结构或组构,也就是角度有所不同而已。"资产阶级和工人阶级,两者锁定在一场零和游戏之中,一方有所得,另一方必有所失,游戏的最终目标是一方消灭另一方,从而胜利者得以占据被征服一方的地盘。"② 文化研究应该摆脱其面临的研究范式的困境。

本内特认为葛兰西的文化霸权理论对文化研究产生了四个方面的影响:"一、它摒弃了把所有文化都看作某一阶级阶级性体现的阶级本质主义。二、它使我们对大众文化的分析,既可以超越精英主义完全批判的立场,又可以超越平民主义完全无批判的立场。三、它强调'文化实践

---

① [英]约翰·斯道雷:《文化理论与通俗文化导论》,杨竹山等译,南京大学出版社2001年版,第3页。
② 陆扬、王毅选编:《大众文化研究》,上海三联书店2001年版,第63—64页。

的政治和意识形态阐述'的多种可能性。使我们认识到某一文化实践并不恒久地负载着某种特定的意识形态含义。四、葛兰西对阶级决定论的摒弃使文化研究能够将视野扩展到文化斗争的其他领域,如阶级以外的性别、种族乃至年龄压迫等。"① 从研究范式而言,葛兰西文化霸权理论的价值在于它提供了一个整合框架,文化主义和结构主义所涉及的问题可以在相互之间的关系中来寻求解答,并将研究视野扩展到其他文化斗争领域,比如,今天的女性主义、性属研究、种族思想与文化代沟等都受到葛兰西文化霸权理论的潜在而隐蔽的影响。

美国大众文化研究者费斯克认识到大众文化的"自相矛盾"既有结构主义的一面,又有文化主义的一面。"大众文化属于被支配者与弱势者的文化,因而始终带有权力关系的踪迹,这是宰制力量与臣服力量的印痕,它对我们的社会系统以及社会体验是举足轻重的。同样,它也显露了抵抗抑或逃避这些力量的踪迹:大众文化自相矛盾。"② 费斯克就采用这种矛盾性的研究范式来研究全球流行的牛仔裤现象。在20世纪60年代的美国,穿牛仔裤本身就存载着很多对抗性意义,折射出力量、体力劳动和男性气质,体现出自由、自然、粗犷和勤劳等意味深长的内蕴价值,成为自然与文化、天然与人工、乡村与城市之间深层结构对立的表征。当那些内蕴价值逐渐被整合为统治性的意识形态——美国精神后,今日的牛仔裤则用扎染花色、不规则漂白与特意搞破等方式来表达其对抗性含义。牛仔裤在苏联青年中也扮演着类似的角色,当作一种反抗性行为,成为反对社会服从的标志。另外,上层意识形态却认定穿牛仔裤是西方颓废思想的产物,要在社会中予以取缔。围绕着牛仔裤这种大众文化产品,所进行的却是一场矛盾双方的斗争。大众文化成为斗争的场所。当然费斯克认为大众文化是被支配者和弱势者自身的文化,应该看到,当大众文化体现出各种对立价值观念的交锋时,被支配者和弱势者的力量是有限的。也就是说,他们甚至只有选择的权力,选择也是

---

① 罗钢、刘象愚主编:《文化研究读本》,中国社会科学出版社 2000 年版,第 18 页。
② [美] 约翰·费斯克:《美国牛仔裤》,宋伟杰译,《电影艺术》2000 年第 2 期。

有限的选择。

葛兰西的文化霸权理论在阐释者的眼中，呈现三个方面的不同倾向。（1）文化具有规范行动的作用，统治阶级当然不会放弃对文化的控制，来确立他们的统治秩序，只是这种控制的方式已经大大不同于以前的禁锢和压制方式，而是采取吸纳、诱导和说服等其他方式，取得从属阶级的"同意"。（2）文化霸权提供了一种整合框架，文化更像一块谈判的场所，其间各种文化、意识形态和价值观念以各种不同的大众文化形式存在其中，随着环境的变化而采取相应的变化措施，也就是争夺文化领导权。（3）主导阶级的文化霸权所以能长期存在，不是单方面的禁止，而是在从属集团也产生了生成性，是弱势方的积极同意才得以如此。

应该说从这三种角度寻求葛兰西文化霸权的合适解释，最后一种更体现了葛兰西思想的独创性。福柯在权力与知识互生性关系的研究中试图阐明的正是这一观念。在对葛兰西文化霸权理论的阐释中，雷蒙·威廉斯无疑是最重要的人物之一。许多有关文化霸权的深刻见解很可能就来自他的细致入微的解释。在《马克思主义与文学》一书中和《马克思主义文化理论中的基础和上层建筑》一文中，威廉斯辟专章或专节来讨论葛兰西的文化霸权理论。他认为，霸权这个概念既包含又超越了"意识形态"这个很有影响的概念。表现了社会尤其是阶级社会中的压制和不平等。它可以使人们更加清楚地意识到统治和被统治关系的存在，意识形态只是其中的一部分，文化霸权中更多的是一种芜杂、零碎、模糊和含混的意识。① 在某种意义上就是"感觉结构"，"感觉结构"是威廉斯文化理论中的一个关键词语。这种"感觉结构"是所有文化都具有的"独特和有个性的色彩"，甚至"就是一个时期的文化"②。在这里，"感觉结构"不是指与统治阶级的文化观念相对立的，并能使工人阶级文化长期存在的独特个性。而是指被统治阶级认同统治者的文化观念和意识形态，并将之内化为自己的文化观念和意识形态。把统治阶级的文化霸

---

① 傅德根：《威廉斯与文化领导权》，《外国文学评论》2000年第4期。
② 罗钢、刘象愚主编：《文化研究读本》，中国社会科学出版社2000年版，第8页。

权合法化，并形成一种习俗或习惯，成为自发的活动，将它看作常识，认为天经地义的事情。由于威廉斯等人的深入研究，葛兰西文化霸权理论给文化研究挖掘出另外的研究范式。

　　同样，社会实践活动也为这种新范式提供了现实基础。1970—1980年，撒切尔夫人领导的右翼政党连续获得大选胜利，当时工人阶级主动投票支持她。英国左派人士曾为此感到沮丧困惑。他们在理论上为文化霸权概念进入文化消费的分析打开了方便之门。斯道雷认为，大众文化当中所涉及的问题只有在"使用中创造"①，即在消费的过程中才能得以解决，只有在文化产品的使用过程中，文化主义和结构主义遗留的问题才能得到解决。他举例说，摇滚乐在20世纪六七十年代是个奇特的景象。它反抗西方资本主义现行的社会制度，表现一定的叛逆性，年轻人趋而附之，大力发展；另外，西方"摇滚乐的表现并未受到禁止，但其却是以资本主义音乐产业的经济利润为体现的"②，这些"经济利润"又为资本主义社会制度的巩固提供了必要的经济实力，摇滚乐的蓬勃发展无意中起到了促进作用。新葛兰西派认为，大众文化是"在人们对文化工业的各种作品和实践进行主动消费的过程中产生的文化"③。这一点倒是切合了葛兰西文化霸权理论的核心问题——文化霸权体系不是"居高临下的单方面禁止而是在弱势方也产生了生成性（productive）时"，其影响才能够"长盛不衰"④。

　　从早期的文化研究到斯道雷对文化的消费性研究，一直就有意淡化阶级意识，摆脱从单一的阶级角度来研究大众文化，为文化研究开拓出一片新天地。可是，阶级角度所隐含的权力思维模式却没有得到应有的改变。相反，近期的一些新思潮和主流话语变本加厉，将其拓展到日常生活话语和一切社会关系话语中，如福柯的思想和女权主义等。尽管不

---

　　① ［英］约翰·斯道雷：《文化理论与通俗文化导论》，杨竹山等译，南京大学出版社2001年版，第4页。
　　② 罗钢、刘象愚主编：《文化研究读本》，中国社会科学出版社2000年版，第441页。
　　③ ［英］约翰·斯道雷：《文化理论与通俗文化导论》，杨竹山等译，南京大学出版社2001年版，第171—172页。
　　④ ［美］萨义德：《东方学》，王宇根译，生活·读书·新知三联书店1999年版，第19页。

乏合理之处，但这无疑是一种文化偏至，文化有其自身的价值与意义，它是人类历史发展的精神思想结晶，是人类经验的有效性总结，对指导人类社会生活有其重要性。如果我们仅仅停留于文化的革命硝烟与权力斗争上，而忽略了其中的真理性内容，我们就会在探索真理的道路上走向歧途甚至是谬误。

第四节 "文化霸权"话语的本土实践与反思

20世纪90年代以来，随着冷战时代的结束，全球化进程加快，信息技术日新月异，各民族之间、国家之间的文化交流日益加强与扩展，西方各派文论思潮也乘机大量涌入中国文论市场，相继成为显学，"似乎谁掌握了西方的新东西，谁就掌握了中国当代文学的话语权，也就最有力量"，西方新文论成为国内批评者"确立'声誉'的一种战略"，不这样就显得"已经落后"了。① 另外，随着"国学热"以及本土主义、文化保守思想的逐步抬头，学界形成了一股批判西方文论的思潮，将其定性为西方的文化霸权意识，产生了相当广泛的影响，东西方文化与文论关系的争论全面铺开。

就此，"文化霸权"成为人们谈论中西方文化关系时，使用频率最高的词汇之一。文化霸权理论为葛兰西等西方理论家所开创，经由福柯的权力—知识理论、萨义德的后殖民理论等完成了它在西方世界的"理论旅行"。然而，在中国当下的东西方文学与文化关系语境中，其"旅行"情况又如何呢？对这一理论在中国文论语境下的话语实践，正是本文所考察的内容，从中可以彰显出隐含的本土权力的运作机制。

（一）"二元对立"的思维模式

反西方文论的这股思潮借助于"文化霸权"一词，特别是"霸权"，也就是"权力"概念来进行的。因此有必要对"权力"概念来一次思维方式上的梳理。权力很容易被人理解为一方对另一方的命令、控制和占

---

① 王逢振：《后现代时期的第三世界作家》，《国外文学》1996年第2期。

有,而另一方则只有服从、听命和丧失应有的权益来获取一致与平衡。它强调控制方对反应方行动的能力,认为权力表现为对权力资源的占有。这种思维模式在今天仍有市场。在对西方文化霸权的批判当中,一些学者一味地批判西方文论话语的侵入、压制并吞并中国的传统文化与文论话语,最终导致全盘西化。东西方文化交流实际上成为"西方对东方的一次十字军东征,它意味着东方对西方霸权的臣服,意味着东方丧失自身独特的文学话语并在很大程度上借用西方话语",东方"成为一个丧失了传统根基,被剥夺了话语权的沉默的他者"①。将过去西方文化的输入历史称为"传教士的文化殖民主义"。

自近代国门洞开以来,东西方文化与文论关系一直是学界所关注的焦点,而"二元对立"则成为我们的认识装置与评判范式。由于中国近现代深重的民族危机,近现代文化与文论的发展带上强烈的功利色彩,在中西文化与文论的"二元"纠葛与磨合中艰难前行。俄国十月革命的成功,照亮了中国革命的历史进程,其文学与文论也给近现代文论的发展提供了指明灯。20世纪二三十年代的革命文学主张、20世纪40年代解放区的文学创作与理论成果等都受到了苏俄文论的影响。进入20世纪50年代,苏联文论全面掌控中国文论市场,其文艺特征,诸如过分强调文艺的革命性与斗争性,文艺高度政治化,成为阶级斗争和党性斗争等政治斗争的场所,用行政手段或政治手段解决文艺问题,都得到了当时中国文论界的认同、承袭与发扬。概言之,在一种"二元对立"的冷战思维模式中,当时文论界对外只就苏联文论顶礼膜拜,而将西方文论斥之为资产阶级意识形态予以排拒,关闭了与西方文论的互通和交流,对内则只继承左翼文论与解放区文学传统,对深受西欧影响的王国维、朱光潜和宗白华等人的文艺思想予以遮蔽,甚至否定、挞伐而缺乏深入研究,更谈不上在此基础上的创新与发展,致使中国当代文论的发展从一开始就存在着理论体系偏颇的"贫血症"②。

---

① 王宏图:《西方文化的霸权和东方的边缘性》,《上海文学》1996年第12期。
② 代迅:《前苏联文论与中国当代文论建设》,《西南师范大学(学报)》(人文与社会科学版)2001年第5期。

这种文化与文论的"二元"发展模式在"文革"时期得到最极端化的体现。那时候,"斗资批修""根底最红""宁要社会主义的草,不要资本主义的苗"等极端言论使许多学者深受其害,也使文论的发展走向一条极为危险的偏执之路。文化与文艺思想领域中只有不断地开展革命,才能夺取与巩固领导权,"十六年来(从 1949 开始——笔者注),文艺战线上存在着尖锐的阶级斗争,谁战胜谁的问题还没有解决。文艺这个阵地,无产阶级不去占领,资产阶级就必然去占领,斗争是不可避免的。"①从而完全否定文艺所蕴含的真理性与科学性,真理只不过是霸权的表现形式。在这场轰轰烈烈的群众性政治运动中,不仅对知识分子进行了肉体戕害,还给我国文化与文论的发展造成了深重灾难。事实上,东西方文论在追求客观真理道路上存在着一致性,都是要总结文学发展的规律,追溯各自在不同社会历史与文化语境下的发展路程,发现自身文论的民族特色,并在此基础上进行交流与融合,寻求共同规律,有序地增长文论知识。就此,东西方文论是不存在僵硬对立的。今天,对西学的批判,虽然学院气息逐渐浓厚而较少政治运动上的敌情观念,但在有意无意之间,文艺研究与政治意识重新扭结在一起,又返回到毛泽东所提倡的"文艺从属于政治"以及"文艺为政治服务"的陈旧思路上,陷入了"文革话语"的历史圈套。

意大利理论家葛兰西曾经认为,在资产阶级的文化霸权中,知识分子具有非常重要的作用。文化霸权往往是通过他们的话语实践才逐步建构起来的。他把知识分子分为两种:"传统知识分子"和"有机知识分子"。传统知识分子在文化思想上属于旧有社会经济和政治制度的产物,在激烈的革命运动中,体现出"历史的连续性"②,守旧甚至反动。这类知识分子对革命的胜利影响很大,因为正是他们将统治阶级意识形态灌输给市民社会,使市民社会成为统治阶级最后的也是最为坚固的防御堡垒。市民社会这种最高强度的防御作用使得 20 世纪初期欧洲革命运动均

---

① 林彪:《林彪同志给中央军委常委的信》,洪子诚主编《中国当代文学史·史料选》(下),长江文艺出版社 2002 年版,第 518 页。
② [意]葛兰西:《狱中札记》,曹雷雨等译,中国社会科学出版社 2000 年版,第 2 页。

遭失败。因此，葛兰西极力要求培养自己的有机知识分子来促成革命的成功。在现今的全球化时代，经济管理模式逐步渗透文化传播领域，文化霸权不再是直接性的话语双向流动，而是有代理人，或者称"中介人"。因此操持文论话语的知识分子难逃其特殊的政治与文化角色，只不过由以前冠名的"走资派"换成了西方殖民文化的"推销者"。美国新马克思主义者德里克又适时地提出了"文化代理"的概念。这些来自第三世界国家却为西方文化传播服务的代理人与代理机构熟谙自己国家的传统文化与民众心理，成为殖民文学与霸权文化实际且完美的执行者，乃至有学者认为，国内各大高校与社会科学院的外国文学研究所与研究人员所扮演的正是这一殖民角色。我们不应该只看到权力对立性的一面，而看不到真理利益和科学价值一致性的一面；不能只看到其"走狗"性的一面，看不到其积极性的一面而抹杀与否定我国文论在西方文论的推动下所取得的飞跃式进步。

（二）西方话语霸权的批判

帕森斯（Talcott Pasons）指出，权力是与集体，并不是与个人建立联系为基础的。它是通过符号话语而形成的一般媒介，也就是说，权力成为一种媒介手段，而不仅仅是目的，或者说维持权威才是目的。符号学理论开始介入权力分析中。按其观点，权力的运作必须建立在合法化的前提下，通过符号化、合法化而成为一种有效的权力，形成一种集体权威。① 萨义德的《东方学》正是集中地阐述了西方文化在表述、书写异质文化中对东方国家的想象与歪曲，在合法性的面具下对殖民地进行殖民统治，从而揭示西方符号话语领域中的文化暴力。他明确指出，为什么千百年来，无论是在西方的学术研究还是公众想象性的描述中，东方文化的他者形象与他性特征竟然如此地一致，这些类型化与标准化的话语实践加剧了西方世界"妖魔化东方"的倾向，勾起了西方帝国主义的霸权野心。在萨义德看来，有关东方世界的文学描述、历史记录、政治宣言和旅游读物等知识文本与其他学术研究文本一起建构了东方学话语，

---

① 李猛：《福柯与权力分析的新尝试》，《社会理论（学报）》（香港）1999年第2期。

这套东方学话语以其学术的科学性与历史的客观性遮蔽了蕴藏其中的权力机制，为西方殖民侵略进行合法化认证，因此《东方学》话语代替了真实的东方，它标示着一种西方的话语霸权。

正是由于符号话语在权力运作中的重要作用，而且其合法性往往建立在这个基础上，因此必须对符号话语进行重新评估。正是因为熟稔中西"二元对立"的话语模式，后殖民理论迅速成为国内学者对西方文论话语霸权进行控诉和抨击的有力武器。他们对现代性话语进行了重估与定性，将鲁迅的"国民性"话语定性为从日本"进口"而来，日本也是从西方国家翻译过来的，鲁迅还被西方传教士阿瑟·斯密思的殖民目的所蒙骗。① 另一些学者索性将"民族""国家"等现代性基本话语说成资产阶级文化霸权的产物。"民族主义是一种资产阶级的意识形态，是现代性的重要内容之一，现代以民族国家为基本单位构筑了资本主义世界体系"，"并且通过殖民主义向全世界撒下了民族主义的种子"，"中国现代经验的最主要的内容就是必须把自己讲述到民族国家和现代世界这样一个故事里面去"。这些来自西域的民族、国家等理念不仅规范了我国文学艺术的发展，还毁灭了传统的家族话语，与个人主义话语达成同构与共谋。② 我们的现代化就是西方的殖民化和他者化，我们的文论话语就是西方文论话语，我们成为被西方剥夺了话语权的"学术哑巴"。

然而我国文论要实现发展的目的，必须主动地借鉴西方的文学理论，充实与生发其现代化内容，其中包括话语形式与逻辑结构的借用。建立科学的知识体系，不是一个空洞、毫无实际内容的目标，它首先就要求文论的系统化与逻辑化，使其真正成为理论体系。另外，随着全球化时代的到来，一个地球村的人们自然联系紧密，个人所接受的信息日益增多。人与人、人与社会、社会与国家、国家与国家以及民族与民族，个体、社会、民族与国家等之间的内外关系不再单纯，而是形成了一个相互交织的网状结构。人、社会、宇宙的这种复杂化绝非传统主义者所倡

---

① ［美］刘禾：《跨语际实践——文学、民族文化与被译介的现代性》，生活·读书·新知三联书店2000年版，第75—103页。
② 旷新年：《民族国家想象与中国现代文学》，《文学评论》2003年第1期。

导的古典式感悟点评的写作方式所能全面而胜利完成的，也不是闭关锁国所能完成的，传统文论的现代化才是正途。

马克思主义认为，文艺最终决定于经济基础，并直接受到政治文化等上层建筑的影响。随着人类的进步，科学技术的发展，国家与国家之间、民族与民族之间的交流的频繁，人在社会中的流动性也得到进一步加强，进入新时期以来，信息技术突飞猛进，互联网时代、后现代社会更是将世界的距离大大缩短，把世界各国人民紧密地连在一起。与此同时，使整个世界也变得日益复杂化，诚如詹明信所言，当今个人处在现实的各种网络交织中，辨不清自己的位置和方向，需要"发现及投射一种全球性的'认知绘图'"①。历史与现实世界的改变，必然引起文艺理论的变化，也就不能仅仅停留在传统话语的复兴上，而是需要紧跟时代与现实，密切结合来源于生活的文学创作实践，对其加以自己的理解与剖析，为各种新的文艺作品和文艺现象做出有力的阐释，引导人们在后现代时代辨别自己以及自己所处的位置与方向。

今日之时代，任何一种处于全球化语境中的文论体系都是难以保持其纯洁性的，难以在一个不受外来干扰的封闭语境中自发成长的。事实上，西方文论不仅在思想、方法上影响着我国文论的现代历程，更为重要的是在理论话语和逻辑推演上，西方文论的优势已被我国文论界所认同、接受与发展。坦然、理性地面对这一历史事实，推动我国文论的持续发展，而不是遗忘历史、抛弃事实、抹杀成就。形式逻辑与话语结构形式介入我国文论写作，乃我国文论科学现代化起步的一个标志。这已经不是一个仅仅依靠西方理论资源，对同一体系的不断丰富和发展的问题，而是涉及一种理论话语体系代替另一种理论话语体系的问题，是一个理论架构方式和思维方式全面转变的问题。也就是说我国文论已经到了一个质变的临界点。这是我国文论实现现代化的必经之路，"只有中国文论的现代化，才是近百年中国文论的真正主题"，我们不应该偏离乃至

---

① ［美］詹明信：《晚期资本主义的文化逻辑》，陈清侨等译，生活·读书·新知三联书店1997年版，第515页。

背弃这一"世纪主题"①。

（三）民族情结的强烈诉求

近百年来，西方文论一直或隐或现地影响中国文论的发展进程。"五四"时期，20世纪三四十年代的中西方文化碰撞的大讨论以及新中国成立后对苏联文论的全面接受，这些都使中国文论在东西方文论的龃龉与磨合中曲折前进，并开始其现代化的历程。尽管中国文论自其现代化始，便表现摆脱汉语言文论资源，对传统文论资源的激烈否定与向西方文论资源的全面认同的倾向；但是，民族自尊依然有其潜在的巨大影响。罗志田认为，近代以来的百年间，各种思潮"你方唱罢我登场"，但其背后有一条潜流，便是民族主义。② 全球化与民族自尊的矛盾始终伴随于建构我国文论体系的各种讨论中。

民族主义是"一种想象的政治共同体——并且，它是被想象为本质上有限的（limited），同时也享有主权的共同体"③。民族主义是一种有限的本质主义。所谓有限是因其最大的民族，涵盖十多亿人口，其边界尽管是可变但也是有限的，不可能想象成全人类。说它是本质主义，是因为它是共同体，每个民族当中的人员都不可能相互认识与熟悉，而本质主义的最大弊病就是取消其内部的差别，将其想象成同一的或同质的。

民族主义者对国内文论与文艺创作较之过去的进步发展状况视而不见，将其本质化，统统视为接受西方文化霸权的产物，是西方文化与文论的"中国版"，有意忽略在西方文化推动影响下所取得的独特成绩与积极成果。另外，我们认为，造成国内文艺较为繁盛的现实局面，虽然是在西方文论的影响与冲击下取得的，但这只是外部因素，自身主体性的需求转化与理论要求以及作家作品独特社会体验的生发与艺术形式的创造才起着关键性的作用，文学理论的根本生长点不是来自西方，也不是传统，而是来自现实，来自作家根据社会体验而生发出来的文学作品与

---

① 代迅：《困惑与选择：比较文论视野中的中国文论》，《文艺评论》1999年第1期。
② 罗志田：《乱世潜流：民族主义与民国政治·自序》，上海古籍出版社2001年版，第1页。
③ [美]本尼迪克特·安德森：《想象的共同体——民族主义的起源和散布》，吴叡人译，上海人民出版社2003年版，第5页。

种种文学现象。我们绝非西方文化的"搬运工",只对西方文化与文论进行横向移植,是难以创作出优秀的文艺作品与鲜活的文学理论的。任何一种外来理论在本土的生成发展,必须与本土特有的社会历史、文化语境以及文艺创作实践相融合才有可能,否则淮南之桔便成为淮北之枳。经典马克思主义文论在我国几十年的发展当中,就与我国特殊的文论语境相结合,形成了我们自己独特的理论形态:中国新时期的马克思主义文艺学。它是"一种既区别苏联模式马克思主义文艺学,又区别于西方马克思主义文艺学的独立与独特的马克思主义文艺学形态了"[①]。这些理论体系以及几十年来理论上的经验教训已经成为我国文论发展的宝贵财富,成为新理论的生长点。

民族主义者除了囿于民族对抗的情绪性而对自身现实与历史状况视而不见外,还对西方世界进行自身的想象,将其本质化。文化霸权理论本身就是其中一例。尽管本文探讨的是文化霸权话语在中国本土的实践,但简要回顾一下它在西方世界的起源与发展是非常必要的,从中不仅可以看出其内容与含义的变迁,而且可以彰显民族主义者对这一理论所做的想象化的片面处置。马克思在《德意志意识形态》中提出了"统治阶级的思想在每一个时代都是占统治地位的思想"的著名论断。列宁发展马克思的观点,明确提出国家内部"两种民族文化"的理论。意大利共产党总书记葛兰西首次明确提出"文化霸权"概念,并将文化霸权的形成归因于普通民众的消极"同意"。马克思、列宁和葛兰西等理论家将文化霸权局限于国内无产阶级与统治阶级的对立关系上。即便葛兰西清醒地看到意大利文艺的衰落,与法国等国家的文艺差距很大,国内出版界多出版外国的著作,读者只对外国作品感兴趣,他也丝毫没有将这一切归为国家之间的文化霸权,而是认为意大利艺术家的作品缺乏民族性与人民性的结果。法国思想家福柯则将权力与知识结合起来考察,探讨了权力与知识之间的互相推动、相互建构的关系,并将权力概念引入话语分析领域,独创出一种解剖权力关系的话语分析理论与研究方法。美国

[①] 冯宪光:《马克思美学的现代阐释》,四川教育出版社2002年版,第6页。

学者萨义德在继承前人论述的基础上,将福柯的话语分析、葛兰西的文化霸权理论等运用到东西方文化关系与话语表述中,正式提出了东西方文化霸权的后殖民理论。从文化霸权的理论背景和发展线索来看,文化霸权理论本身就存在差异,而国内在使用文化霸权概念时,其含义仅仅限于中西方之间的文化对抗和文化"暴力"。

反西方文论思潮不仅以葛兰西的文化霸权理论作为支撑,而且还借用了后殖民理论,但都存在着想象性的误读。特别就后殖民主义而言,这种误读与误用更为严重。萨义德受解构主义的影响,反对任何形式的本质主义。他解构西方国家内部的文化文本在叙述东方时所体现出来的中心主义,对东方的想象和歪曲,但它并不涉及实际意义上的东西方关系,更多是一种话语批评,是属于西方国家内部的学术批评。然而就"'中国后现代主义'的文化批评中,后殖民主义理论却经常被等同于一种民族主义话语,并加强了中国现代性话语中的那种特有的'中国/西方'的二元对立的话语模式。例如,没有一位中国的后殖民主义批评家采取边缘立场对中国的汉族中心主义进行分析,而按后殖民主义的理论逻辑这倒是题中应有之义"①。有学者进一步指出,将后殖民话语等同于民族主义,"已经完全变味了",成为一种"中西比较中的民族性辩护情结,这是可以理解的,但又是非学术的"②。

把后殖民主义理论等同于民族主义话语,不仅是对其理论本身的歪曲和误解,而且不考虑其中不同声音的表达。作为后殖民理论诞生地的美国,后殖民主义并没有得到最为广泛的认同,自从《东方学》发表以来,其批评与反对之声就不绝于耳,但国内学者似乎对此毫无兴趣。即便是理论家本人,也有一个文论思想变迁的历程。一个概念,或一种理论,随着时代的变迁与理论家对此进行不同阐释,其内涵与外延都会有不同程度的改变。对概念的变迁、理论的旅行,应该加以知识谱系学的分析与梳理,充分把握其内涵与外延的变迁史,不应该只停留在断章取义、想象同质的基础上,

---

① 汪晖:《当代中国的思想状况与现代性问题》,《文艺争鸣》1998年第6期。
② 代迅:《全球视野中的本土化选择:近百年西方文论在中国》,《文艺理论研究》2000年第4期。

力求避免对其明显的误读与扭曲,甚至将其所反对的理论当作所宣扬的观点来对待。如詹姆逊的文章曾在张京媛主编的《后殖民理论与文化批评》中名列榜首,实质上却难以将其理论归为后殖民理论与批评谱系。在这样一种民族情结的强烈诉求下,一切问题都变得如此的简单、同一与绝对化,很容易遮蔽对理论的客观分析与科学判断。

(四)传统文化的回归与高扬

如果说民族主义者强烈地反对西方,与西方争夺话语权,进行话语诉求有些空洞的话,那么弘扬民族文化论者对抗西方不仅在话语争夺层面上,更在操作技术层面上提供具体的方案。就传统文明发挥的重要作用来看,在现代化的实践中有东南亚国家的迅速繁荣作为事实例证。因此在利用传统文化的丰厚资源上,他们认为只要将它们结合实际、发扬光大,就能与西方文化双峰对峙,甚至认为我国的传统文明将弥补西方文明的缺憾,现在西方文明步入了没落腐朽的时期,唯有中华文明能挽狂澜于既倒,拯救人类文明,21世纪将是中华文明的世纪。如梁漱溟提出的中国文化将"主宰世界",傅伟勋说"中国哲学挑战西方",季羡林的"三十年河东,三十年河西"论以及"21世纪是东方文化的世纪"等。这些说法几乎都在"二元对立"的思维圈套中批判西方中心主义,所要得出的结果却是夺取文化领导权,导向"一元"社会,设置一个东方中心主义,逐步走向"中华性"①的建立。

事实上,尽管注重家庭与道德等儒家观念的影响存在,但东南亚的迅速发达绝非一个儒家文明的功劳。试看它们今天的政治体制、经济发展模式及金融体系等何尝是儒家文明所能做到的;现代化并不是西方所独有,乃是全球社会发展的内在趋势,而西方现代国家所持有基本政策、制度结构、市场机制及作为它们基础的思想根源,何尝不是我们应该加以吸收的有效资源呢?无论是孔孟的"仁义之说",还是传统主义者所谓"恭、诚、仁、忠、行"等理论,都需要在涉及各种现实利益的理性面前

---

① 张法、张颐武、王一川:《从"现代性"到"中华性"——新知识型的探寻》,《文艺争鸣》1994年第2期。

检视自身，并与之互融互补。在"文化大革命"期间，一味地强调道德、文化意识的作用与意识形态的生死斗争，达到了一种极端状态，似乎只有群众思想、政治上不断高昂的革命热情与牺牲精神，才能促进经济发展，推动社会进步，战胜资本主义社会，丝毫没有考虑到社会发展所需要的经济条件、物质基础与结构体制，忽视了经济发展、结构调整以及生活水平的提高，这种经验教训应该是为去弗远的。

在一种强烈的民族情结的支配下，挖掘我国传统文论中的西方特色一度在文论界形成潮流。如寻找老庄哲学的后现代因素，将庄子美学说成生态理论，从孔子儒学总结出实践理性观，并且洋洋自得于我国古代的先知圣贤早就通晓西方直到近期才创造出来且流行甚广的理论。其实，从新方法与新视角来观照与审视我国传统文论，这是合理的，也是必要的。但是将我国传统文论阐释、解说成现代主义与后现代主义，或者说传统文化运动中就有现代与后现代文化运动，则是荒谬的，也是不符合历史事实的。从整个世界文论体系看来，这也多为一种民族自尊心态下的重复建设，未能有效地促进世界文论的发展，实现知识的有序增长。对我国已有的文论知识，需要在世界文论体系的审视下加以把握消化，结合现实的文艺创作实践，寻找新的知识增长点，为世界文论的发展做出自己的贡献。像这种不遗余力地在中国传统文论中寻找西方特色，甚至不惜按照西方文化与文论的标准框架将中国传统文论加以误读、曲解与更改的做法，不仅篡改了民族文论的优良传统，丧失其特有风格，而且这种做法本身才是对西方文论内在的、真正的盲目认同。

几乎所有的传统文化弘扬者都采取一种崇拜民族语言，肯定民族历史，追寻文化渊源传统的路径来重塑、建构民族文化身份，像敏米说的那样，"恢复本来十分灿烂而后来又被糟蹋得千疮百孔的历史的原貌；恢复原以打算放弃的文化的原貌；恢复僵化了的传统；恢复锈蚀了的语言。这套他终于还是接受下来的文化传统有许多谁见了都会却步的缺点"[①]。

---

① 香港岭南学院翻译系文化/社会研究译丛编委会：《解殖与民族主义》，香港牛津大学出版社1998年版，第19—20页。

在一种与西方文化对抗的心态下,产生对民族文化的盲目自恋,将西方对东方文化的批评对象当作珍宝供奉,甚至作为炫耀的文化资本,跑到西方世界去做起宣传来。辜鸿铭就是其中一例,这位长过辫子的晚清文人成为20世纪90年代中国社会浮现出来的、具有深厚传统文化功底的"文化英雄"①之一,其书多次再版后至今仍有市场。在晚清陈季同对纳妾进行合理性认证与优越性表述后,他接着说,为妾乃"理想妇女"——中国妇女的"无我教",或曰"淑女或贤妻之道";"正是中国妇女的那种无私无我,使得纳妾在中国不仅成为可能,而且并非不道德"②。在这种民族文化身份的疯狂诉求下,重新恢复与高扬这些传统文化,甚至去建立早已僵化、腐朽的文化体系,不是自我永远的异化,又是什么呢?

文学理论作为一种科学理论,有自己的研究对象和研究范式,有自己的知识体系。增加文论知识,实现文论知识的科学化和有序增长,是文学理论的目标所在。文化霸权理论"只是提供了一种新的理解知识的角度,它没有也不可能推翻人类已有的知识范式,直言之,知识就是对客观事实的符合这一古典真理观仍然有效",而且为反西方学者所接受并加以片面误读且发展张扬的后殖民主义与东方主义"只是一种正在西方走红的理论,在'各领风骚三五年'的西方文化界,其客观性和科学性尚有待验证"③。确实,知识体系存在着权力关系,但知识的有效性依然存在,文学理论作为一种与文艺实践,包括文艺的社会性、文艺的创作实践以及文艺的接受批评等相符合的知识体系依然是一种有效性的存在,我们应该把这种科学的客观知识体系与另外一种权力关系与意识形态的价值信仰体系加以区别,把促进知识的科学增长作为文学理论研究的目标,并在这一目标下观照与促进中国文论的现代化进程。

目前,中国文论的体系建构成为学界的热门话题。概括这些争论,

---

① 杨早:《90年代文化英雄的符号与象征——以陈寅恪、顾准为中心》,《书写文化英雄:世纪之交的文化研究》,江苏人民出版社2000年版,第18页。
② 张兴成:《民族幻觉与中国人的自画像》,《书屋》2004年第6期。
③ 代迅:《全球视野中的本土化选择:近百年西方文论在中国》,《文艺理论研究》2000年第4期。

可以得到以下几种主要观点：第一，以中国古典文论为基石创建21世纪的文论体系。第二，进一步发展马克思主义文论，使其本土化和体系化。第三，以西方文论为基础，构建21世纪文论体系。第四，独创一种21世纪文论体系。我们认为，中国文论的现代化并不是以某种文论为其资源，它需要的是全世界范围内的文论资源，需要在世界文论资源的基础上逐步建立科学的知识体系。在日益全球化的今天，信息交流方便快捷，把握世界范围内的文论并非不可能，从另一种角度而言也是必需的。只有这种开阔的视野，才能避免我国文论的重复建设，才能在世界文论体系的坐标内结合自身文艺的实践经验，寻找自己的支点与特色，融入世界文论体系，实现我国文论的现代化，并随着世界文论的发展而发展，为其发展做出自己特有的贡献，促进文论知识的科学有序的增长。

参考文献

一 葛兰西著作

《狱中札记》，葆煦译，人民出版社1983年版。

《论文学》，吕同六译，人民文学出版社1983年版。

《实践哲学》，徐崇温译，重庆出版社1990年版。

《狱中札记》，曹雷雨等译，中国社会科学出版社2000年版。

《葛兰西文选（1916—1935）》，中央编译局国际共运史研究所编译，人民出版社1992年版。

《火与玫瑰》，田时纲译，人民出版社2008年版。

《狱中书简》，田时纲译，人民出版社2008年版。

二 萨义德著作

《赛义德自选集》，谢少波等译，中国社会科学出版社1999年版。

《东方学》，王宇根译，生活·读书·新知三联书店1999年版。

《文化与帝国主义》，李琨译，生活·读书·新知三联书店2003年版。

《人文主义与民主批评》，朱生坚译，新星出版社2006年版。

《知识分子论》，单德兴译，生活·读书·新知三联书店2002年版。

《世界·文本·批评家》，李自修译，生活·读书·新知三联书店2009年版。

《论晚期风格——反常合道的音乐与文学》，彭淮栋译，台湾麦田出版社

2010 年版。

三　福柯著作

杜小真编选：《福柯集》，上海远东出版社 1998 年版。
《权利的眼睛——福柯访谈录》，严锋译，上海人民出版社 1997 年版。
《词与物》，莫伟民译，上海三联书店 2001 年版。
《规训与惩罚》，刘北成、杨远婴译，生活·读书·新知三联书店 2003 年版。
《性经验史》，佘碧平译，上海人民出版社 2005 年版。
《知识考古学》，谢强、马月译，生活·读书·新知三联书店 2003 年版。
《临床医学的诞生》，刘北成译，译林出版社 2001 年版。
《疯癫与文明——理性时代的疯癫史》，刘北成、杨远婴译，生活·读书·新知三联书店 1999 年版。
《古典时代疯狂史》，林志明译，生活·读书·新知三联书店 2005 年版。
《福柯说真话》，郑义恺译，台湾群学出版社有限公司 2005 年版。

四　塞缪尔·亨廷顿著作

《变化社会中的政治秩序》，王冠华等译，生活·读书·新知三联书店 1989 年版。
《文明的冲突与世界秩序的重建》，周琪等译，新华出版社 1998 年版。
《我们是谁：美国国家特性面临的挑战》，程克雄译，新华出版社 2005 年版。

五　其他参考著作

《马克思恩格斯选集》，人民出版社 1972 年版。
《马克思恩格斯论中国》，人民出版社 1997 年版。
冯宪光：《马克思美学的现代阐释》，四川教育出版社 2002 年版。
冯宪光：《"西方马克思主义"美学研究》，重庆出版社 1997 年版。
代迅：《断裂与延续：中国古代文论现代转换的历史回顾》，西南师范大学出版社 2002 年版。

代迅：《西方文论在中国的命运》，中华书局 2008 年版。

代迅：《文学理论与批评实践》，重庆出版社 2004 年版。

曹顺庆主编：《比较文学学》，四川大学出版社 2005 年版。

曹顺庆：《中西比较诗学》，北京出版社 1988 年版。

倪力亚、李景治：《意大利共产党人对社会主义道路的探索》，学林出版社 1990 年版。

陆扬、王毅选编：《大众文化研究》，上海三联书店 2001 年版。

李泽厚：《马克思主义在中国》，生活·读书·新知三联书店 1988 年版。

赵稀方：《后殖民理论》，北京大学出版社 2009 年版。

毛韵泽：《葛兰西 政治家、囚徒和理论家》，求实出版社 1987 年版。

仰海峰：《实践哲学与霸权——当代语境中的葛兰西哲学》，北京大学出版社 2009 年版。

和磊：《葛兰西与文化研究》，中国社会科学出版社 2011 年版。

周兴杰：《批判的位移：葛兰西与文化研究转向》，中国社会科学出版社 2011 年版。

潘西华：《葛兰西文化领导权思想研究》，社会科学文献出版社 2012 年版。

徐崇温：《西方马克思主义》，天津人民出版社 1982 年版。

姜飞：《跨文化传播的后殖民语境》，中国人民大学出版社 2005 年版。

王岳川：《后殖民主义与新历史主义文论》，山东教育出版社 1999 年版。

张顺洪、孟庆龙、毕健康：《英美新殖民主义》，社会科学文献出版社 1999 年版。

任一鸣、瞿世镜：《英语后殖民文学研究》，上海译文出版社 2003 年版。

罗钢、刘象愚主编：《文化研究读本》，中国社会科学出版社 2000 年版。

罗钢、刘象愚主编：《后殖民主义文化理论》，中国社会科学出版社 1999 年版。

干永昌等编选：《比较文学研究译文集》，上海译文出版社 1985 年版。

戴锦华主编：《书写文化英雄：世纪之交的文化研究》，江苏人民出版社 2000 年版。

王宁等编：《全球化与后殖民批评》，中央编译出版社1998年版。

张京媛主编：《新历史主义与文学批评》，北京大学出版社1993年版。

张京媛主编：《后殖民理论与文化批评》，北京大学出版社1999年版。

香港岭南学院翻译系、文化/社会研究译丛编委会：《解殖与民族主义》，香港牛津大学出版社1998年版。

M. Gurevitch等编：《文化、社会与媒体：批判性的观点》，唐维敏等译，台北远流出版事业股份有限公司1994年版。

[意] 朱塞佩·费奥里：《葛兰西传》，吴高译，人民出版社1983年版。

[意] 隆巴尔多—拉弟斯、卡尔朋：《葛兰西的生平》，黄荫兴译，世界知识出版社1957年版。

[英] 波寇克：《文化霸权》，田心喻译，台湾远流出版公司1991年版。

[英] 拉克劳、墨菲：《文化霸权与社会主义的战略》，陈璋津译，台湾远流出版公司1994年版。

[英] 博埃默：《殖民与后殖民文学》，盛宁、韩敏中译，辽宁教育出版社1998年版。

[英] 伊格尔顿：《文化的观念》，方杰译，南京大学出版社2003年版。

[英] 吉尔伯特等编：《后殖民批评》，杨乃乔等译，北京大学出版社2001年版。

[英] 吉尔伯特：《后殖民理论——语境、实践、政治》，陈仲丹译，南京大学出版社2004年版。

[英] 汤林森：《文化帝国主义》，冯建三译，上海人民出版社1999年版。

[英] 雷蒙德·威廉斯：《关键词：文化与社会的词汇》，刘建基译，生活·读书·新知三联书店2005年版。

[英] 雷蒙德·威廉斯：《马克思主义与文学》，王尔勃译，河南大学出版社2008年版。

[英] 弗朗西斯·马尔赫恩编：《马克思主义文学批评》，刘象愚等译，北京大学出版社2002年版。

[英] 诺曼·费尔克拉夫：《话语与社会变迁》，殷晓蓉译，华夏出版社2003年版。

[英]阿诺德·汤因比：《历史研究》，刘北成、郭小凌译，上海人民出版社2005年版。

[英]多米尼克·斯特里纳蒂：《通俗文化理论导论》，阎嘉译，商务印书馆2001年版。

[英]约翰·斯道雷：《文化理论与通俗文化导论》，杨竹山等译，南京大学出版社2001年版。

[美]保罗·鲍威编：《向权力说真话——赛义德和批评家的工作》，王丽亚等译，中国社会科学出版社2003年版。

[美]史景迁：《文化类同与文化利用》，廖世奇、彭小樵译，北京大学出版社1990年版。

[美]德里克：《后革命氛围》，王宁等译，中国社会科学出版社1999年版。

[美]本尼迪克特·安德森：《想象的共同体——民族主义的起源和散布》，吴叡人译，上海人民出版社2003年版。

[美]刘禾：《跨语际实践——文学、民族文化与被译介的现代性（中国，1900—1937）》，生活·读书·新知三联书店2000年版。

[美]詹明信：《晚期资本主义的文化逻辑》，陈清侨等译，张旭东译，生活·读书·新知三联书店1997年版。

[美]韦斯坦因：《比较文学与文学理论》，刘象愚译，辽宁人民出版社1987年版。

[荷]佛克马、蚁布思：《文化研究与文化参与》，俞国强译，北京大学出版社1996年版。

[法]拉康：《拉康选集》，褚孝泉译，上海三联书店2001年版。

[澳]马克·吉布森：《文化与权力——文化研究史》，王加为译，北京大学出版社2012年版。

Richard Bellamy 编：《葛兰西狱前著作选》（英文影印本），中国政法大学出版社2003年版。

Simon During ed., *Cultural Studies Reader*, London and New York: Rouledge, 1993.

Homi K Bhabha, *The location of culture*, London and New York: Routledege,

1994.

Walter L. Adamson, *Hegemony and Revolution: A Study of Antonio Gramsci's Political and Cultural Theory*, Berkeley: University of California Press, 1980.

David Forgacs and Geoffrey Nowell-Smith eds., *Antonio Gramsci: Selections from Cultural Writings*, Cambridge: Harvard University Press, 1985.

Edward W. Said, *Beginnings: Intention and Method*, New York: Columbia University Press, 2004.

后　记

本书是 2008 年笔者有幸主持国家社科青年基金项目《文化霸权的观念》（编号：08CZW008）的最终成果。对文化霸权理论的思考始于读研期间。恩师代迅先生将笔者领进学术殿堂，让笔者实现了人生的转折。在此，笔者还要特别感谢西南大学刘明华教授的帮助。好友周克勤一直为我奔波效劳，给予我在生活和工作等各方面的关爱。另外，蓝露怡老师、陈本益老师、杨思聪老师、李怡老师等讲授各门专业知识。研三那年，张兴成老师从北大过来，恰好从事的是后殖民研究，对我有所启发。那是一段美好的时光。

英国哲学家洛克说："人开始时，意识是块白板，后来不断添加。"用福柯的词来说，就是叠加（doublages）。其实很多东西不是二元对立的，而是叠加在一起的。萨义德其实也看出叠加概念的重要性，强调东西方关系在历史上叠加的事实。人生经验之叠加而构成复杂的人性，但最初的印记影响最大，学术亦是如此。2003 年毕业时，我顺利考上冯宪光先生的博士，继续西方马克思主义思想研究。读博期间，有幸受教于曹顺庆老师，加上好友李卫涛是曹老师的弟子，因此变异学进入我的视野，觉得可以作为一种方法论。

儒家讲"诚"，学术也要"诚"。学术之"诚"表现在：其一，要对前人著作充分阅读的基础上才做研究，否则不作引述，不作评论；其二，学术有生命的成长，待成熟时不要否认自己的幼稚，甚至是错误；其三，人往往因贪婪、好奇而导致知识混杂叠合，理不清头绪，东奔西突，无法扎实深入，"诚"强调专一：开垦自留地和道一以贯之。浙东学派黄泽望强调一切皆学,其实一切亦是人生之修行。学术在于不断地完善自我。既是人生修行,那就要在实践中克服,真正做到知行合一,所费时间可能漫长,但要有决心与毅力。知行合一之所以重要,往往"知"在前,"行"却难成,以此勉励自己吧。

回顾过去是为了反思,汲取力量重新出发。这项课题因生活忙碌,撰写断断续续,有些篇章已发表,一晃几载才得以结题。今日又蒙中国社会科学出版社垂青而予以出版,真是诚惶诚恐,担心辜负众多师友的冀望。尽管如此,笔者还是希望表达那份铭记在心的谢意。最后,感谢宁波大学人文学院赵树功教授的帮忙和出版社郭晓鸿老师的大力支持,使得本书顺利出版。

刘亚斌于杭州翰墨香林

2015 年 9 月